Plans de Jardin

Jérôme Rambault

Plans de Jardin

© Éditions Rustica/FLER, Paris 2003
Dépôt légal : mars 2003
ISBN : 2-84038-460-4
N° d'éditeur : 48383

Sommaire

Concevoir son jardin 9

Les climats 11
- Climat océanique 11
- Climats océaniques à continentaux 11
- Climat méditerranéen chaud 11
- Climat méditerranéen doux 12
- Climat montagnard 12
- Carte des zones climatiques 13
- Végétaux adaptés au climat 1 14
- Végétaux adaptés au climat 2 15
- Végétaux adaptés au climat 3 17
- Végétaux adaptés au climat 4 19
- Végétaux adaptés au climat 5 20
- Végétaux adaptés au climat 6 21
- Végétaux adaptés au climat 7 23
- Végétaux adaptés au climat 8 24

Les sols 27
- Les composants du sol 27
  - L'humus 27
  - L'argile 27
  - Le calcaire 27
  - Le sable 27
- Les différents types de sols 27
  - *Les sols compacts* 27
    - La terre argileuse 27
    - La terre calcaire 27
  - *Les sols sains filtrants* 28
    - La terre franche 28
    - La terre humifère 28
  - *Les sols poreux* 28
    - La terre sablonneuse 28
    - La terre graveleuse 28
- L'acidité du sol ou pH 28
  - *Qu'est-ce que le pH ?* 28
  - *Calcul du pH* 28
- Nature des sols des jardins proposés 28

Pourquoi concevoir un plan de jardin 31
- L'échelle 31
- L'unité 31
  - Respecter le style 31
  - Connaître l'environnement 31
- Les proportions et les perspectives 32
  - *Modifier les perspectives* 32
- Le caractère 32
- Le contraste et l'harmonie 32
- Guide d'utilisation 34

Les bons réflexes 37
- Achat 37
- Plantation 37
- Entretien 37

20 jardins à thème 39
- Jardin numéro 1 : un jardin entre terrasse et arbustes 40
- Jardin numéro 2 : un jardin hexagonal 44
- Jardin numéro 3 : un petit jardin 48
- Jardin numéro 4 : un jardin arboré 52
- Jardin numéro 5 : un jardin en deux parties .. 56
- Jardin numéro 6 : un jardin de massifs variés .. 60
- Jardin numéro 7 : un jardin en éventail 64
- Jardin numéro 8 : un jardin en losange 68
- Jardin numéro 9 : un jardin très fleuri 72
- Jardin numéro 10 : un jardin classique 76
- Jardin numéro 11 : un jardin autour d'une piscine .. 80
- Jardin numéro 12 : un jardin cache-cache 84
- Jardin numéro 13 : un jardin avec verger 88
- Jardin numéro 14 : un jardin géométrique ... 92
- Jardin numéro 15 : un jardin tout en longueur .. 96
- Jardin numéro 16 : un jardin champêtre 100
- Jardin numéro 17 : un jardin à l'abri des regards .. 104
- Jardin numéro 18 : un jardin étrange 108
- Jardin numéro 19 : un jardin à la campagne .. 112
- Jardin numéro 20 : un jardin de terrasses 116

Pour aller plus loin 121
- Créer une rocaille 122
- Créer une terrasse 126
- Créer un massif fleuri 130
- Autour d'une piscine 134
- Créer un potager 138

Dessiner son plan de jardin 143

Index 148

Remerciements 152

Avant-propos

Voilà déjà 15 ans que j'ai quitté les bancs de l'école. À l'époque, je préparais un brevet de **technicien agricole, option jardins et espaces verts**.

Un jour, notre professeur de technique nous a demandé d'établir un plan de jardin. Nous maîtrisions bien entendu les bases nécessaires à ce genre d'exercice, mais des ouvrages spécialisés dans la conception de plans d'aménagement et de plantation nous manquaient.

Au cours de mes années d'expérience professionnelle au sein d'une grande jardinerie, je me suis aperçu que la demande d'informations sur le sujet était croissante. C'est ainsi que j'ai eu l'idée de faire un livre qui traite de la conception du jardin jusqu'au choix des végétaux.

Cet ouvrage propose les plans de **20 jardins à thème** accompagnés de leurs plans de plantation. Chaque plan fait l'objet d'une fiche descriptive recensant ses points forts et les contraintes qui y sont liées. Pour aller plus loin, **5 plans** sont développés pour aménager une rocaille, une piscine, une terrasse, un massif fleuri et un potager. Chaque plan de plantation est accompagné de la liste des végétaux utilisés, sélectionnés en fonction de certains paramètres tels que la nature du sol ou encore le climat.

Cet ouvrage a pour ambition de vous aider à concevoir votre propre plan d'aménagement parfaitement adapté aux caractéristiques de votre jardin. Afin de vous accompagner jusqu'au bout de votre démarche, quelques pages de papier millimétré en fin d'ouvrage vous permettent de vous lancer dès à présent dans la conception de votre jardin.

Observez, imaginez, plantez, puis laissez pousser.

Bonne lecture !

Jérôme Rambault

Concevoir son Jardin

océanique
montagnard
continentaux
méditérranéen

Les climats

Le climat regroupe plusieurs phénomènes météorologiques : la température, les précipitations, la pression atmosphérique, la force du vent, le degré d'humidité et l'ensoleillement. En France, le climat est de type tempéré. L'importance du littoral ainsi que les nombreux reliefs font que l'Hexagone connaît plusieurs climats différents.

Climat numéro 1 : climat océanique

La proximité du bord de mer agit comme un régulateur thermique. Elle atténue les écarts de température entre le jour et la nuit et entre les saisons. Ce climat permet de cultiver des plantes de type méditerranéen. Il présente toutefois l'inconvénient de favoriser les embruns marins, qui se fixent sur les végétaux.

Calendrier des travaux :

Mars :
- Achever les plantations des racines nues.
- Tailler les arbustes à floraison estivale

Juillet :
- Au potager, semer le cerfeuil et le persil.
- Tailler les framboisiers non remontants.

Décembre :
- Protéger les espèces fragiles telles que le camélia.
- Abriter les plantes craignant le froid.
- Préparer le sol et bêcher les surfaces à engazonner.

Climats numéros 2, 3, 4, 5, 6 : climats océaniques à continentaux

Ces différents types de climats se caractérisent par des vents, des précipitations et des températures modérés. Ces conditions permettent bien évidemment de faire pousser de nombreuses plantes et fleurs. Les hivers sont tout de même assez froids et n'autorisent donc pas la plantation de végétaux de type méditerranéen.

Calendrier des travaux :

Mars :
- Planter les haies, qu'elles soient à feuillage caduc ou à feuillage persistant (haies de conifères, de lauriers-tins...).
- Au potager, semer les tomates et les melons sous abri

Juillet :
- Semer les plantes bisannuelles (pensées, œillets de poètes...).
- Tailler les rosiers non remontants après leur floraison.

Décembre :
- Retirer régulièrement la neige ou la glace qui alourdissent les feuilles des persistants et des conifères (surtout des camélias).
- Faire ses plantations par temps doux et arrêter dès qu'il commence à geler.

Climat numéro 7a : climat méditerranéen chaud

Les régions bénéficiant de ce climat connaissent un ensoleillement très favorable qui permet la culture de plantes dites méditerranéennes telles que l'olivier, le figuier, le laurier-rose ou encore la bougainvillée. Ce climat subit toutefois des hivers relativement froids et subit des vents assez violents comme le mistral et la tramontane.

Calendrier des travaux :

Mars :
- Planter, marcotter et bouturer les géraniums, les lavandes, les clématites...
- Planter les bulbes d'été.

Les climats

Juillet :
- Traiter les plantes de terrasse contre les attaques de pucerons et d'araignées rouges.
- Planter les bulbes d'automne (crocus, cyclamen, colchique...).

Climat numéro 7b : climat méditerranéen doux

Ce climat se caractérise par des étés très chauds et des hivers relativement cléments qui permettent la culture de plantes tropicales telles que le palmier et le yucca. Les étés sont à la limite de la sécheresse et les précipitations peuvent être assez violentes.

Calendrier des travaux :

Mars :
- Nettoyer les arbustes à floraison printanière défleuris et les agrumes après la récolte.
- Planter les tomates et les melons en pleine terre.

Juillet :
- Désherber et biner les plantes de haies.
- Au potager, arroser, pailler et faire des apports d'engrais.

Décembre :
- Achever les plantations, tailler, élaguer et traiter les arbres et arbustes.
- Planter les vivaces de printemps (aubriète, campanule, ibéris...).

Décembre :
- Planter les plantes bisannuelles (pâquerettes, myosotis...).
- Tailler et traiter les arbres.

Climat numéro 8 : climat montagnard

Le régime pluviométrique est assez important avec une répartition des pluies tout au long de l'année, même pendant la période estivale. Les hivers sont longs et très froids, et les chutes de neige assez fréquentes. Les températures sont basses et varient énormément en fonction de l'altitude.

Calendrier des travaux :

Mars :
- Planter les haies brise-vent telles que le cyprès et le laurier.
- Au verger, faire des apports d'engrais.

Juillet :
- Scarifier après avoir éliminé les mauvaises herbes.
- Tailler les rosiers.

Décembre :
- Protéger les pots du gel en les entourant de film à bulles.
- Par temps doux, hors de tout risque de gel, planter les rosiers.

Les climats

Carte des **zones climatiques**

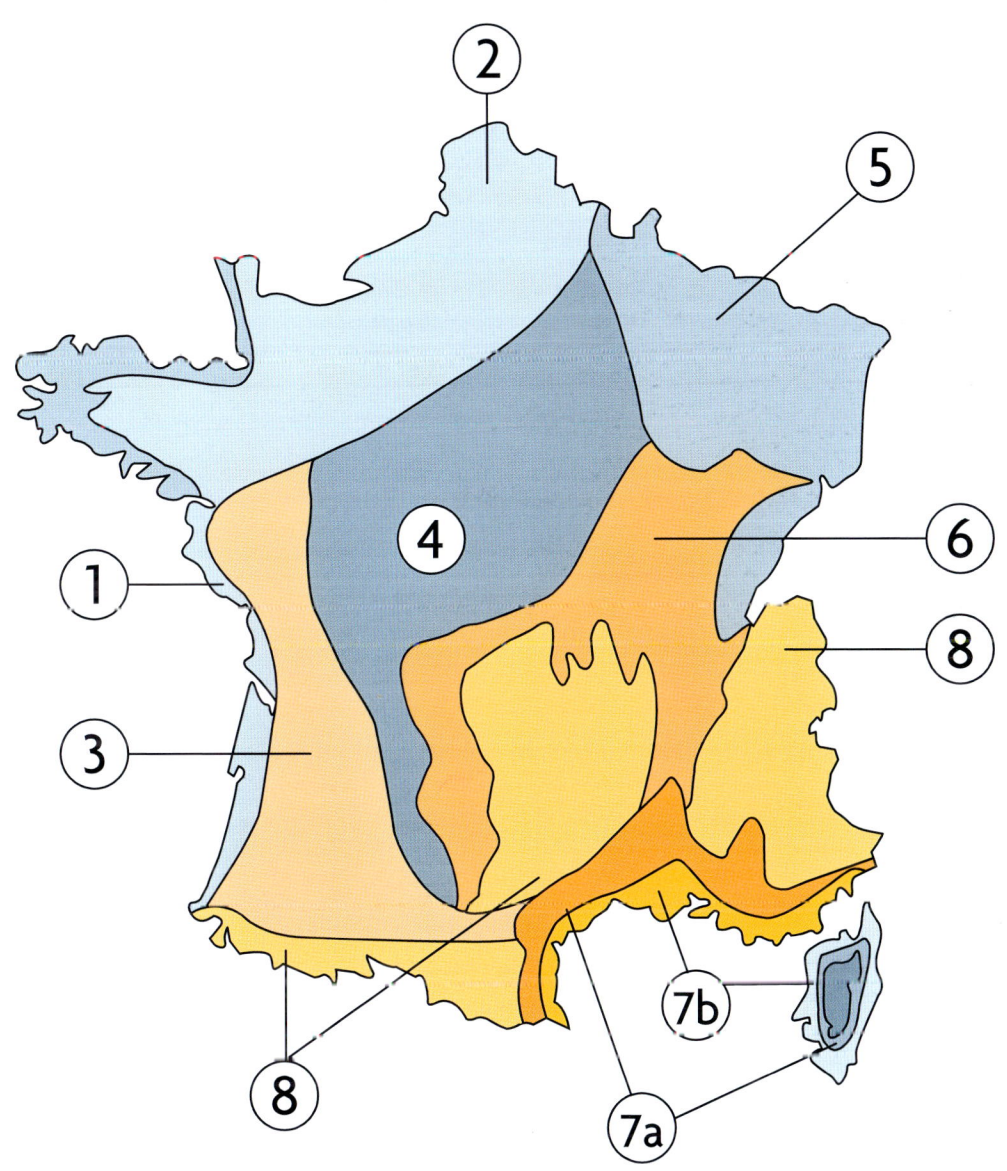

Zone 1 : Climat **océanique**
à hiver tempéré à doux et à été frais

Zone 2 : Climat **océanique** à **semi-océanique**
à hiver frais à très frais et à été frais

Zone 3 : Climat **océanique** à **semi océanique**
à hiver frais à très frais et à été chaud

Zone 4 : Climat **océanique**
à hiver très frais et à été chaud à frais

Zone 5 : Climat **semi-continental**
à hiver froid et à été frais

Zone 6 : Climat **semi-continental** à **semi-océanique**
à hiver très rais à été chaud

Zone 7a : Climat **méditerranéen chaud**
à hiver frais et à été chaud à très chaud

Zone 7b : Climat **méditerranéen doux**
à hiver doux et à été très chaud

Zone 8 : Climat **montagnard**
à hiver très froid et à été frais à chaud

Les climats

Végétaux adaptés au climat numéro 1

Abélie – *Abelia* x *grandiflora*
Arbuste à feuillage persistant • Floraison : été

Amélanchier du Canada – *Amelanchier canadensis*
Arbuste à feuillage caduc • Floraison : printemps

Arbousier – *Arbutus unedo*
Arbuste à feuillage persistant • Floraison : automne

Arbre de Judée – *Cercis siliquastrum*
Arbuste à feuillage caduc • Floraison : printemps

Arbre aux papillons – *Buddleja davidii* 'Black Knight'
Arbuste à feuillage caduc • Floraison : été

Arbre à perruques – *Cotinus coggygria* 'Royal Purple'
Arbuste à feuillage caduc • Floraison : été

Arbre à soie – *Albizzia julibrissin* 'Ombrella'
Arbre à feuillage caduc • Floraison : été

Argousier – *Hippophae rhamnoides*
Arbuste à feuillage caduc

Aulne à feuille de cœur – *Alnus cordata*
Arbre à feuillage caduc

Aulne glutineux – *Alnus glutinosa*
Arbre à feuillage caduc

Berbéris – *Berberis darwinii*
Arbuste à feuillage persistant • Floraison : printemps

Bouleau blanc d'Europe – *Betula pendula*
Arbre à feuillage caduc

Buis commun – *Buxus sempervirens*
Arbuste à feuillage persistant

Camélia – *Camelia japonica* 'Nobilissima'
Arbuste à feuillage persistant • Floraison : printemps

Caryoptéris – *Caryopteris* x *clandonensis* 'Heavenly Blue'
Arbuste à feuillage caduc • Floraison : été

Catalpa commun – *Catalpa bignonioides*
Arbre à feuillage caduc • Floraison : été

Céanothe – *Ceanothus* 'Italian Skies'
Arbuste au feuillage persistant • Floraison : printemps

Cerisier à fleurs – *Prunus cerasifera* 'Pissardii'
Arbuste à feuillage caduc • Floraison : printemps

Charme houblon – *Ostrya carpinifolia*
Arbuste à feuillage caduc

Chêne chevelu – *Quercus cerris*
Arbre à feuillage caduc

Chêne écarlate – *Quercus coccinea*
Arbre à feuillage caduc

Chêne des marais – *Quercus palustris*
Arbre à feuillage caduc

Chêne pédonculé – *Quercus robur*
Arbre à feuillage caduc

Chêne rouge d'Amérique – *Quercus borealis*
Arbre à feuillage caduc

Chêne vert – *Quercus ilex*
Arbre à feuillage persistant

Chèvrefeuille en haie – *Lonicera nitida*
Arbuste à feuillage persistant

Cognassier du Japon – *Chaenomeles speciosa* 'Rubra'
Arbuste à feuillage caduc • Floraison : printemps

Copalme d'Amérique – *Liquidambar styraciflua*
Arbre à feuillage caduc

Corête du Japon – *Kerria japonica*
Arbuste à feuillage caduc • Floraison : printemps

Cornouiller blanc – *Cornus alba* 'Siberica'
Arbuste à feuillage caduc

Cornouiller à fleurs – *Cornus florida*
Arbuste à feuillage caduc • Floraison : printemps

Cotonéaster – *Cotoneaster lacteus*
Arbuste au feuillage persistant • Floraison : printemps

Coudrier – *Corylus avellana*
Arbuste à feuillage caduc

Cryptomère du Japon – *Cryptomeria japonica* 'Elegans'
Conifère à feuillage persistant

Cyprès d'Italie – *Cupressus sempervirens* 'Stricta'
Conifère à feuillage persistant

Cyprès de Lawson – *Chamaecyparis lawsoniana* 'Ellwood's Gold'
Conifère à feuillage persistant

Cyprès de Leyland – x *cupressocyparis* 'Leylandii'
Conifère au feuillage persistant

Désespoir des singes – *Araucaria araucana*
Conifère à feuillage persistant

Éléagnus – *Elaeagnus* x *ebbingei* 'Limelight'
Arbuste à feuillage persistant • Floraison : automne

Épicéa de Sitka – *Picea silchensis*
Conifère à feuillage persistant

Érable argenté – *Acer saccharinum*
Arbuste à feuillage caduc

Érable champêtre – *Acer campestre*
Arbre à feuillage caduc

Érable à feuillage de frêne – *Acer negundo*
Arbre à feuillage caduc

Érable sycomore – *Acer pseudoplatanus*
Arbre à feuillage caduc

Escallonia – *Escallonia* x 'Dart's Rosy Red'
Arbuste à feuillage persistant • Floraison : été

Eucalyptus de Gunn – *Eucalyptus gunnii*
Arbre à feuillage persistant

Faux vernis du Japon – *Ailanthus altissima*
Arbre à feuillage caduc

Figuier – *Ficus carica*
Arbuste à feuillage caduc

Forsythia – *Forsythia* Marée d'Or
Arbuste à feuillage caduc • Floraison : printemps

Frêne commun – *Fraxinus excelsior* 'Globosa'
Arbre à feuillage caduc

Frêne à fleurs – *Fraxinus ornus*
Arbre à feuillage caduc • Floraison : printemps

Fusain du Japon – *Euonymus japonicus*
Arbuste à feuillage persistant

Genêt à fleurs – *Cytisus scoparius* 'Golden Cascade'
Arbuste à feuillage caduc • Floraison : printemps

Genévrier commun – *Juniperus communis* 'Hibernica'
Conifère à feuillage persistant

Genévrier de Virginie – *Juniperus virginiana* 'Helle'
Conifère à feuillage persistant

Groseillier à fleurs – *Ribes sanguineum*
Arbuste à feuillage caduc • Floraison : printemps

Hêtre austral – *Nothofagus*
Arbre à feuillage persistant

Hêtre oblique – *Nothofagus obliqua*
Arbre à feuillage caduc • Floraison : printemps

Houx commun – *Ilex aquifolium* 'J.C. Van Tol'
Arbuste à feuillage persistant • Floraison : printemps

If commun – *Taxus baccata* 'Fastigiata'
Conifère à feuillage persistant

Laurier du Portugal – *Prunus lusitanica*
Arbuste à feuillage persistant • Floraison : printemps

Laurier-palme – *Prunus laurocerasus* 'Otto Luyken'
Arbuste à feuillage persistant • Floraison : printemps

Laurier-sauce – *Laurus nobilis*
Arbuste à feuillage persistant

Les climats

Laurier-tin
Viburnum tinus 'Eve Price'
Arbuste à feuillage persistant • Floraison : printemps

Lilas des Indes – *Lagerstroemia indica*
Arbuste à feuillage caduc • Floraison : été

Magnolia – *Magnolia grandiflora*
Arbre à feuillage persistant • Floraison : été

Magnolia de Soulange – *Magnolia x soulangeana*
Arbuste à feuillage caduc • Floraison : printemps

Mahonia – *Mahonia x media 'Charity'*
Arbuste à feuillage persistant • Floraison : hiver

Marronnier d'Inde – *Aesculus indica*
Arbre à feuillage caduc • Floraison : printemps

Mélèze d'Europe – *Larix decidua*
Conifère à feuillage persistant

Millepertuis – *Hypericum patulum 'Hidcote'*
Arbuste à feuillage persistant • Floraison : été

Mimosa d'hiver – *Acacia dealbata*
Arbre à feuillage persistant • Floraison : hiver

Mûrier blanc – *Morus alba*
Arbre à feuillage caduc

Mûrier à feuille de platane – *Morus alba*
Arbre à feuillage caduc • Floraison : printemps

Néflier – *Mespilus germinaca*
Arbre à feuillage caduc

Noisetier de Byzance – *Corylus colorna*
Arbuste à feuillage caduc

Noisetier de Lombardie – *Corylus maxima*
Arbuste à feuillage caduc

Noyer commun – *Juglans nigra*
Arbre à feuillage caduc

Oranger du Mexique – *Choisya ternata*
Arbuste à feuillage persistant • Floraison : printemps

Osmanthe – *Osmanthus heterophyllus 'Variegatus'*
Arbuste à feuillage persistant

Paulownia – *Paulownia tomentosa*
Arbre à feuillage caduc

Pérovskia – *Perovskia atriplicifolia 'Blue Spire'*
Arbuste à feuillage caduc • Floraison : été

Peuplier baumier – *Populus trichocarpa*
Arbre à feuillage caduc

Peuplier blanc de Hollande – *Populus alba 'Nivea'*
Arbre à feuillage caduc

Peuplier noir d'Italie – *Populus nigra «Italica»*
Arbre à feuillage caduc

Peuplier tremble – *Populus tremula*
Arbre à feuillage caduc

Photinia – *Photinia x fraseri 'Red Robin'*
Arbuste à feuillage persistant • Floraison : printemps

Pin de Corse – *Pinus nigra corsicana*
Conifère à feuillage persistant

Pin maritime – *Pinus pinaster*
Conifère à feuillage persistant

Pin de Monterey – *Pinus radiata*
Conifère à feuillage persistant

Pin noir du Japon – *Pinus thumbergi*
Conifère à feuillage persistant

Pin Weymouth – *Pinus strobus*
Conifère à feuillage persistant

Pittospore – *Pittosporum tobira 'Nanum'*
Arbuste au feuillage persistant • Floraison : printemps

Platane à feuilles d'érable – *Platanus acerifolia*
Arbre à feuillage caduc

Prunellier – *Prunus spinosa*
Arbuste à feuillage caduc • Floraison : printemps

Rhododendron – *Rhododendron 'Brigitte'*
Arbuste à feuillage persistant • Floraison : printemps

Robinier faux acacia – *Robinia pseudoacacia 'Frisia'*
Arbre à feuillage caduc

Rosier rugueux – *Rosa rugosa*
Arbuste à feuillage caduc • Floraison : été

Sapin de Vancouver – *Abies grandis*
Conifère à feuillage persistant

Sauge – *Salvia microphylla*
Arbuste à feuillage caduc • Floraison : été

Saule blanc – *Salix alba 'Tristis'*
Arbre à feuillage caduc

Saule pleureur – *Salix babylonica*
Arbre à feuillage caduc

Saule des sables – *Salix repens*
Arbuste à feuillage caduc

Saule tortueux – *Salix matsudana*
Arbuste à feuillage caduc

Savonnier – *Koelreuteria paniculata*
Arbre à feuillage caduc • Floraison : été

Séquoia géant – *Sequoiadendron giganteum*
Conifère à feuillage persistant

Seringat – *Philadelphus coronarius*
Arbuste à feuillage caduc • Floraison : printemps

Sophora du Japon – *Sophora japonica*
Arbre à feuillage caduc

Spirée – *Spiraea japonica 'Anthony Waterer'*
Arbuste à feuillage caduc • Floraison : été

Sureau noir – *Sambucus nigra*
Arbuste à feuillage caduc • Floraison : été

Tamaris – *Tamarix pentandra*
Arbuste à feuillage caduc • Floraison : été

Troène commun – *Ligustrum japonicum*
Arbuste à feuillage persistant • Floraison : été

Troène du Japon – *Ligustrum japonicum*
Arbuste à feuillage persistant • Floraison : été

Viorne boule-de-neige – *Viburnum opulus 'Roseum'*
Arbuste à feuillage caduc • Floraison : printemps

Végétaux adaptés au climat numéro 2

Abélie – *Abelia x grandiflora*
Arbuste à feuillage persistant • Floraison : été

Alisier – *Sorbus*
Arbre à feuillage caduc • Floraison : printemps

Althéa – *Hibiscus syriacus 'Oiseau Bleu'*
Arbuste à feuillage caduc • Floraison : été

Amandier de Chine – *Prunus triloba*
Arbuste à feuillage caduc • Floraison : printemps

Andromède du Japon – *Pieris japonica 'Débutante'*
Arbuste à feuillage persistant • Floraison : printemps

Arbre de Judée – *Cercis siliquastrum*
Arbuste à feuillage caduc • Floraison : printemps

Argousier – *Hippophae rhamnoides*
Arbuste à feuillage caduc

Aucuba du Japon – *Aucuba japonica*
Arbuste à feuillage persistant

Aulne glutineux – *Alnus glutinosa*
Arbre à feuillage caduc

Azalée – *Rhododendron Addy Wery*
Arbuste à feuillage persistant • Floraison : printemps

Baguenaudier – *Colutea arborescens*
Arbuste à feuillage caduc • Floraison : été

Les climats

Berbéris – *Berberis darwinii*
Arbuste à feuillage persistant • Floraison : printemps

Berbéris – *Berberis julianae*
Arbuste à feuillage persistant • Floraison : printemps

Berbéris sténophylla – *Berberis x stenophylla*
Arbuste à feuillage caduc • Floraison : printemps

Bouleau blanc d'Europe – *Betula pendula*
Arbre à feuillage caduc

Bouleau des marais – *Betula nigra*
Arbre à feuillage caduc

Bruyère commune – *Calluna vulgaris* 'Carolyn'
Arbuste à feuillage persistant • Floraison : été

Buis commun – *Buxus sempervirens*
Arbuste à feuillage persistant

Camélia – *Camellia* 'Général Leclerc'
Arbuste à feuillage persistant • Floraison : printemps

Cassissier – *Ribes nigra*
Arbuste à feuillage caduc • Floraison : printemps

Céanothe – *Ceanothus* 'Autumnal Blue'
Arbuste à feuillage persistant • Floraison : été

Cerisier à fleurs – *Prunus cerasifera* 'Pissardii'
Arbuste à feuillage caduc • Floraison : printemps

Châtaignier – *Castanea sativa*
Arbre à feuillage caduc

Chêne pédonculé – *Quercus robur*
Arbre à feuillage caduc

Copalme d'Amérique – *Liquidambar styraciflua*
Arbre à feuillage caduc

Corête du Japon – *Kerria japonica* 'Pleniflora'
Arbuste à feuillage caduc • Floraison : printemps

Cornouiller blanc – *Cornus alba* 'Siberica'
Arbuste à feuillage caduc

Cornouiller à fleurs – *Cornus alternifolia*
Arbuste à feuillage caduc • Floraison : printemps

Cotonéaster – *Cotoneaster horizontalis*
Arbuste à feuillage caduc • Floraison : printemps

Noisetier – *Corylus avellana*
Arbuste à feuillage caduc

Cryptomère du Japon – *Cryptomeria japonica* 'Elegans'
Conifère à feuillage persistant

Cyprès chauve – *Taxodium distichum*
Conifère à feuillage caduc

Cyprès d'Italie – *Cupressus sempervirens* 'Stricta'
Conifère à feuillage persistant

Cyprès de Lambert – *Cupressus macrocarpa*
Conifère à feuillage persistant

Cyprès de Lawson – *Chamaecyparis lawsoniana* 'Ellwoodii'
Conifère à feuillage persistant

Cyprès de Leyland – *x cupressocyparis* 'Leylandii'
Conifère au feuillage persistant

Cyprès de Nootka – *Chamecyparis nootkatensis*
Conifère à feuillage persistant

Cytise – *Laburnum anagyroides* 'Vossii'
Arbuste à feuillage caduc • Floraison : printemps

Désespoir des singes – *Araucaria araucana*
Conifère à feuillage persistant

Douglas – *Pseudostuga menziesii*
Conifère à feuillage persistant

Éléagnus – *Elaeagnus x ebbingei* 'Limelight'
Arbuste à feuillage persistant • Floraison : automne

Épicéa du Colorado – *Picea pungens* 'Globosa'
Conifère à feuillage persistant

Érable champêtre – *Acer campestre*
Arbre à feuillage caduc

Érable à feuille de frêne – *Acer negundo*
Arbre à feuillage caduc

Érable sycomore – *Acer pseudoplatanus*
Arbre à feuillage caduc

Eucalyptus des neiges
Eucalyptus pauciflora ssp. *niphophila*
Arbre à feuillage persistant

Forsythia – *Forsythia* Marée d'Or
Arbuste à feuillage caduc • Floraison : printemps

Frêne commun – *Fraxinus excelsior* 'Globosa'
Arbre à feuillage caduc

Fusain d'Europe – *Euonymus europaeus*
Arbuste à feuillage persistant

Fusain du Japon – *Euonymus japonicus*
Arbuste à feuillage persistant

Genêt – *Cytisus x praecox* 'Albus'
Arbuste à feuillage persistant • Floraison : printemps

Genêt à balai – *Sarothamnus scoparius*
Arbuste à feuillage caduc • Floraison : printemps

Genévrier de Chine – *Juniperus chinensis* 'Kuriwao Gold'
Conifère à feuillage persistant

Genévrier commun – *Juniperus communis* 'Compressa'
Conifère à feuillage persistant

Genévrier de Virginie – *Juniperus virginiana* 'Helle'
Conifère à feuillage persistant

Glycine – *Wisteria sinensis*
Arbuste à feuillage caduc • Floraison : printemps

Groseillier – *Ribes sanguineum*
Arbuste à feuillage caduc • Floraison : printemps

Groseillier à maquereau – *Ribes uva crispa*
Arbuste à feuillage caduc • Floraison : printemps

Hêtre commun – *Fagus sylvatica*
Arbre à feuillage caduc

Hortensia – *Hydrangea macrophylla*
Arbuste à feuillage caduc • Floraison : été

Houx commun – *Ilex aquifolium* 'J.C. Van Tol'
Arbuste à feuillage persistant
Floraison : printemps

If commun – *Taxus baccata* 'Fastigiata'
Conifère à feuillage persistant

Laurier-palme – *Prunus laurocerasus* 'Otto Luyken'
Arbuste à feuillage persistant • Floraison : printemps

Laurier-sauce – *Laurus nobilis*
Arbuste à feuillage persistant

Laurier-tin – *Viburnum tinus*
Arbuste à feuillage persistant • Floraison : printemps

Lavande – *Lavandula angustifolia* 'Hidcote'
Arbuste au feuillage persistant • Floraison : été

Myrte – *Leptospermum*
Arbuste à feuillage persistant • Floraison : été

Lilas commun – *Syringa vulgaris* 'Josée'
Arbuste à feuillage caduc • Floraison : printemps

Magnolia – *Magnolia x soulangeana*
Arbre à feuillage caduc • Floraison : printemps

Magnolia de Soulange – *Magnolia x soulangeana*
Arbuste à feuillage caduc • Floraison : printemps

Mahonia – *Mahonia x media* 'Charity'
Arbuste à feuillage persistant • Floraison : hiver

Marronnier d'Inde – *Aesculus indica*
Arbre à feuillage caduc • Floraison : printemps

Marronnier rouge – *Aesculus x carnea* 'Briotii'
Arbre à feuillage caduc • Floraison : printemps

Mélèze d'Europe – *Larix decidua*
Conifère à feuillage caduc

Mélèze du Japon – *Larix kaempferi*
Conifère à feuillage persistant

Les climats

Merisier – *Prunus avium*
Arbre à feuillage caduc • Floraison : printemps

Métaséquoia – *Metasequoia glyptostoboides*
Conifère à feuillage caduc

Mûrier à feuille de platane – *Morus alba*
Arbuste à feuillage caduc • Floraison : printemps

Noisetier de Lombardie – *Corylus maxima*
Arbuste à feuillage caduc

Noyer commun – *Juglans nigra*
Arbr à feuillage caduc

Noyer noir d'Amérique – *Juglans nigra*
Arbre à feuillage caduc • Floraison : printemps

Oranger du Mexique – *Choisya ternata*
Arbuste à feuillage persistant • Floraison : printemps

Peuplier blanc de Hollande – *Populus alba* 'Nivea'
Arbre à feuillage caduc

Peuplier d'Italie – *Populus nigra* 'Italica'
Arbre à feuillage caduc

Photinia – *Photinia x fraseri* 'Red Robin'
Arbuste à feuillage persistant
Floraison : printemps

Pin nain de montagne – *Pinus mugo*
Conifère à feuillage persistant

Pin noir d'Autriche – *Pinus nigra*
Conifère à feuillage persistant

Pin noir de Corse – *Pinus nigra* 'Lariciu'
Conifère à feuillage persistant

Pin parasol – *Pinus pinea*
Conifère à feuillage persistant

Pin Weymouth – *Pinus srtobus*
Conifère à feuillage persistant

Platane à feuilles d'érable – *Platanus x acerifolia*
Arbre à feuillage caduc

Prunier myrobolan – *Prunus cerasifera*
Arbre à feuillage caduc • Floraison : printemps

Rhododendron – *Rhododendron* 'Brigitte'
Arbuste à feuillage persistant • Floraison : printemps

Sapin de Vancouver – *Abies grandis*
Conifère à feuillage persistant

Saule blanc – *Salix alba* 'Tristis'
Arbre à feuillage caduc

Saule Marsault – *Salix caprea*
Arbuste à feuillage caduc

Saule pleureur – *Salix babylonica*
Arbre à feuillage caduc

Séquoia – *Sequoia sempervirens*
Conifère à feuillage persistant

Seringat – *Philadelphus coronarius*
Arbuste à feuillage caduc • Floraison : printemps

Sorbier des oiseaux – *Sorbus aucuparia*
Arbre à feuillage caduc • Floraison : été

Spirée – *Spiraea x billardii*
Arbuste à feuillage caduc • Floraison : été

Sumac – *Rhus typhina*
Arbre à feuillage caduc • Floraison : été

Sureau noir – *Sambucus nigra*
Arbuste à feuillage caduc • Floraison : été

Symphorine – *Symphoricarpos x chenaultii*
Arbuste à feuillage caduc • Floraison : été

Thuya du Canada – *Thuja occidentalis* 'Smaragd'
Conifère à feuillage persistant

Thuya géant – *Thuja plicata*
Conifère à feuillage persistant

Tilleul argenté – *Tilia tomentosa*
Arbre à feuillage caduc • Floraison : été

Tilleul à petites feuilles – *Tilia cordata*
Arbre à feuillage caduc • Floraison : été

Troène de Californie – *Ligustrum ovalifolium*
Arbuste à feuillage persistant

Tsuga – *Tsuga heterophylla*
Conifère à feuillage persistant

Tulipier de Virginie – *Liriodendron tulipifera*
Arbuste à feuillage caduc • Floraison : été

Véronique – *Hebe* 'Simon Delaux'
Arbuste à feuillage persistant • Floraison : été

Viorne – *Viburnum rhytidophyllum*
Arbuste à feuillage persistant • Floraison : printemps

Viorne boule-de-neige – *Viburnum opulus* 'Roseum'
Arbuste à feuillage caduc • Floraison : printemps

Weigélia – *Weigela florida* 'Variegata'
Arbuste à feuillage caduc • Floraison : printemps

Végétaux adaptés au climat numéro 3

Abélie – *Abelia x grandiflora*
Floraison : automne

Abricotier – *Prunus armeniaca*
Arbre au feuillage caduc • Floraison : printemps

Althéa – *Hibiscus syriacus* 'Oiseau Bleu'
Arbuste au feuillage caduc • Floraison : été

Amandier de Chine – *Prunus triloba*
Arbuste à feuillage caduc • Floraison : printemps

Andromède du Japon – *Pieris japonica* 'Débutante'
Arbuste à feuillage persistant • Floraison : printemps

Arbre de Judée – *Cercis siliquastrum*
Arbuste à feuillage caduc • Floraison : printemps

Arbre aux papillons – *Buddleja davidii* 'Black Knight'
Arbuste à feuillage caduc • Floraison : été

Arbre à perruques – *Cotinus coggygria* 'Royal Purple'
Arbuste à feuillage caduc • Floraison : été

Arbre aux 40 écus – *Gingko biloba*
Conifère à feuillage caduc

Arbre à soie – *Albizzia julibrissin* 'Ombrella'
Arbre à feuillage caduc • Floraison : été

Argousier – *Hippophae rhamnoides*
Arbuste à feuillage caduc

Aucuba du Japon – *Aucuba japonica*
Arbuste à feuillage persistant

Aulne glutineux – *Alnus glutinosa*
Arbre à feuillage caduc

Azalée – *Rhododendron* 'Addy Wery'
Arbuste à feuillage persistant • Floraison : printemps

Berbéris – *Berberis*
Arbuste au feuillage persistant • Floraison : printemps

Berbéris pourpre – *Berberis thunbergii* 'Bonanza Gold'
Arbuste à feuillage caduc • Floraison : printemps

Bouleau blanc d'Europe – *Betula pendula*
Arbre à feuillage caduc

Buis commun – *Buxus sempervirens*
Arbuste à feuillage persistant

Camélia – *Camellia japonica*
Arbuste à feuillage persistant • Floraison : printemps

Catalpa commun – *Catalpa bignonioides*
Arbre à feuillage caduc • Floraison : été

Les climats

Céanothe – *Ceanothus 'Autumnal Blue'*
Arbuste à feuillage persistant • Floraison : été

Cèdre de l'Atlas – *Cedrus atlantica*
Conifère à feuillage persistant

Cèdre du Liban – *Cedrus libani*
Conifère à feuillage persistant

Cerisier à fleurs – *Prunus cerasifera 'Pissardii'*
Arbuste à feuillage caduc • Floraison : printemps

Cerisier à fleurs – *Prunus serrulata 'Amanogawa'*
Arbuste à feuillage caduc • Floraison : printemps

Charme houblon – *Ostrya carpinifolia*
Arbre à feuillage caduc

Châtaignier – *Castanea sativa*
Arbre à feuillage caduc

Chêne vert – *Quercus ilex*
Arbre à feuillage persistant

Chèvrefeuille en haie – *Lonicera nitida*
Arbuste à feuillage persistant

Cognassier – *Cydonia*
Arbuste à feuillage caduc • Floraison : printemps

Cognassier du Japon – *Chaenomeles speciosa 'Rubra'*
Arbuste à feuillage caduc • Floraison : printemps

Copalme d'Amérique – *Liquidambar styraciflua*
Arbre à feuillage caduc

Corête du Japon – *Kerria japonica*
Arbuste à feuillage caduc • Floraison : printemps

Cormier – *Sorbus domestica*
Arbre à feuillage caduc • Floraison : printemps

Cornouiller blanc – *Cornus alba 'Siberica'*
Arbuste à feuillage caduc

Cotonéaster – *Cotoneaster lacteus*
Arbuste à feuillage persistant • Floraison : printemps

Coudrier – *Corylus avellana*
Arbuste à feuillage caduc

Cryptomère du Japon – *Cryptomeria japonica 'Elegans'*
Conifère à feuillage persistant

Cyprès de l'Arizona – *Cupressus arizonica*
Conifère à feuillage persistant

Cyprès d'Italie – *Cupressus sempervirens 'Stricta'*
Conifère à feuillage persistant

Cyprès de Lawson – *Chamaecyparis lawsoniana 'Ellwoodii'*
Conifère à feuillage persistant

Cyprès de Leyland – *x cupressocyparis 'Leylandii'*
Conifère au feuillage persistant

Cytise – *Laburnum anagyroides*
Arbre à feuillage caduc • Floraison : printemps

Désespoir des singes – *Araucaria araucana*
Conifère à feuillage persistant

Deutzia – *Deutzia scabra*
Arbuste à feuillage caduc • Floraison : printemps

Éléagnus – *Elaeagnus x ebbingei 'Limelight'*
Arbuste à feuillage persistant • Floraison : automne

Érable champêtre – *Acer campestre*
Arbre à feuillage caduc

Escallonia – *Escallonia x 'Dart's Rosy Red'*
Arbuste à feuillage persistant • Floraison : été

Févier d'Amérique – *Gleditsia triacanthos 'Sunburst'*
Arbre à feuillage caduc

Forsythia – *Forsythia Marée d'Or*
Arbuste à feuillage caduc • Floraison : printemps

Frêne blanc – *Fraxinus americana*
Arbre à feuillage caduc

Frêne commun – *Fraxinus angustifolia*
Arbre à feuillage caduc

Frêne oxyphylle – *Fraxinus oxyphylla*
Arbre à feuillage caduc

Genêt d'Espagne – *Spartium junceum*
Arbuste à feuillage persistant • Floraison : été

Genêt à fleurs – *Cytisus x praecox*
Arbuste à feuillage persistant • Floraison : été

Genévrier de Chine – *Juniperus chinensis 'Kuriwao Gold'*
Conifère à feuillage persistant

Groseillier, cassissier – *Ribes*
Arbuste à feuillage caduc • Floraison : printemps

Hamamélis – *Hamamelis x intermedia*
Arbuste à feuillage caduc • Floraison : hiver

Hortensia – *Hydrangea macrophylla*
Arbuste à feuillage caduc • Floraison : été

Houx commun – *Ilex aquifolium*
Arbuste à feuillage persistant • Floraison : printemps

If – *Taxus baccata*
Conifère à feuillage persistant

Laurier-palme – *Prunus laurocerasus 'Otto Luyken'*
Arbuste à feuillage persistant • Floraison : printemps

Laurier du Portugal – *Prunus lusitanica*
Arbuste à feuillage persistant • Floraison : printemps

Laurier-sauce – *Laurus nobilis*
Arbuste à feuillage persistant

Laurier-tin – *Viburnum tinus*
Arbuste au feuillage persistant • Floraison : printemps

Lavande – *Lavandula angustifolia 'Hidcote'*
Arbuste au feuillage persistant • Floraison : été

Lavande papillon – *Lavandula stoechas*
Arbuste à feuillage persistant • Floraison : été

Lavatère – *Lavatera 'Rosea'*
Arbuste à feuillage caduc • Floraison : été

Lilas commun – *Syringa vulgaris*
Arbuste à feuillage caduc • Floraison : printemps

Lilas des Indes – *Lagerstroemia indica*
Arbuste à feuillage caduc • Floraison : été

Magnolia de Soulange – *Magnolia x soulangeana*
Arbuste à feuillage caduc • Floraison : printemps

Mahonia – *Mahonia aquifolium*
Arbuste à feuillage persistant • Floraison : printemps

Marronnier d'Inde – *Aesculus indica*
Arbre à feuillage caduc • Floraison : printemps

Marronnier rouge – *Aesculus x carnea 'Briotii'*
Arbre à feuillage caduc • Floraison : printemps

Merisier – *Prunus avium*
Arbre à feuillage caduc • Floraison : printemps

Millepertuis – *Hypericum patulum 'Hidcote'*
Arbuste à feuillage caduc • Floraison : été

Mûrier à feuille de platane – *Morus alba*
Arbre à feuillage caduc • Floraison : printemps

Mûrier noir – *Morus nigra*
Arbre à feuillage caduc

Noisetier – *Corylus avellana*
Arbuste à feuillage caduc

Noyer noir d'Amérique – *Juglans nigra*
Arbre à feuillage caduc • Floraison : printemps

Olivier de Bohême – *Elaeagnus angustifolia*
Arbuste à feuillage persistant • Floraison : printemps

Oranger du Mexique – *Choisya ternata*
Arbuste à feuillage persistant • Floraison : printemps

Paulownia – *Paulownia tomentosa*
Arbre à feuillage caduc • Floraison : printemps

Pérovskia – *Perovskia atriplicifolia 'Blue Spire'*
Arbuste à feuillage caduc • Floraison : été

Peuplier noir d'Italie – *Populus nigra 'italica'*
Arbre à feuillage caduc

Les climats

Photinia – *Photinia x fraseri 'Red Robin'*
Arbuste à feuillage persistant • Floraison : printemps

Pin maritime – *Pinus pinaster*
Conifère à feuillage persistant

Pin de Monterey – *Pinus radiata*
Conifère à feuillage persistant

Pin nain de montagne – *Pinus mugo*
Conifère à feuillage persistant

Pin noir d'Autriche – *Pinus nigra*
Conifère à feuillage persistant

Pin pleureur de l'Himalaya – *Pinus griffithii*
Conifère à feuillage persistant

Pin sylvestre – *Pinus sylvestris 'Watereri'*
Conifère à feuillage persistant

Pittospore – *Pittosporum tobira*
Arbuste à feuillage persistant • Floraison : printemps

Pivoine arbustive – *Paeonia suffruticosa*
Arbuste à feuillage caduc • Floraison : printemps

Platane à feuilles d'erable – *Platanus x acerifolia*
Arbre à feuillage caduc

Potentille – *Potentilla fruticosa 'Lovely Pink'*
Arbuste à feuillage caduc • Floraison : été

Prunellier – *Prunus spinosa*
Arbuste à feuillage caduc • Floraison : printemps

Prunier myrobolan – *Prunus cerasifera*
Arbre à feuillage caduc • Floraison : printemps

Rhododendron – *Rhododendron 'Brigitte'*
Arbuste à feuillage persistant • Floraison : printemps

Rosier rugueux – *Rosa rugosa*
Arbuste à feuillage caduc • Floraison : été

Sapin de l'Oregon – *Abies concolor*
Conifère à feuillage persistant

Saule blanc – *Salix alba 'Tristis'*
Arbre à feuillage caduc

Savonnier – *Koelreuteria paniculata*
Arbre à feuillage caduc • Floraison : été

Seringat – *Philadelphus coronarius*
Arbuste à feuillage caduc • Floraison : printemps

Sophora du Japon – *Sophora japonica*
Arbre à feuillage caduc

Sorbier des oiseaux – *Sorbus aucuparia*
Arbre à feuillage caduc • Floraison : été

Spirée – *Spiraea japonica 'Anthony Waterer'*
Arbuste à feuillage caduc • Floraison : été

Sumac – *Rhus typhina*
Arbre à feuillage caduc • Floraison : été

Symphorine – *Symphoricarpos x chenaultii*
Arbuste à feuillage caduc • Floraison : été

Tamaris – *Tamarix pentandra*
Arbuste à feuillage caduc • Floraison : été

Tamaris de printemps – *Tamarix africana*
Arbuste à feuillage caduc • Floraison : printemps

Thuya du Canada – *Thuja occidentalis 'Smaragd'*
Conifère à feuillage persistant

Thuya géant – *Thuja plicata*
Conifère à feuillage persistant

Tilleul argenté – *Tilia tomentosa*
Arbre à feuillage caduc • Floraison : été

Tilleul à grandes feuilles – *Tilia platyphyllos*
Arbre à feuillage caduc • Floraison : été

Troène de Californie – *Ligustrum ovalifolium*
Arbuste à feuillage persistant

Troène du Japon – *Ligustrum japonicum*
Arbuste à feuillage persistant • Floraison : été

Tulipier – *Liriodendron tulipifera*
Arbre à feuillage caduc • Floraison : été

Viorne – *Viburnum rhytidophyllum*
Arbuste à feuillage persistant • Floraison : printemps

Weigélia – *Weigela florida 'Variegata'*
Arbuste à feuillage caduc • Floraison : printemps

Végétaux adaptés au climat numéro 4

Arbre à perruques – *Cotinus coggygria 'Royal Purple'*
Arbuste à feuillage caduc • Floraison : été

Aulne glutineux – *Alnus glutinosa*
Arbre à feuillage caduc

Berbéris pourpre – *Berberis thunbergii*
Arbuste à feuillage caduc • Floraison : printemps

Bouleau blanc d'Europe – *Betula pendula*
Arbre à feuillage caduc

Bouleau des marais – *Betula pubescens*
Arbre à feuillage caduc

Buis commun – *Buxus sempervirens*
Arbuste à feuillage persistant

Cerisier à fleurs – *Prunus cerasifera 'Pissardii'*
Arbuste à feuillage caduc • Floraison : printemps

Charme commun – *Carpinus betulus*
Arbre à feuillage caduc

Châtaignier – *Castanea sativa*
Arbre à feuillage caduc

Chêne des marais – *Quercus*
Arbre à feuillage caduc

Copalme d'Amérique – *Liquidambar styraciflua*
Arbre à feuillage caduc

Corête du Japon – *Kerria japonica*
Arbuste à feuillage caduc • Floraison : printemps

Cornouiller blanc – *Cornus alba*
Arbuste à feuillage caduc

Cornouiller mâle – *Cornus mas*
Arbuste à feuillage caduc • Floraison : printemps

Cotonéaster – *Cotoneaster horizontalis*
Arbuste à feuillage caduc • Floraison : printemps

Coudrier – *Corylus avellana*
Arbuste à feuillage caduc

Cryptomère du Japon – *Cryptomeria japonica 'Elegans'*
Conifère à feuillage persistant

Cyprès de Leyland – *x cupressocyparis 'Leylandii'*
Conifère au feuillage persistant

Cyprès de Nootka – *Chamaecyparis nootkatensis*
Conifère à feuillage persistant

Cytise – *Laburnum anagyroides*
Arbre à feuillage caduc • Floraison : printemps

Deutzia – *Deutzia scabra*
Arbuste à feuillage caduc • Floraison : printemps

Douglas – *Pseudotsuga menziesii*
Conifère à feuillage persistant

Éléagnus – *Elaeagnus x ebbingei 'Limelight'*
Arbuste à feuillage persistant • Floraison : automne

Érable champêtre – *Acer campestre*
Arbre à feuillage caduc

Érable négundo – *Acer negundo*
Arbre à feuillage caduc

Érable sycomore – *Acer pseudoplatanus*
Arbre à feuillage caduc

Forsythia – *Forsythia x intermedia*
Arbuste à feuillage caduc • Floraison : printemps

Frêne commun – *Fraxinus excelsior 'Globosa'*
Arbre à feuillage caduc

Les climats

Genêt – *Cytisus x praecox 'Albus'*
Arbuste à feuillage persistant • Floraison : printemps

Groseillier des Alpes – *Ribes alpinum*
Arbuste à feuillage caduc • Floraison : printemps

Houx commun – *Ilex aquifolium*
Arbuste à feuillage persistant • Floraison : printemps

If – *Taxus baccata*
Conifère à feuillage persistant

Laurier-palme – *Prunus laurocerasus 'Otto Luyken'*
Arbuste à feuillage persistant • Floraison : printemps

Laurier-tin – *Viburnum tinus*
Arbuste à feuillage persistant • Floraison : printemps

Lilas – *Syringa vulgaris 'Charles Joly'*
Arbuste au feuillage caduc • Floraison : printemps

Marronnier commun – *Aesculus hippocastaneum*
Arbre à feuillage caduc

Marronnier rouge – *Aesculus x carnea 'Briotii'*
Arbre à feuillage caduc • Floraison : printemps

Merisier – *Prunus avium*
Arbre à feuillage caduc • Floraison : printemps

Micocoulier de Provence – *Celtis australis*
Arbre à feuillage caduc

Noyer – *Juglans*
Arbre à feuillage caduc

Oranger du Mexique – *Choisya ternata*
Arbuste à feuillage persistant • Floraison : printemps

Osmanthe – *Osmanthus heterophyllus 'Variegatus'*
Arbuste à feuillage persistant

Peuplier blanc – *Populus alba*
Arbre à feuillage caduc

Peuplier d'Italie – *Populus nigra 'Italica'*
Arbre à feuillage caduc

Peuplier tremble – *Populus tremula*
Arbre à feuillage caduc

Photinia – *Photinia x fraseri 'Red Robin'*
Arbuste à feuillage persistant • Floraison : printemps

Pin noir d'Autriche – *Pinus nigra 'Austriaca'*
Conifère à feuillage persistant

Pin noir de Corse – *Pinus nigra spp. laricio*
Conifère à feuillage persistant

Pin Weymouth – *Pinus strobus*
Conifère à feuillage persistant

Platane à feuilles d'érable – *Platanus x hispanica*
Arbre à feuillage caduc

Pommier à fleurs – *Malus floribunda 'Coccinella'*
Arbre à feuillage caduc • Floraison : printemps

Prunier myrobolan – *Prunus cerasifera*
Arbre à feuillage caduc

Robinier faux acacia – *Robinia pseudoacacia*
Arbre à feuillage caduc

Saule blanc – *Salix alba 'Tristis'*
Arbre à feuillage caduc

Saule Marsault – *Salix caprea*
Arbuste à feuillage caduc

Savonnier – *Koelreuteria paniculata*
Arbre à feuillage caduc • Floraison : été

Séquoia – *Sequoia sempervirens*
Conifère à feuillage persistant

Seringat – *Philadelphus coronarius*
Arbuste à feuillage caduc • Floraison : printemps

Sorbier – *Sorbus*
Arbre à feuillage caduc • Floraison : été

Spirée – *Spiraea japonica 'Anthony Waterer'*
Arbuste à feuillage caduc • Floraison : été

Sumac – *Rhus typhina*
Arbre à feuillage caduc • Floraison : été

Sureau noir – *Sambucus nigra*
Arbuste à feuillage caduc • Floraison : été

Thuya du Canada – *Thuja occidentalis 'Smaragd'*
Conifère à feuillage persistant

Thuya géant – *Thuja plicata*
Conifère à feuillage persistant

Tilleul argenté – *Tilia tomentosa*
Arbre à feuillage caduc • Floraison : été

Tilleul à grandes feuilles – *Tilia platyphyllos*
Arbre à feuillage caduc • Floraison : été

Tilleul à petites feuilles – *Tilia cordata*
Arbre à feuillage caduc • Floraison : été

Tulipier – *Liriodendron tulipifera*
Arbre à feuillage caduc • Floraison : été

Viorne – *Viburnum rhytidophyllum*
Arbuste à feuillage persistant • Floraison : printemps

Weigélia – *Weigela florida 'Variegata'*
Arbuste à feuillage caduc • Floraison : printemps

Yucca – *Yucca filamentosa*
Arbuste à feuillage persistant • Floraison : été

Végétaux adaptés au climat numéro 5

Althéa – *Hibiscus syriacus 'Oiseau Bleu'*
Arbuste à feuillage caduc • Floraison : été

Amélanchier du Canada – *Amelanchier canadensis*
Arbuste à feuillage caduc • Floraison : printemps

Arbre aux papillons – *Buddleja alternifolia*
Arbuste à feuillage caduc • Floraison : été

Arbre aux 40 écus – *Gingko biloba*
Conifère à feuillage caduc

Berbéris – *Berberis darwinii*
Arbuste à feuillage persistant • Floraison : printemps

Berbéris pourpre – *Berberis thunbergii 'Bonanza Gold'*
Arbuste à feuillage caduc • Floraison : printemps

Bourdaine – *Rhamnus frangula*
Arbuste à feuillage caduc

Céanothe – *Ceanothus 'Autumnal Blue'*
Arbuste à feuillage persistant • Floraison : été

Cerisier à fleurs – *Prunus cerasifera 'Pissardii'*
Arbuste à feuillage caduc • Floraison : printemps

Charme commun – *Carpinus betulus*
Arbre à feuillage caduc

Chêne chevelu – *Quercus cerris*
Arbre à feuillage caduc

Chêne des marais – *Quercus palustris*
Arbre à feuillage caduc

Chêne pédonculé – *Quercus robur*
Arbre à feuillage caduc

Chêne rouge d'Amérique – *Quercus rubra*
Arbre à feuillage caduc

Chêne sessile – *Quercus petraea*
Arbre à feuillage caduc

Cognassier du Japon – *Chaenomeles speciosa*
Arbuste à feuillage caduc • Floraison : printemps

Cornouiller blanc – *Cornus alba 'Siberica'*
Arbuste à feuillage caduc

Cyprès de Lawson – *Chamaecyparis lawsoniana 'Ellwood's Gold'*
Conifère à feuillage persistant

Cyprès de Leyland – *x cupressocyparis 'Leylandii'*
Conifère au feuillage persistant

Cytise – *Laburnum anagyroides*
Arbre à feuillage caduc • Floraison : printemps

Les climats

Deutzia – *Deutzia scabra*
Arbuste à feuillage caduc • Floraison : printemps

Épicéa bleu du Colorado – *Picea scabra*
Conifère à feuillage persistant

Épicéa commun – *Picea abies*
Conifère à feuillage persistant

Érable plane – *Acer platanoides*
Arbre à feuillage caduc

Érable sycomore – *Acer pseudoplatanus*
Arbre à feuillage caduc

Forsythia – *Forsythia* Marée d'Or
Arbuste à feuillage caduc • Floraison : printemps

Frêne commun – *Fraxinus excelsior* 'Globosa'
Arbre à feuillage caduc

Fusain – *Euonymus fortunei* 'Emerald Gaiety'
Arbuste à feuillage persistant

Genêt – *Cytisus* x *praecox* 'Albus'
Arbuste à feuillage persistant • Floraison : printemps

Genévrier – *Juniperus squamata* 'Blue Star'
Conifère à feuillage persistant

Groseillier, cassissier – *Ribes*
Arbuste à feuillage caduc • Floraison : printemps

Hêtre commun – *Fagus sylvatica*
Arbre à feuillage marsecent

Houx commun – *Ilex aquifolium*
Arbuste à feuillage persistant • Floraison : printemps

If – *Taxus baccata*
Conifère à feuillage persistant

Laurier-palme – *Prunus laurocerasus* 'Otto Luyken'
Arbuste à feuillage persistant • Floraison : printemps

Lilas commun – *Syringa vulgaris* 'Josée'
Arbuste à feuillage caduc • Floraison : printemps

Mahonia – *Mahonia aquifolium*
Arbuste à feuillage persistant • Floraison : printemps

Marronnier commun – *Aesculus hippocastaneum*
Arbre à feuillage caduc • Floraison : printemps

Merisier à grappes – *Prunus padus*
Arbre à feuillage caduc • Floraison : printemps

Noisetier – *Corylus avellana*
Arbuste à feuillage caduc

Noyer – *Juglans*
Arbre à feuillage caduc

Peuplier blanc – *Populus alba*
Arbre à feuillage caduc

Peuplier noir d'Italie – *Populus nigra* 'Italica'
Arbre à feuillage caduc

Peuplier tremble – *Populus tremula*
Arbre à feuillage caduc

Pin noir d'Autriche – *Pinus nigra*
Conifère à feuillage persistant

Pin sylvestre – *Pinus sylvestris* 'Watereri'
Conifère à feuillage persistant

Prunier myrobolan – *Prunus cerasifera*
Arbre à feuillage caduc • Floraison : printemps

Rhododendron – *Rhododendron* 'Brigitte'
Arbuste à feuillage persistant • Floraison : printemps

Robinier faux acacia – *Robinia pseudoacacia*
Arbre à feuillage caduc

Sapin de Nordmann – *Abies nordmanniana*
Conifère à feuillage persistant

Saule – *Salix*
Arbre à feuillage caduc

Saule pleureur – *Salix babylonica*
Arbre à feuillage caduc

Saule tortueux – *Salix matsudana*
Arbuste à feuillage caduc

Sorbier des oiseaux – *Sorbus aucuparia*
Arbre à feuillage caduc • Floraison : été

Spirée – *Spiraea japonica* 'Anthony Waterer'
Arbuste à feuillage caduc • Floraison : été

Sureau à grappes – *Sambucus racemosa*
Arbuste à feuillage caduc • Floraison : printemps

Sureau noir – *Sambucus nigra*
Arbuste à feuillage caduc • Floraison : été

Symphorine – *Symphoricarpos albus*
Arbuste à feuillage caduc • Floraison : été

Thuya du Canada – *Thuja occidentalis* 'Smaragd'
Conifère à feuillage persistant

Thuya géant – *Thuja plicata*
Conifère à feuillage persistant

Tilleul à petites feuilles – *Tilia cordata*
Arbre à feuillage caduc • Floraison : été

Viorne – *Viburnum rhytidophyllum*
Arbuste à feuillage persistant • Floraison : printemps

Végétaux adaptés au climat numéro 6

Abricotier – *Prunus armeniaca*
Arbre à feuillage caduc • Floraison : printemps

Alisier blanc – *Sorbus aria*
Arbre à feuillage caduc • Floraison : printemps

Althéa – *Hibiscus syriacus* 'Oiseau Bleu'
Arbuste au feuillage caduc • Floraison : été

Althéa – *Hibiscus syriacus* 'Diana'
Arbuste à feuillage caduc • Floraison : été

Amandier de Chine – *Prunus triloba*
Arbuste à feuillage caduc • Floraison : printemps

Amélanchier (des bois) – *Amelanchier (ovalis)*
Arbuste à feuillage caduc • Floraison : printemps

Arbousier – *Arbutus unedo*
Arbuste à feuillage persistant • Floraison : automne

Arbre de Judée – *Cercis siliquastrum*
Arbuste à feuillage caduc • Floraison : printemps

Arbre aux papillons – *Buddleja davidii* 'Black Knight'
Arbuste à feuillage caduc • Floraison : été

Arbre aux 40 écus – *Gingko biloba*
Conifère à feuillage caduc

Argousier – *Hippophae rhamnoides*
Arbuste à feuillage caduc

Aulne blanc – *Alnus incana*
Arbre à feuillage caduc

Aulne glutineux – *Alnus glutinosa*
Arbre à feuillage caduc

Baguenaudier – *Colutea arborescens*
Arbuste à feuillage caduc • Floraison : été

Berbéris pourpre – *Berberis thunbergii* 'Bonanza Gold'
Arbuste à feuillage caduc • Floraison : printemps

Bouleau blanc d'Europe – *Betula pendula*
Arbre à feuillage caduc

Céanothe – *Ceanothus* 'Autumnal Blue'
Arbuste à feuillage persistant • Floraison : été

Cèdre de l'Atlas – *Cedrus atlantica*
Conifère à feuillage persistant

Cèdre du Liban – *Cedrus libani*
Conifère à feuillage persistant

Cerisier à fleurs – *Prunus cerasifera* 'Pissardii'
Arbuste à feuillage caduc • Floraison : printemps

Les climats

Chêne chevelu – *Quercus cerris*
Arbre à feuillage caduc

Cognassier du Japon – *Chaenomeles speciosa* 'Rubra'
Arbuste à feuillage caduc • Floraison : printemps

Copalme d'Amérique – *Liquidambar styraciflua*
Arbre à feuillage caduc

Corête du Japon – *Kerria japonica*
Arbuste à feuillage caduc • Floraison : printemps

Cormier – *Sorbus domestica*
Arbre à feuillage caduc • Floraison : printemps

Cornouiller – *Cornus*
Arbuste à feuillage caduc • Floraison : printemps

Cornouiller à fleurs – *Cornus florida*
Arbuste à feuillage caduc • Floraison : printemps

Coronille – *Coronilla emerus*
Arbuste à feuillage caduc • Floraison : printemps

Cryptomère du Japon – *Cryptomeria japonica* 'Elegans'
Conifère à feuillage persistant

Cyprès de l'Arizona – *Cupressus arizonica*
Conifère à feuillage persistant

Cyprès chauve – *Taxodium distichum*
Conifère à feuillage persistant

Cyprès d'Italie – *Cupressus sempervirens* 'Stricta'
Conifère à feuillage persistant

Cyprès de Lawson
Chamaecyparis lawsoniana 'Ellwoodii'
Conifère à feuillage persistant

Cyprès de Leyland – x *cupressocyparis* 'Leylandii'
Conifère au feuillage persistant

Cytise – *Laburnum anagyroides*
Arbre à feuillage caduc • Floraison : printemps

Deutzia – *Deutzia scabra*
Arbuste à feuillage caduc • Floraison : printemps

Érable champêtre – *Acer campestre*
Arbre à feuillage caduc

Érable sycomore – *Acer pseudoplatanus*
Arbre à feuillage caduc

Faux vernis du Japon – *Ailanthus altissima*
Arbre à feuillage caduc

Févier d'Amérique – *Gleditsia triacanthos* 'Sunburst'
Arbre à feuillage caduc

Forsythia – *Forsythia* Marée d'Or
Arbuste à feuillage caduc • Floraison : printemps

Frêne commun – *Fraxinus excelsior*
Arbre à feuillage caduc

Fusain – *Euonymus fortunei* 'Emerald Gaiety'
Arbuste à feuillage persistant

Fusain d'Europe – *Euonymus europaeus*
Arbuste à feuillage persistant

Genêt d'Espagne – *Spartium junceum*
Arbuste à feuillage persistant • Floraison : été

Genévrier de Chine – *Juniperus chinensis* 'Kuriwao Gold'
Conifère à feuillage persistant

Genévrier commun – *Juniperus communis* 'Compressa'
Conifère à feuillage persistant

Genévrier de Virginie – *Juniperus virginiana* 'Helle'
Conifère à feuillage persistant

Grenadier – *Punica granatum*
Arbuste à feuillage caduc • Floraison : été

Groseillier des Alpes – *Ribes alpinum*
Arbuste à feuillage caduc • Floraison : printemps

Groseillier à fleurs – *Ribes sanguineum*
Arbuste à feuillage caduc • Floraison : printemps

Houx commun – *Ilex aquifolium*
Arbuste à feuillage persistant • Floraison : printemps

If commun – *Taxus baccata*
Conifère à feuillage persistant

Laurier-tin – *Viburnum tinus*
Arbuste au feuillage persistant • Floraison : printemps

Lilas – *Syringa* x 'Josée'
Arbuste à feuillage caduc • Floraison : printemps

Magnolia – *Magnolia grandiflora*
Arbre à feuillage persistant • Floraison : été

Mahonia – *Mahonia aquifolium*
Arbuste à feuillage persistant • Floraison : printemps

Marronnier d'Inde – *Aesculus indica*
Arbre à feuillage caduc • Floraison : printemps

Marronnier rouge – *Aesculus* x *carnea* 'Briotii'
Arbre à feuillage caduc • Floraison : printemps

Mûrier à feuille de platane – *Morus alba*
Arbuste à feuillage caduc • Floraison : printemps

Noisetier – *Corylus avellana*
Arbuste à feuillage caduc

Noyer – *Juglans*
Arbre à feuillage caduc

Osmanthe – *Osmanthus heterophyllus* 'Variegatus'
Arbuste à feuillage persistant

Pérovskia – *Perovskia atriplicifolia* 'Blue Spire'
Arbuste à feuillage caduc • Floraison : été

Peuplier blanc de Hollande – *Populus alba*
Arbre à feuillage caduc

Photinia – *Photinia* x *fraseri* 'Red Robin'
Arbuste à feuillage persistant • Floraison : printemps

Physocarpus – *Physocarpus opulifolius*
Arbuste à feuillage caduc

Pin noir d'Autriche – *Pinus nigra*
Conifère à feuillage persistant

Pin pleureur de l'Himalaya – *Pinus wallichiana*
Conifère à feuillage persistant

Pin sylvestre – *Pinus sylvestris* 'Watereri'
Conifère à feuillage persistant

Platane à feuilles d'érable – *Platanus* x *hispanica*
Arbre à feuillage caduc

Prunellier – *Prunus spinosa*
Arbuste à feuillage caduc • Floraison : printemps

Prunier myrobolan – *Prunus cerasifera*
Arbre à feuillage caduc • Floraison : printemps

Robinier faux acacia – *Robinia pseudoacacia*
Arbre à feuillage caduc

Rosier rugueux – *Rosa rugosa*
Arbuste à feuillage caduc • Floraison : été

Sapin de l'Oregon – *Abies concolor*
Conifère à feuillage persistant

Sapin de Nordmann – *Abies nordmanniana*
Conifère à feuillage persistant

Sapin d'Espagne – *Abies pinsapo* 'Aurea'
Conifère à feuillage persistant

Sauge arbustive – *Salvia microphylla* 'Grahamii'
Arbuste à feuillage caduc • Floraison : été

Saule blanc – *Salix alba* 'Tristis'
Arbre à feuillage caduc

Saule Marsault – *Salix caprea*
Arbuste à feuillage caduc

Seringat – *Philadelphus coronarius*
Arbuste à feuillage caduc • Floraison : printemps

Sorbier des oiseaux – *Sorbus aucuparia*
Arbre à feuillage caduc • Floraison : été

Spirée – *Spiraea japonica* 'Anthony Waterer'
Arbuste à feuillage caduc • Floraison : été

Thuya du Canada – *Thuja occidentalis* 'Smaragd'
Conifère à feuillage persistant

Les climats

Tilleul argenté – *Tilia tomentosa*
Arbre à feuillage caduc • Floraison : été

Tilleul à grandes feuilles – *Tilia platyphyllos*
Arbre à feuillage caduc

Troène de Californie – *Ligustrum ovalifolium*
Arbuste à feuillage persistant

Troène d'Europe – *Ligustrum vulgare*
Arbuste à feuillage persistant

Tulipier – *Liriodendron tulipifera*
Arbre à feuillage caduc • Floraison : été

Viorne – *Viburnum rhytidophyllum*
Arbuste à feuillage persistant • Floraison : printemps

Weigélia – *Weigela florida* 'Variegata'
Arbuste à feuillage caduc • Floraison : printemps

Végétaux adaptés au climat numéro 7

Abélie – *Abelia x grandiflora*
Floraison : automne

Althéa – *Hibiscus syriacus* 'Oiseau Bleu'
Arbuste au feuillage caduc • Floraison : été

Amandier – *Prunus dulcis*
Arbre à feuillage caduc • Floraison : printemps

Arbousier – *Buddleja davidii*
Arbuste au feuillage caduc • Floraison : été

Arbre aux fraises – *Arbutus unedo*
Arbuste à feuillage persistant • Floraison : été

Arbre de Judée – *Cercis siliquastrum*
Arbuste à feuillage caduc • Floraison : printemps

Arbre à perruques – *Cotinus coggygria* 'Royal Purple'
Arbuste à feuillage caduc • Floraison : été

Arbre aux 40 écus – *Gingko biloba*
Conifère à feuillage caduc

Arbre à soie – *Albizzia julibrissin* 'Ombrella'
Arbre à feuillage caduc • Floraison : été

Aulne de Corse – *Alnus cordata*
Arbre à feuillage caduc

Aulne glutineux – *Alnus glutinosa*
Arbre à feuillage caduc

Baguenaudier – *Colutea arborescens*
Arbre à feuillage caduc • Floraison : été

Berbéris – *Berberis*
Arbuste à feuillage persistant • Floraison : printemps

Berbéris pourpre – *Berberis thunbergii* 'Bonanza Gold'
Arbuste à feuillage caduc • Floraison : printemps

Buis commun – *Buxus sempervirens*
Arbuste à feuillage persistant

Camélia – *Camellia japonica*
Arbuste à feuillage persistant • Floraison : printemps

Catalpa commun – *Catalpa bignonioides*
Arbre à feuillage caduc • Floraison : été

Céanothe – *Ceanothus* 'Autumnal Blue'
Arbuste à feuillage persistant • Floraison : été

Cèdre de l'Atlas – *Cedrus atlantica*
Conifère à feuillage persistant

Cèdre du Liban – *Cedrus libani*
Conifère à feuillage persistant

Cerisier à fleurs – *Prunus cerasifera* 'Pissardii'
Arbuste à feuillage caduc • Floraison : printemps

Charme houblon – *Ostrya carpinifolia*
Arbre à feuillage caduc

Châtaignier – *Castanea sativa*
Arbre à feuillage caduc

Chêne chevelu – *Quercus cerris*
Arbre à feuillage caduc

Chêne vert – *Quercus ilex*
Arbre à feuillage persistant

Copalme d'Amérique – *Liquidambar styraciflua*
Arbre à feuillage caduc

Cormier – *Sorbus domestica*
Arbre à feuillage caduc • Floraison : printemps

Cornouiller blanc – *Cornus alba* 'Siberica'
Arbuste à feuillage caduc

Cornouiller à fleurs – *Cornus florida*
Arbuste à feuillage caduc • Floraison : printemps

Cornouiller sanguin – *Cornus sanguinea*
Arbuste à feuillage caduc

Cryptomère du Japon – *Cryptomeria japonica* 'Elegans'
Conifère à feuillage persistant

Cyprès de l'Arizona – *Cupressus arizonica*
Conifère à feuillage persistant

Cyprès chauve – *Taxodium distichum*
Conifère à feuillage persistant

Cyprès d'Italie – *Cupressus sempervirens* 'Stricta'
Conifère à feuillage persistant

Cyprès de Lambert – *Cupressus macrocarpa* 'Goldcrest'
Conifère à feuillage persistant

Cyprès de Lawson
Chamaecyparis lawsoniana 'Ellwoodii'
Conifère à feuillage persistant

Cyprès de Leyland – *x cupressocyparis* 'Leylandii'
Conifère au feuillage persistant

Deutzia – *Deutzia scabra*
Arbuste à feuillage caduc • Floraison : printemps

Éléagnus – *Elaeagnus umbellata*
Arbuste à feuillage persistant • Floraison : printemps

Érable argenté – *Acer saccharinum*
Arbre à feuillage caduc

Érable négundo – *Acer negundo*
Arbre à feuillage caduc

Escallonia – *Escallonia* x 'Dart's Rosy Red'
Arbuste à feuillage persistant • Floraison : été

Faux vernis du Japon – *Ailanthus altissima*
Arbre à feuillage caduc

Févier d'Amérique – *Gleditsia triacanthos* 'Sunburst'
Arbre à feuillage caduc

Figuier – *Ficus carica*
Arbre à feuillage caduc

Forsythia – *Forsythia* Marée d'Or
Arbuste à feuillage caduc • Floraison : printemps

Frêne d'Amérique – *Fraxinus americana*
Arbre à feuillage caduc

Frêne à fleurs – *Fraxinus ornus*
Arbre à feuillage caduc • Floraison : printemps

Fusain du Japon – *Euonymus japonicus*
Arbuste à feuillage persistant

Genêt d'Espagne – *Spartium junceum*
Arbuste à feuillage persistant • Floraison : été

Genévrier de Virginie – *Juniperus virginiana* 'Helle'
Conifère à feuillage persistant

Grenadier – *Punica granatum*
Arbuste à feuillage caduc • Floraison : été

Groseillier à fleurs – *Ribes sanguineum*
Arbuste à feuillage caduc • Floraison : printemps

Laurier-palme – *Prunus laurocerasus* 'Otto Luyken'
Arbuste à feuillage persistant • Floraison : printemps

Laurier du Portugal – *Prunus lusitanica*
Arbuste à feuillage persistant • Floraison : printemps

Les climats

laurier-rose – *Nerium oleander*
Arbuste à feuillage persistant • Floraison : été

Laurier-sauce – *Laurus nobilis*
Arbuste à feuillage persistant

laurier-tin – *Viburnum tinus*
Arbuste à feuillage persistant • Floraison : printemps

Lilas commun – *Syringa vulgaris*
Arbuste à feuillage caduc • Floraison : printemps

Lilas des Indes – *Lagerstroemia indica*
Arbuste à feuillage caduc • Floraison : été

Magnolia – *Magnolia x soulangeana*
Arbre à feuillage caduc • Floraison : printemps

Magnolia – *Magnolia grandiflora*
Arbre à feuillage persistant • Floraison : été

Mahonia – *Mahonia aquifolium*
Arbuste à feuillage persistant • Floraison : printemps

Marronnier rouge – *Aesculus x carnea* 'Briotii'
Arbre à feuillage caduc • Floraison : printemps

Mimosa d'hiver – *Acacia dealbata*
Arbre à feuillage persistant • Floraison : hiver

Mûrier à feuille de platane – *Morus alba*
Arbuste à feuillage caduc • Floraison : printemps

Mûrier noir – *Morus nigra*
Arbre à feuillage caduc

Myrte – *Myrtus communis*
Arbuste à feuillage persistant • Floraison : printemps

Noisetier de Byzance – *Corylus colurna*
Arbuste à feuillage caduc

Olivier – *Olea europaea*
Arbre à feuillage persistant

Olivier de Bohême – *Elaeagnus angustifolia*
Arbre à feuillage persistant • Floraison : printemps

Oranger du Mexique – *Choisya ternata*
Arbuste à feuillage persistant • Floraison : printemps

Peuplier blanc – *Populus alba*
Arbre à feuillage caduc

Peuplier noir d'Italie – *Populus nigra* 'Italica'
Arbre à feuillage caduc

Pin d'Alep – *Pinus halepensis*
Conifère à feuillage persistant

Pin maritime – *Pinus pinaster*
Conifère à feuillage persistant

Pin parasol – *Pinus pinea*
Conifère à feuillage persistant

Pittospore – *Pittosporum tobira*
Arbuste à feuillage persistant • Floraison : printemps

Platane à feuilles d'érable – *Platanus x hispanica*
Arbre à feuillage caduc

Pourpier de mer – *Altriplex halimus*
Arbuste à feuillage persistant

Prunellier – *Prunus spinosa*
Arbuste à feuillage caduc • Floraison : printemps

Prunier myrobolan – *Prunus cerasifera*
Arbre à feuillage caduc

Robinier faux acacia – *Robinia pseudoacacia*
Arbre à feuillage caduc

Sapin d'Espagne – *Abies pinsapo* 'Aurea'
Conifère à feuillage persistant

Savonnier – *Koelreuteria paniculata*
Arbre à feuillage caduc • Floraison : été

Séneçon en arbre – *Baccharis halimifolia*
Arbuste à feuillage persistant • Floraison : été

Seringat – *Philadelphus coronarius*
Arbuste à feuillage caduc • Floraison : printemps

Sophora du Japon – *Sophora japonica*
Arbre à feuillage caduc

Spirée – *Spiraea japonica* 'Anthony Waterer'
Arbuste à feuillage caduc • Floraison : été

Tamaris – *Tamarix pentandra*
Arbuste à feuillage caduc • Floraison : été

Tilleul argenté – *Tilia tomentosa*
Arbre à feuillage caduc • Floraison : été

Tilleul à grandes feuilles – *Tilia platyphyllos*
Arbre à feuillage caduc • Floraison : été

Troène du Japon – *Ligustrum japonicum*
Arbuste à feuillage persistant • Floraison : été

Tulipier – *Liriodendron tulipifera*
Arbre à feuillage caduc • Floraison : été

Végétaux adaptés au climat numéro 8

Alisier blanc – *Sorbus aria*
Arbre à feuillage caduc • Floraison : printemps

Amélanchier des bois – *Amelanchier ovalis*
Arbuste à feuillage caduc • Floraison : printemps

Aulne blanc – *Alnus incana*
Arbre à feuillage caduc

Aulne glutineux – *Alnus glutinosa*
Arbre à feuillage caduc

Berbéris pourpre – *Berberis thunbergii* 'Bonanza Gold'
Arbuste à feuillage caduc • Floraison : printemps

Bouleau blanc d'Europe – *Betula pendula*
Arbre à feuillage caduc

Cerisier à fleurs – *Prunus serrulata* 'Amanogawa'
Arbuste à feuillage caduc • Floraison : printemps

Cerisier à fleurs – *Prunus cerasifera* 'Pissardii'
Arbuste à feuillage caduc • Floraison : printemps

Chèvrefeuille en haie – *Lonicera nitida*
Arbuste à feuillage persistant

Corête du Japon – *Kerria japonica* 'Pleniflora'
Arbuste à feuillage caduc • Floraison : printemps

Cornouiller blanc – *Cornus alba*
Arbuste à feuillage caduc

Cornouiller sanguin – *Cornus sanguinea*
Arbuste à feuillage caduc

Coudrier – *Corylus avellana*
Arbuste à feuillage caduc

Cyprès de Leyland – x *cupressocyparis* 'Leylandii'
Conifère au feuillage persistant

Deutzia – *Deutzia scabra*
Arbuste à feuillage caduc • Floraison : printemps

Épicéa commun – *Picea abies*
Conifère à feuillage persistant

Érable champêtre – *Acer campestre*
Arbre à feuillage caduc

Érable négundo – *Acer negundo*
Arbre à feuillage caduc

Érable plane – *Acer platanoides*
Arbre à feuillage caduc

Forsythia – *Forsythia* Marée d'Or
Arbuste à feuillage caduc • Floraison : printemps

Frêne commun – *Fraxinus excelsior* 'Globosa'
Arbre à feuillage caduc

Genêt à fleurs – *Cytisus purgans*
Arbuste à feuillage persistant • Floraison : printemps

Grisard – *Populus x canescens*
Arbre à feuillage caduc

Les climats

Groseillier à fleurs – *Ribes sanguineum*
Arbuste à feuillage caduc • Floraison : printemps

Groseillier, cassissier – *Ribes*
Arbuste à feuillage caduc • Floraison : printemps

Hêtre commun – *Fagus sylvatica*
Arbre à feuillage marcescent

Houx commun – *Ilex aquifolium*
Arbuste à feuillage persistant • Floraison : printemps

Lilas – *Syringa* x 'Josée'
Arbuste à feuillage caduc • Floraison : printemps

Mahonia – *Mahonia aquifolium*
Arbuste à feuillage persistant • Floraison : printemps

Mélèze d'Europe – *Larix decidua*
Conifère à feuillage caduc

Merisier à grappes – *Prunus padus*
Arbre à feuillage caduc • Floraison : printemps

Neprun cathartique – *Rhamnus cathartica*
Arbuste à feuillage caduc

Noisetier – *Corylus avellana*
Arbuste à feuillage caduc

Peuplier blanc de Hollande – *Populus alba*
Arbre à feuillage caduc

Peuplier tremble – *Populus tremula*
Arbre à feuillage caduc

Pin noir d'Autriche – *Pinus nigra*
Conifère à feuillage persistant

Pin sylvestre – *Pinus sylvestris* 'Watereri'
Conifère à feuillage persistant

Pin Weymouth – *Pinus strobus*
Conifère à feuillage persistant

Prunellier – *Prunus spinosa*
Arbuste à feuillage caduc • Floraison : printemps

Prunier myrobolan – *Prunus cerasifera*
Arbre à feuillage caduc

Rhododendron – *Rhododendron* 'Brigitte'
Arbuste à feuillage persistant • Floraison : printemps

Robinier faux acacia – *Robinia pseudoacacia*
Arbre à feuillage caduc

Rosier rugueux – *Rosa rugosa*
Arbuste à feuillage caduc • Floraison : été

Sapin argenté – *Abies alba*
Conifère à feuillage persistant

Saule Marsault – *Salix caprea*
Arbuste à feuillage caduc

Sorbier des oiseaux – *Sorbus aucuparia*
Arbre à feuillage caduc • Floraison : été

Sureau à grappes – *Sambucus racemosa*
Arbuste à feuillage caduc • Floraison : printemps

Tilleul à grandes feuilles – *Tilia platyphyllos*
Arbre à feuillage caduc • Floraison : été

Les sols

La qualité du sol est un élément essentiel à la réussite de toute plantation. Le sol n'est toutefois pas un facteur limitant à l'implantation de végétaux dans un jardin, les arbres et arbustes ayant un pouvoir d'adaptation impressionnant. Bien connaître la nature de son sol, c'est pouvoir combler ses carences pour le rendre plus fertile. Vous trouverez dans cet ouvrage différents types de sol aux caractéristiques très variées : sols filtrants, acides, calcaires, poreux...

Les composants du sol

Le sol est constitué de quatre éléments principaux : l'humus, l'argile, le calcaire et le sable. Leurs proportions varient bien sûr d'un sol à l'autre, ce qui fait toute la diversité des types de sol.

L'humus

C'est indéniablement le composant du sol le plus important. Il résulte de la décomposition de déchets végétaux et animaux par les bactéries présentes dans le sol. Une de ses principales propriétés est de retenir l'eau et les éléments nutritifs. Il favorise par ailleurs les échanges d'eau, d'air et de chaleur entre le sol et la plante. Enfin, il est un bon régulateur du pH.

L'argile

L'argile est une roche sédimentaire tendre qui absorbe et retient l'eau, formant ainsi une sorte de pâte imperméable ou terre glaise. Elle présente les mêmes propriétés que l'humus. Elle a surtout pour rôle de lier les différents constituants du sol entre eux. Présente en trop grande quantité, elle rend le sol lourd et extrêmement collant en période de pluie. En revanche, les sols argileux sont généralement bien pourvus en éléments fertilisants.

Le calcaire

Formé en grande partie de carbonate de calcium, il a pour fonction de neutraliser l'acidité. Il constitue le meilleur type de sol pour de nombreuses espèces de fleurs et d'arbustes.

Le sable

Les éléments constitutifs du sable sont plus ou moins gros et ne s'agglomèrent pas. Le sable se réchauffe rapidement et convient donc bien aux cultures hâtives.

Les différents types de sols

La nature du sol dépend de sa situation géographique et de la géologie de son environnement. En France, on distingue généralement trois grands groupes de sols.

Les sols compacts

Les terres ayant de fortes proportions d'argile et/ou de calcaire entrent dans cette catégorie. Ces sols sont lourds car ils se gorgent d'eau très facilement, mais peuvent connaître de fortes alternances d'humidité et de sécheresse.

La terre argileuse

Cette terre de couleur brun clair ou grisâtre n'est pas facile à cultiver. Lourde et dense, elle colle quand il pleut et craquelle par temps sec. Une terre argileuse très humide présente souvent une tendance à l'acidité.
Pour l'améliorer, vous pouvez faire des apports de fumier, de tourbe ou encore de sciure de bois. En été, un bon paillage peut limiter son durcissement.

La terre calcaire

Blanchâtre, cette terre est peu fertile. Elle contient souvent une important quantité d'argile, ce qui la rend difficile à travailler et collante quand il pleut.
Il est difficile d'améliorer ce type de sol. Des apports importants et réguliers de compost, de tourbe blonde ou de sable amélioreront tout de même sa fertilité.

Les sols

Les sols sains filtrants

Lourds et peu humides, ils se travaillent sans difficulté particulière. Ces sols sont toutefois relativement froids et ne conviennent donc pas aux cultures hâtives.

La terre franche

Ce type de terre est souvent décrit comme la terre idéale. De couleur brun foncé, elle est facile à travailler, équilibrée et bien drainée. Elle contient suffisamment d'humus et d'argile. Les plantations apprécient particulièrement cette terre qui répond à toutes leurs attentes.

La terre humifère

Comme son nom l'indique, elle est très riche en humus, c'est-à-dire en matières organiques. Elle présente l'avantage de retenir l'eau sans être pour autant mal drainée. Elle est bien sûr assez fertile tout en ayant une tendance à l'acidité. Des amendements calcaires permettront d'y remédier partiellement.

Les sols poreux

Qu'ils contiennent du sable ou des cailloux, ces sols peuvent être très acides ou calcaires. Ils offrent un bon drainage ; en revanche, ils sèchent rapidement et empêchent les éléments nutritifs de se fixer.

La terre sablonneuse

Grise ou jaune, cette terre est légère et généralement pauvre en éléments nutritifs. Elle ne colle pas par temps de pluie et se retourne facilement tout au long de l'année.
En revanche, elle s'émiette rapidement, se montre peu fertile et retient mal les engrais. Une terre sablonneuse apprécie les apports réguliers de tourbe ou encore de compost.

La terre graveleuse

Acide, calcaire, lourde ou légère, sa principale caractéristique est de contenir énormément de cailloux, ce qui la rend bien sûr difficile à travailler. Il est impératif de retirer les plus gros cailloux et d'ajouter compost et fertilisants.

L'acidité du sol ou pH

Il est important de connaître le pH de son sol. Cette donnée permet de définir les apports nécessaires à la terre et de déterminer le type de plantes qu'il est possible d'y implanter.

Qu'est-ce que le pH ?

Le pH (potentiel hydrogène) varie de 0 à 14. Un sol neutre affiche un pH égal à 7. En dessous de 7, on parle de sol acide, au-dessus, de sol alcalin. Pour se développer correctement, les végétaux ont généralement besoin d'un sol dont le pH se situe entre 6,5 et 7,2.
Les sols acides (pH inférieur à 5,5) ne favorisent pas le développement de la végétation. Peu d'espèces y sont adaptées, exception faite des plantes de terre de bruyère. Les sols légèrement acides (pH compris entre 5,5 et 7) conviennent à plusieurs espèces d'arbustes. Les sols carbonates (pH supérieur à 7) ne conviennent qu'à des espèces adaptées, du fait de la présence du calcaire.

Calcul du pH

Pour connaître le pH de votre sol, adressez un échantillon de terre de votre jardin à un laboratoire qui en fera l'analyse précise. Vous pouvez également le faire vous-même en utilisant un kit d'analyse (en vente en jardineries ou magasins spécialisés). Pour un résultat précis, faites toujours plusieurs tests à différents endroits de votre jardin.

Nature des sol des jardins proposés

Jardin numéro 1 : sol sain et neutre
Jardin numéro 2 : sol compact acide et frais
Jardin numéro 3 : sol sain
Jardin numéro 4 : sol sain filtrant acide et frais
Jardin numéro 5 : sol sain et filtrant
Jardin numéro 6 : sol poreux filtrant et légèrement acide
Jardin numéro 7 : sol sain filtrant
Jardin numéro 8 : sol sain et neutre
Jardin numéro 9 : sol sain non calcaire
Jardin numéro 10 : sol très poreux très filtrant carbonate et frais
Jardin numéro 11 : sol très acide
Jardin numéro 12 : sol sain très filtrant
Jardin numéro 13 : sol sain très filtrant
Jardin numéro 14 : sol compact carbonate et frais
Jardin numéro 15 : sol carbonate et frais
Jardin numéro 16 : sol compact acide et frais
Jardin numéro 17 : sol carbonate et frais
Jardin numéro 18 : sol très poreux filtrant acide et sec
Jardin numéro 19 : sol filtrant carbonate et frais
Jardin numéro 20 : sol neutre à légèrement acide

Pourquoi concevoir un plan de jardin ?

Cette opération constitue un préalable à tout projet d'aménagement et de plantation. Son principal objectif est de déterminer la disposition optimale des éléments du jardin (végétaux, terrasse, bassin, potager, rocaille...) les uns par rapport aux autres, dans un souci esthétique et fonctionnel. On distingue généralement les jardins réguliers des jardins paysagers. Les premiers sont souvent composés de lignes droites. La rigidité de leur dessin présente l'avantage de faciliter leur entretien. Il s'agit par exemple des jardins à la française ou encore de certains jardins modernes. Les seconds offrent des formes souples et beaucoup de courbes. Sous une apparence rustique, ils se veulent plus poétiques et ont souvent beaucoup de charme.

L'échelle

L'échelle permet de déterminer l'ampleur d'une composition par rapport à la taille humaine. Il existe plusieurs types d'échelle. Respecter l'échelle familiale par exemple, c'est déterminer les dimensions d'une terrasse ou d'une pergola en fonction du nombre de membres de la famille amenés à l'utiliser. En matière d'espaces verts publics, on évoque plutôt l'échelle monumentale, qui est définie en fonction du nombre de personnes susceptibles de fréquenter tel square ou tel jardin de château. L'échelle monumentale donne une certaine puissance à l'aménagement, elle doit toutefois s'accompagner d'éléments à échelle humaine afin que l'ensemble reste accueillant.

L'unité

Lors de la conception d'un plan de jardin, il convient de déterminer les différents lieux de vie que l'on souhaite y développer (allées, pelouses, massifs, rocailles, bassins...), tout en gardant à l'esprit qu'il est essentiel de créer un lien entre tous ces éléments. Pour être agréable, votre jardin doit être cohérent.

Respecter le style

N'oubliez pas que le jardin « se construit » autour de la maison. Il doit donc s'adapter au style de celle-ci. Une maison ultra-moderne ne sera pas mise en valeur au sein d'un jardin à la française. De même une vieille bâtisse s'accommodera difficilement d'un jardin tropical. Dans la même veine, il est aussi ridicule d'aménager une rocaille au centre d'une vaste pelouse que de concevoir un jardin à la française sur une petite surface.

Les matériaux utilisés pour les parties bâties telles que les différents dallages des terrasses et des allées, les escaliers... doivent également être soigneusement choisis. Privilégiez systématiquement les matériaux traditionnels de votre région, matériaux qui ont a priori déjà servi à construire votre maison.

Créer une certaine homogénéité dans le jardin n'est pas pour autant synonyme de monotonie (jardin monochrome) ou d'uniformité (utilisation d'un seul matériau). L'unité supporte en effet quelques variations : camaïeux de couleur, légère variation de topographie...

Connaître l'environnement

Avant de procéder au choix des végétaux de votre jardin, analysez l'environnement. Déterminez tout d'abord la zone climatique à laquelle vous appartenez (voir carte page 13) et consultez la liste des végétaux qui s'y développent particulièrement bien (voir pages 14 à 25). Définissez également la qualité de votre sol (voir page 27).

Pourquoi concevoir un plan de jardin ?

Les proportions et les perspectives

Le plan de jardin permet de coordonner les différentes parties du jardin de façon cohérente et harmonieuse, il est toutefois impossible à la seule observation d'un plan de se rendre compte de l'effet final. Que ressentira vraiment le promeneur dans ce jardin ? Le dessin en élévation permettrait de mieux apprécier l'effet recherché, encore faudrait-il qu'il soit réalisé sous des angles différents. De toute façon, privilégiez toujours les choix dictés par la recherche esthétique ou l'effet optique plutôt que par de savants raisonnements mathématiques.

Essayez d'équilibrer les masses d'arbres par rapport au volume de l'habitation, la hauteur d'un mur de clôture par rapport à la superficie du terrain ou encore la taille d'un bassin par rapport à l'étendue d'une pelouse.

Modifier les perspectives

Il existe quelques astuces qui permettent de résoudre certains petits problèmes de perspective. En voici quelques-unes...

- Si la superficie de votre terrain le permet, n'hésitez pas à dessiner une longue allée qui conduit de l'entrée de la propriété à la maison. Veillez cependant à ce qu'elle soit d'une largeur suffisante pour ne pas être « écrasée » par la perspective.
- Si vous souhaitez faire paraître votre jardin plus spacieux qu'il ne l'est en réalité, favorisez une végétation claire sur le pourtour du terrain. Des arbres fastigiés (arbres dont les rameaux sont très serrés et dressés vers le ciel tels que le cyprès) plantés en lignes parallèles produisent bien sûr l'effet inverse.
- Une pente peut être facilement atténuée en plantant des végétaux assez hauts à sa base et de plus en plus petits en allant vers son sommet.
- Un parterre rectangulaire bien composé peut constituer un parfait point de mire au sein d'un jardin, veillez toutefois à ce qu'il ne se trouve pas sur une pente, ses proportions seraient alors déformées.

Si votre terrain vous semble d'une extrême platitude, n'hésitez pas à construire un petit mur de soutènement. Il sera du plus bel effet, donnera un côté rustique à votre jardin et surtout un peu de relief.

Le caractère

Le caractère d'un jardin, c'est sa personnalité, ce qui lui donne ou non du cachet. Il est difficile voire impossible d'édicter des règles permettant de donner du caractère à un terrain. C'est un élément extrêmement subjectif qui relève du domaine artistique.

Un jardin peut se caractériser par l'élégance de ses constructions : terrasses, piscine... et leur discrétion, ou au contraire par leur extravagance. Le jardinier peut également privilégier une catégorie de végétaux de façon à distinguer son jardin. Évitez d'aménager votre jardin par étapes, il risquerait ainsi de manquer de caractère.

Le contraste et l'harmonie

Le contraste permet d'associer des éléments dont la forme, la hauteur, la couleur... sont plus ou moins opposées. Il est intéressant de sélectionner des végétaux aux silhouettes assez variées. Une certaine harmonie s'obtient plutôt en mariant des éléments dont la forme, la hauteur, la couleur... sont homogènes.

Contrairement aux idées reçues, l'un n'empêche pas l'autre. Il est possible de rendre un espace vert plus harmonieux en y insérant un élément qui contraste avec l'ensemble sans qu'il ne devienne dominant. Un escalier dallé en pierre de Bavière comprenant des contre-marches en barrettes d'ardoises peut constituer par exemple un élément très harmonieux dans un jardin alors qu'il associe deux éléments assez contrastés.

Guide d'utilisation

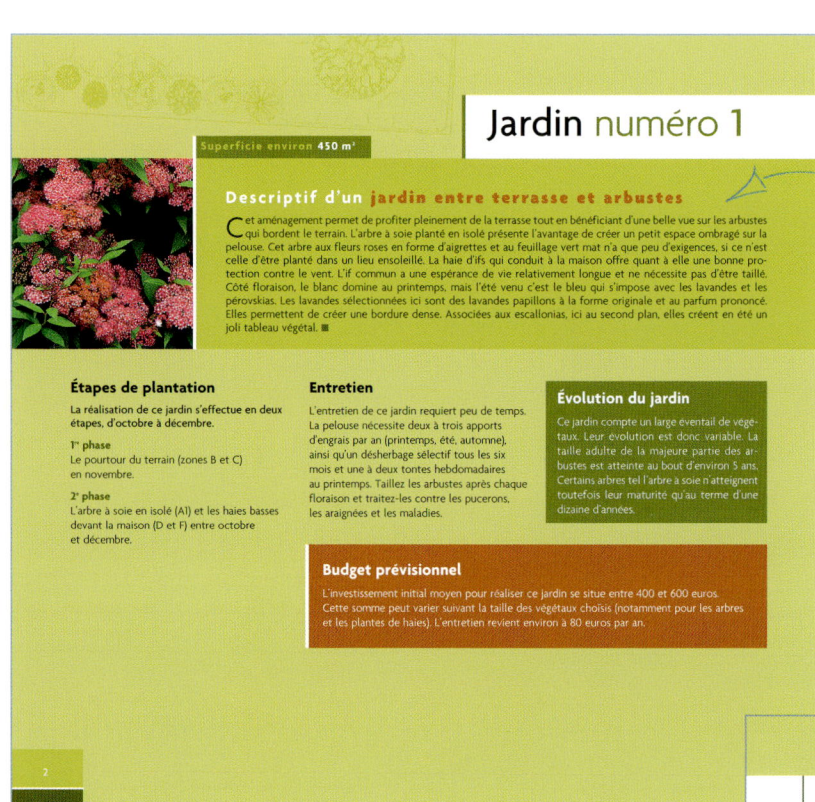

La conception et la réalisation de chaque jardin sont détaillées sur 4 pages : une fiche descriptive, un plan d'aménagement, un tableau des végétaux et un plan de plantation.

Fiche descriptive

Cette fiche recense les principales caractéristiques de chaque aménagement. Outre la superficie du terrain, elle propose un descriptif du jardin : sa forme, les espaces de loisirs qui y sont développés, les points de mire qui se distinguent, la ou les couleur(s) dominante(s) des floraisons... Cette fiche fournit également des renseignements pratiques tels que les étapes de plantation, la fréquence et le coût annuel de l'entretien, ainsi que l'investissement initial pour créer le jardin. Enfin, elle ouvre une fenêtre vers l'avenir en évoquant l'évolution du jardin à travers la croissance de certains végétaux.

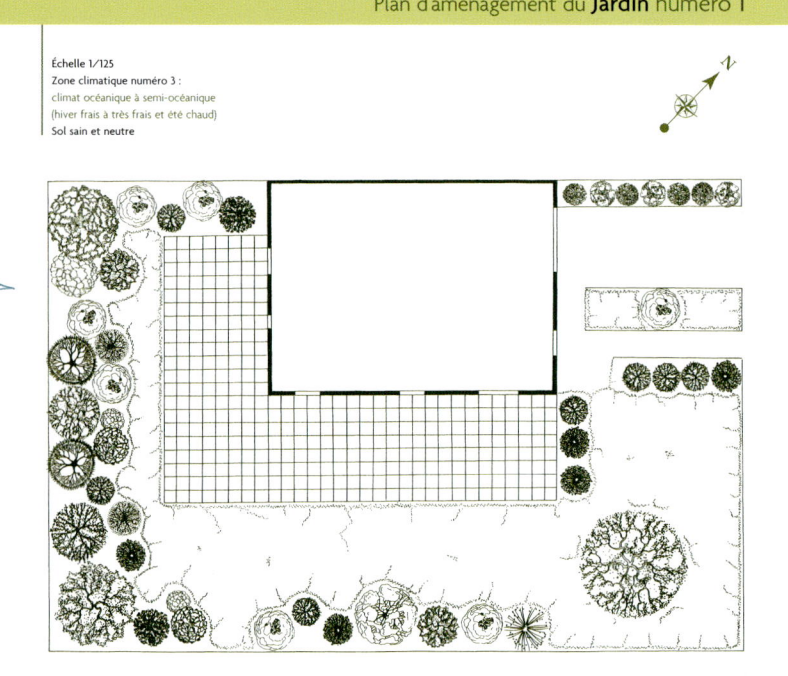

Plan d'aménagement

Le plan d'aménagement offre une vue générale du futur jardin. La maison et tous les éventuels aménagements qui l'entourent : garage, terrasse, piscine... sont positionnés. Ce plan permet une bonne visualisation de l'agencement des végétaux, que ceux-ci soient plantés en isolés ou en massifs. De nouvelles informations sont par ailleurs données telles que la zone climatique et la nature du sol. L'orientation du terrain, très utile au moment de la conception, apparaît également sur ce plan.

Guide d'utilisation

Tableau des végétaux

Le tableau des végétaux répertorie toutes les espèces utilisées dans le cadre de l'aménagement du jardin. Le terrain est divisé en plusieurs zones, chaque zone étant elle-même composée d'une association de végétaux. Ce tableau comptabilise le nombre de sujets nécessaires pour chaque espèce. Le nom français de chaque arbre, arbuste ou conifère est suivi de sa dénomination latine, ainsi que de la nature de son feuillage, caduc ou persistant. La période et la couleur de la floraison sont également précisées. Ce tableau est un document précieux lors de l'achat des végétaux.

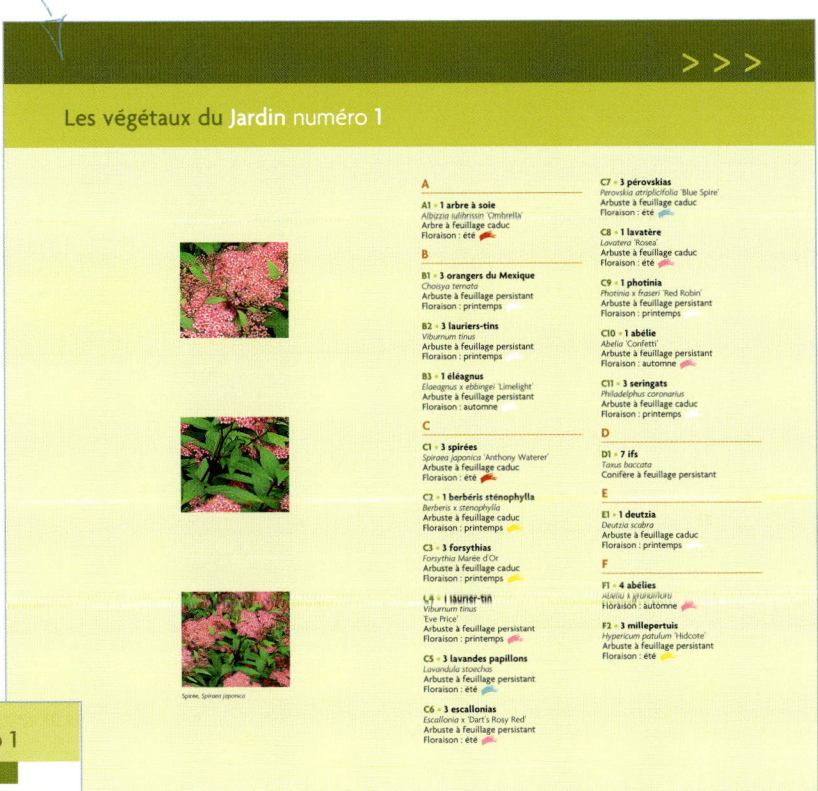

Plan de plantation

Le plan de plantation reprend la structure du terrain, y apparaissent les différentes zones précédemment définies dans le tableau des végétaux. Ce plan s'avère d'une très grande utilité au moment de la réalisation du jardin. Il offre une vision d'ensemble des travaux à entreprendre.

Les bons réflexes

achat plantation entretien

Le jardinier débutant a parfois de mauvais réflexes. Tout en croyant bien faire, il risque d'acheter des plants inadaptés à son sol ou à sa zone climatique, planter certains arbustes dans des endroits inappropriés ou encore amender son sol au mauvais moment. Les quelques astuces qui suivent devraient vous éviter ces déconvenues.

Achat

■ N'achetez jamais une plante grimpante avec des racines nues, sa partie radiculaire risque fort d'être abîmée, ce qui rendra bien sûr sa prise difficile.

■ Préférez les plants non fleuris, leur floraison n'en sera que plus longue dans votre jardin. Achetez de préférence des plans en godets en plastique ou en tourbe.

■ Si vous vivez en zone méditerranéenne, observez bien la végétation avant de faire vos achats. Consultez également la liste de végétaux particulièrement adaptés à ces conditions climatiques (pages 23-24).

Sachez repérer les arbustes nains grâce à leurs étiquettes. Cela vous évitera de planter un arbre de taille normale en plein milieu de votre rocaille. Les variétés naines comportent généralement l'espèce « Nana » ou « Pumila ». Citons Juniperus squamata 'Blue Star' (conifère) et le buis ou encore Pittosporum tobira 'Nanum' (arbustes persistants).

Plantation

■ Respectez l'espace entre les végétaux. Le terrain donnera peut-être l'impression d'être nu, mais les plantes pourront se développer jusqu'à leur âge adulte sans avoir à les tailler systématiquement.

■ Ne plantez pas d'arbres trop près de votre maison, les racines et les branches pourraient l'endommager. Il est recommandé de les planter à une distance minimale égale à leur hauteur adulte. Cette règle doit s'appliquer en priorité aux grands arbres : saule, chêne, tilleul...

■ Essayez de mélanger les espèces à feuillage caduc et à feuillage persistant avec une préférence aux premières. En automne, elles apportent au jardin une superbe couleur.

■ Lorsque vous faites des plantations en limite de propriété (arbres et arbustes), respectez scrupuleusement les distances de plantation, à savoir 50 cm pour les arbustes ne dépassant pas 2 mètres de hauteur et au moins 2 m pour les plantes dépassant 2 m de hauteur.

■ Ne faites pas de plantations trop tôt dans la saison (géraniums en mars par exemple). Attendez mai, après les saints de glace.

■ Plantez les bulbes à floraison printanière serrés, en taches (30 à 40 bulbes), vous obtenez ainsi un bel effet de masse.

Ne faites jamais de plantations si le sol est gelé ou saturé d'eau (risque d'asphyxie radiculaire). En revanche, arrosez abondamment les plantations après avoir tassé la terre. Vous éliminez ainsi l'air et favorisez le contact entre les radicelles et la terre.

Entretien

■ Pour soutenir le développement des conifères à l'automne et au printemps, faites un apport d'engrais sous forme d'azote organique. Les conifères ne doivent pas être fertilisés pendant la période estivale, période au cours de laquelle la sécheresse les rend plus fragiles.

■ Si vous plantez des rosiers dans des sols pauvres (sol sableux ou trop collant), amendez le sol avec un compost à base de tourbe, d'algues et de fumier.

Pour le potager, fertilisez au début de la végétation avec un engrais « coup de fouet » (riche en azote), puis apportez un engrais dosé en potasse en cours de végétation.

20 jardins à thème

Jardin numéro 1

Superficie environ 450 m²

Descriptif d'un jardin entre terrasse et arbustes

Cet aménagement permet de profiter pleinement de la terrasse tout en bénéficiant d'une belle vue sur les arbustes qui bordent le terrain. L'arbre à soie planté en isolé présente l'avantage de créer un petit espace ombragé sur la pelouse. Cet arbre aux fleurs roses en forme d'aigrettes et au feuillage vert mat n'a que peu d'exigences, si ce n'est celle d'être planté dans un lieu ensoleillé. La haie d'ifs qui conduit à la maison offre quant à elle une bonne protection contre le vent. L'if commun a une espérance de vie relativement longue et ne nécessite pas d'être taillé. Côté floraison, le blanc domine au printemps, mais l'été venu c'est le bleu qui s'impose avec les lavandes et les pérovskias. Les lavandes sélectionnées ici sont des lavandes papillons à la forme originale et au parfum prononcé. Elles permettent de créer une bordure dense. Associées aux escallonias, ici au second plan, elles créent en été un joli tableau végétal. ■

Étapes de plantation

La réalisation de ce jardin s'effectue en deux étapes, d'octobre à décembre.

1ʳᵉ phase
Le pourtour du terrain (zones B et C) en novembre.

2ᵉ phase
L'arbre à soie en isolé (A1) et les haies basses devant la maison (D et F) entre octobre et décembre.

Entretien

L'entretien de ce jardin requiert peu de temps. La pelouse nécessite deux à trois apports d'engrais par an (printemps, été, automne), ainsi qu'un désherbage sélectif tous les six mois et une à deux tontes hebdomadaires au printemps. Taillez les arbustes après chaque floraison et traitez-les contre les pucerons, les araignées et les maladies.

Évolution du jardin

Ce jardin compte un large éventail de végétaux. Leur évolution est donc variable. La taille adulte de la majeure partie des arbustes est atteinte au bout d'environ 5 ans. Certains arbres tel l'arbre à soie n'atteignent toutefois leur maturité qu'au terme d'une dizaine d'années.

Budget prévisionnel

L'investissement initial moyen pour réaliser ce jardin se situe entre 400 et 600 euros. Cette somme peut varier suivant la taille des végétaux choisis (notamment pour les arbres et les plantes de haies). L'entretien revient environ à 80 euros par an.

Plan d'aménagement du **Jardin** numéro 1

Échelle 1/125

Zone climatique numéro 3 :

climat océanique à semi-océanique
(hiver frais à très frais et été chaud)

Sol sain et neutre

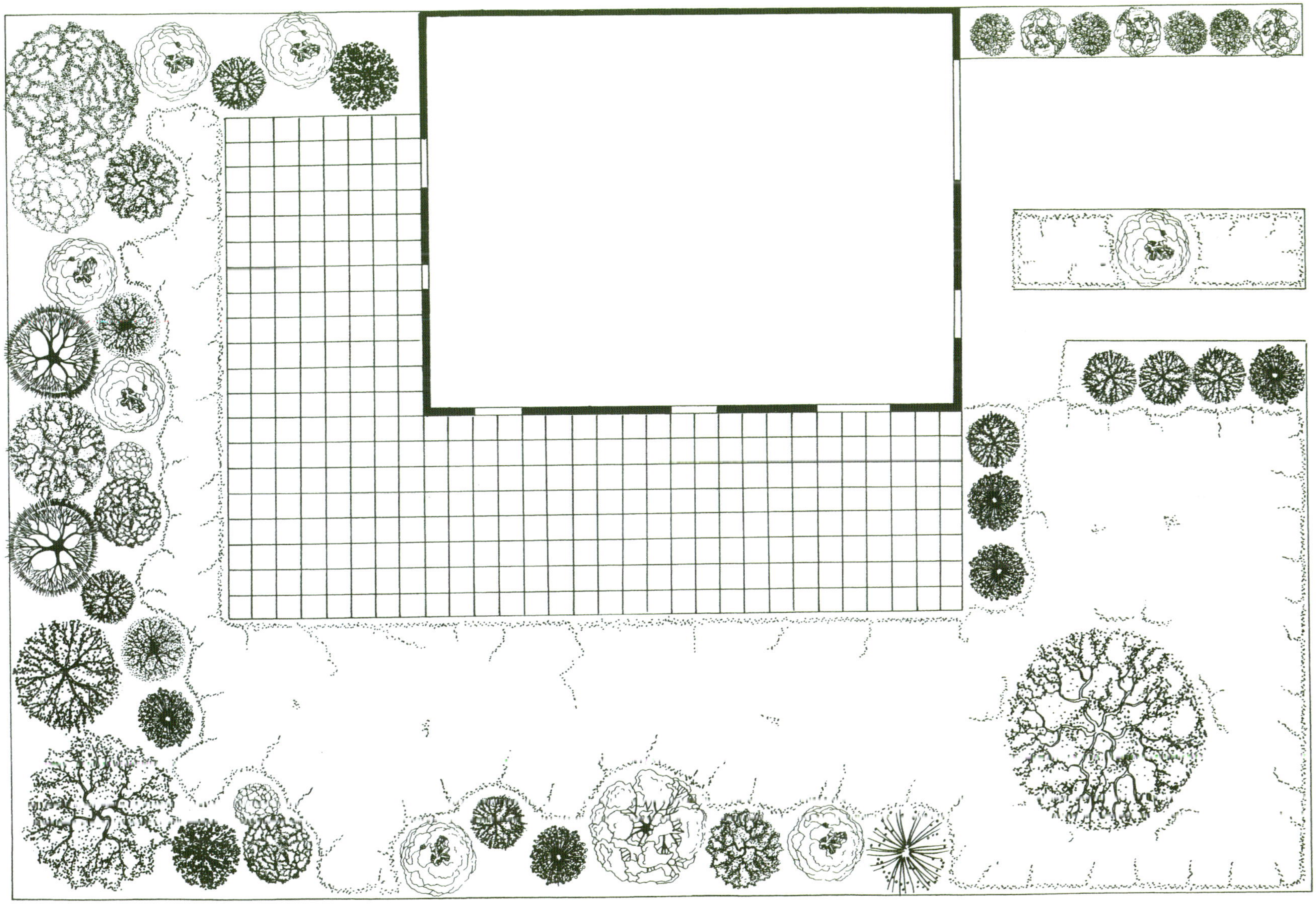

Les végétaux du Jardin numéro 1

Spirée, *Spiraea japonica*

A

A1 • 1 arbre à soie
Albizzia julibrissin 'Ombrella'
Arbre à feuillage caduc
Floraison : été

B

B1 • 3 orangers du Mexique
Choisya ternata
Arbuste à feuillage persistant
Floraison : printemps

B2 • 3 lauriers-tins
Viburnum tinus
Arbuste à feuillage persistant
Floraison : printemps

B3 • 1 éléagnus
Elaeagnus x *ebbingei* 'Limelight'
Arbuste à feuillage persistant
Floraison : automne

C

C1 • 3 spirées
Spiraea japonica 'Anthony Waterer'
Arbuste à feuillage caduc
Floraison : été

C2 • 1 berbéris sténophylla
Berberis x *stenophylla*
Arbuste à feuillage caduc
Floraison : printemps

C3 • 3 forsythias
Forsythia Marée d'Or
Arbuste à feuillage caduc
Floraison : printemps

C4 • 1 laurier-tin
Viburnum tinus
'Eve Price'
Arbuste à feuillage persistant
Floraison : printemps

C5 • 3 lavandes papillons
Lavandula stoechas
Arbuste à feuillage persistant
Floraison : été

C6 • 3 escallonias
Escallonia x 'Dart's Rosy Red'
Arbuste à feuillage persistant
Floraison : été

C7 • 3 pérovskias
Perovskia atriplicifolia 'Blue Spire'
Arbuste à feuillage caduc
Floraison : été

C8 • 1 lavatère
Lavatera 'Rosea'
Arbuste à feuillage caduc
Floraison : été

C9 • 1 photinia
Photinia x *fraseri* 'Red Robin'
Arbuste à feuillage persistant
Floraison : printemps

C10 • 1 abélie
Abelia 'Confetti'
Arbuste à feuillage persistant
Floraison : automne

C11 • 3 seringats
Philadelphus coronarius
Arbuste à feuillage caduc
Floraison : printemps

D

D1 • 7 ifs
Taxus baccata
Conifère à feuillage persistant

E

E1 • 1 deutzia
Deutzia scabra
Arbuste à feuillage caduc
Floraison : printemps

F

F1 • 4 abélies
Abelia x *grandiflora*
Floraison : automne

F2 • 3 millepertuis
Hypericum patulum 'Hidcote'
Arbuste à feuillage persistant
Floraison : été

Plan de plantation du Jardin numéro 1

Superficie environ 450 m² • **Échelle 1/125**

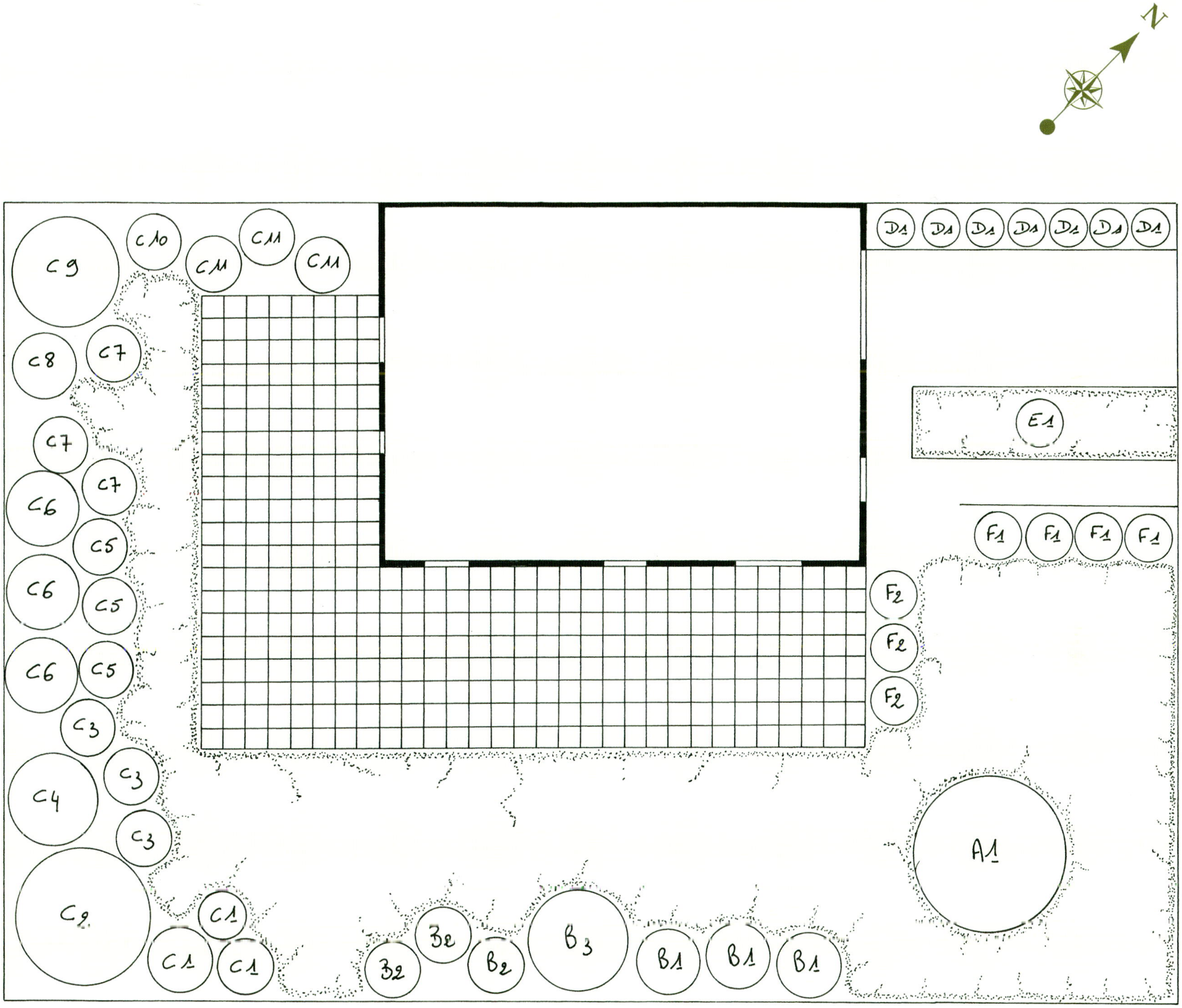

Jardin numéro 2

Superficie environ 500 m²

Descriptif d'un jardin hexagonal

Dans un jardin de ville, la terrasse joue un rôle important. Elle est le lieu de vie par excellence de l'espace vert. Aux beaux jours, elle accueille les repas familiaux, abrite les siestes et se transforme occasionnellement en salle de jeux de plein air. Les végétaux qui la bordent ici, tels les potentilles, les genévriers, l'oranger du Mexique... ont pour principal objectif de la mettre en valeur et de lui donner du cachet. Les massifs entourant le terrain constituent le second point de mire de ce jardin. Parmi les arbustes choisis pour former ces massifs, on compte notamment deux symphorines. Cet arbuste à fruits est relativement facile à cultiver et esthétique. En automne, il se pare en effet de multiples petites baies entièrement blanches. La plupart des autres végétaux du jardin connaissent leur période de floraison beaucoup plus tôt dans l'année, vers février-mars. Le blanc domine alors, ainsi que le jaune des forsythias. ■

Étapes de plantation

La réalisation de ce jardin s'effectue en trois étapes, de novembre à avril.

1re phase
Le pourtour du terrain (zones B, J, I, H et E) en novembre.

2e phase
Les arbres en isolés (zones A1 et F1) entre octobre et avril.

3e phase
Les différents massifs autour de la maison (zones C, D et G) en février-mars.

Entretien

La majeure partie des arbustes de ce jardin sont rustiques et ne nécessitent pas de renouvellement à court terme. Les végétaux à floraison printanière sont assez nombreux, le temps consacré à les tailler est donc long tout en restant à la portée des jardiniers débutants. La pelouse nécessite quant à elle deux à trois apports d'engrais par an (printemps, été, automne). Une à deux fois par an, il convient également de désherber et de traiter les arbustes contre les pucerons, les araignées et les maladies

Évolution du jardin

Certains végétaux de cet aménagement connaissent des croissances rapides. C'est le cas notamment du laurier-tin et du photinia. Ils peuvent atteindre leur taille adulte en 3 à 4 ans. Pour cela, il convient de respecter certaines conditions de plantation : un sol fertile et non calcaire, une implantation protégée des vents froids et une taille régulière au printemps.

Budget prévisionnel

L'investissement initial moyen pour réaliser ce jardin se situe entre 500 et 700 euros. Cette somme peut varier suivant la taille des végétaux choisis (notamment pour les arbres et les plantes de haies). L'entretien revient environ à 90 euros par an.

Plan d'aménagement du **Jardin** numéro 2

Échelle 1/150

Zone climatique numéro 3 :
climat océanique à semi-océanique
(hiver frais à très frais et été chaud)

Sol compact acide et frais

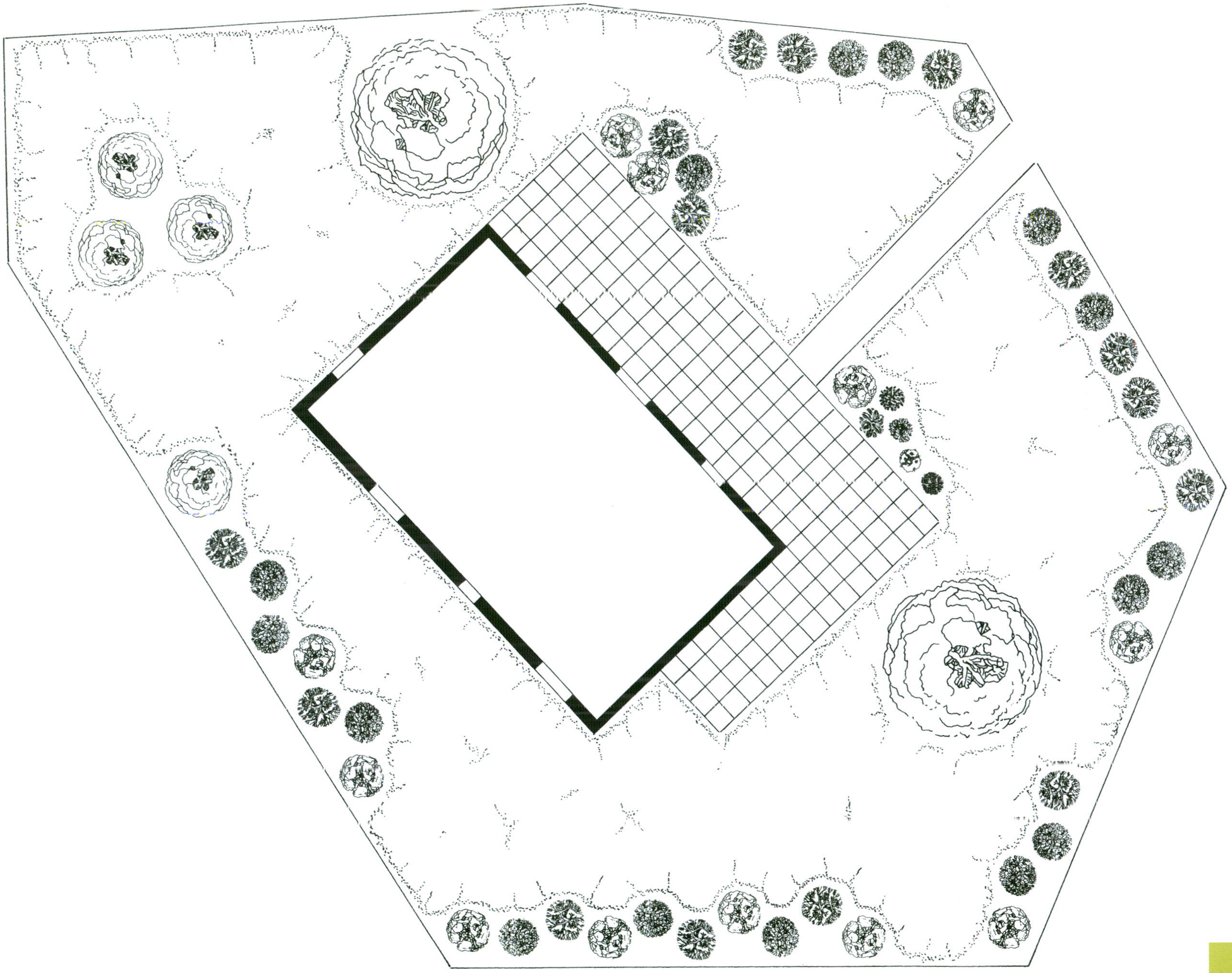

Les végétaux du Jardin numéro 2

Genévriers,
Juniperus squamata 'Blue Carpet'

A

A1 • **1 arbre à soie**
Albizzia julibrissin 'Ombrella'
Arbre à feuillage caduc
Floraison : été

B

B1 • **3 orangers du Mexique**
Choisya ternata
Arbuste à feuillage persistant
Floraison : printemps

B2 • **3 groseilliers des Alpes**
Ribes alpinum
Arbuste à feuillage caduc
Floraison : printemps

B3 • **4 forsythias**
Forsythia x intermedia
Arbuste à feuillage caduc
Floraison : printemps

C

C1 • **1 oranger du Mexique**
Choisya ternata
Arbuste à feuillage persistant
Floraison : printemps

C2 • **3 potentilles**
Potentilla fruticosa 'Lovely Pink'
Arbuste à feuillage caduc
Floraison : été

C3 • **2 fusains**
Euonymus fortunei 'Emerald Gaiety'
Arbuste à feuillage persistant

D

D1 • **1 cyprès de Lawson**
Chamaecyparis lawsoniana 'Ellwood's Gold'
Conifère à feuillage persistant

D2 • **2 genévriers**
Juniperus squamata 'Blue Star'
Conifère à feuillage persistant

D3 • **2 genévriers**
Juniperus squamata 'Blue Carpet'
Conifère à feuillage persistant

E

E1 • **2 tamaris de printemps**
Tamarix africana
Arbuste à feuillage caduc
Floraison : printemps

E2 • **2 symphorines**
Symphoricarpos x chenaultii
Arbuste à feuillage caduc
Floraison : été

E3 • **2 lauriers-tins**
Viburnum tinus
Arbuste à feuillage persistant
Floraison : printemps

F

F1 • **1 copalme d'Amérique**
Liquidambar styraciflua
Arbre à feuillage caduc

G

G1 • **3 lauriers du Portugal**
Prunus lusitanica
Arbuste à feuillage persistant
Floraison : printemps

H

H1 • **1 photinia**
Photinia x fraseri 'Red Robin'
Arbuste à feuillage persistant
Floraison : printemps

H2 • **2 groseilliers à fleurs**
Ribes sanguineum
Arbuste à feuillage caduc
Floraison : printemps

H3 • **2 lauriers-tins**
Viburnum tinus
Arbuste à feuillage persistant
Floraison : printemps

H4 • **3 berbéris pourpres**
Berberis thunbergii 'Bonanza Gold'
Arbuste à feuillage caduc
Floraison : printemps

I

I1 • **2 cornouilliers sanguins**
Cornus sanguinea
Arbuste à feuillage caduc

I2 • **2 orangers du Mexique**
Choisya ternata
Arbuste à feuillage persistant
Floraison : printemps

I3 • **2 corêtes du Japon**
Kerria japonica 'Pleniflora'
Arbuste à feuillage caduc
Floraison : printemps

I4 • **2 deutzias**
Deutzia scabra
Arbuste à feuillage caduc
Floraison : printemps

I5 • **2 lauriers-tins**
Viburnum tinus
Arbuste à feuillage persistant
Floraison : printemps

J

J1 • **2 noisetiers**
Corylus avellana
Arbuste à feuillage caduc

J2 • **2 viornes boule-de-neige**
Viburnum opulus 'Roseum'
Arbuste à feuillage caduc
Floraison : printemps

Plan de plantation du Jardin numéro 2

Superficie environ 500 m² • Échelle 1/150

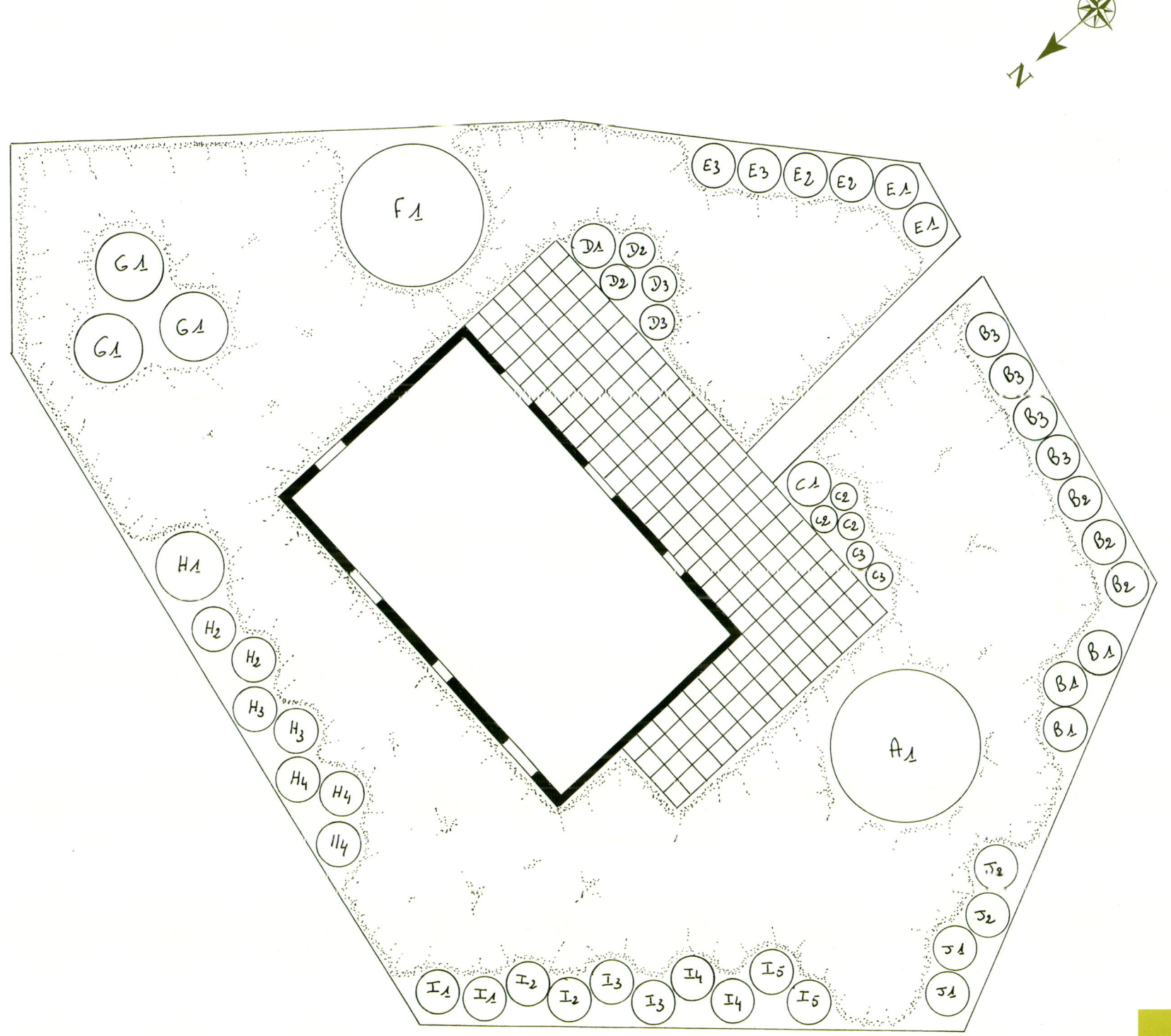

Jardin numéro 3

Superficie environ 550 m²

Descriptif d'un petit jardin

Ce terrain est structuré par tout un réseau d'allées au tracé régulier. Bordées d'arbustes ou de pierres, elles constituent une véritable invitation à la flânerie et à la découverte des différents végétaux. La période de floraison est assez longue, elle s'étend du début du printemps à la toute fin de l'été. Les couleurs telles que le rose et le rouge sont privilégiées. Les arbustes à feuillage caduc étant nettement majoritaires, le temps consacré à l'entretien du terrain n'est donc pas négligeable : taille après chaque floraison et ramassage des feuilles en automne notamment. La nature du sol de ce jardin et le climat dont il bénéficie permettent de planter quelques conifères (thuya, pin...). On trouve également un houx encadré de pérovskias. Le houx commun est un arbuste décoratif. Après s'être paré de fleurs blanches au printemps, il est recouvert pendant tout l'hiver de petits fruits rouges dont les oiseaux sont friands. ■

Étapes de plantation

La réalisation de ce jardin s'effectue en deux étapes, de novembre à mars.

1re phase
Les arbres en isolés (zones A7, A10, A1, F1, A8, D3 et D10) en novembre.

2e phase
Les haies et les massifs (zones A, B, C, D, E) de novembre à mars.

Entretien

Aucun renouvellement de végétaux n'est à prévoir à court terme. Les arbres et arbustes à feuillage caduc étant nombreux, prévoyez du temps en conséquence pour les tailler. Outre les deux à trois apports d'engrais annuels pour la pelouse, le désherbage de celle-ci et le traitement des arbustes contre les insectes et les maladies, désherbez entièrement les allées au moins deux fois par an.

Budget prévisionnel

L'investissement initial moyen pour réaliser ce jardin se situe entre 600 et 800 euros. Cette somme peut varier suivant la taille des végétaux choisis (notamment pour les arbres et les plantes de haies). L'entretien revient environ à 120 euros par an.

Évolution du jardin

Les arbustes et les conifères sélectionnés pour ce jardin évoluent de façon assez homogène. Seuls certains conifères tels le cyprès de Lawson et le pin connaissent une croissance un peu plus longue de 5 à 6 ans.

Plan d'aménagement du **Jardin** numéro 3

Échelle 1/200

Zone climatique numéro 6 :
climat semi-continental à semi-océanique
(hiver très frais à été chaud)

Sol sain

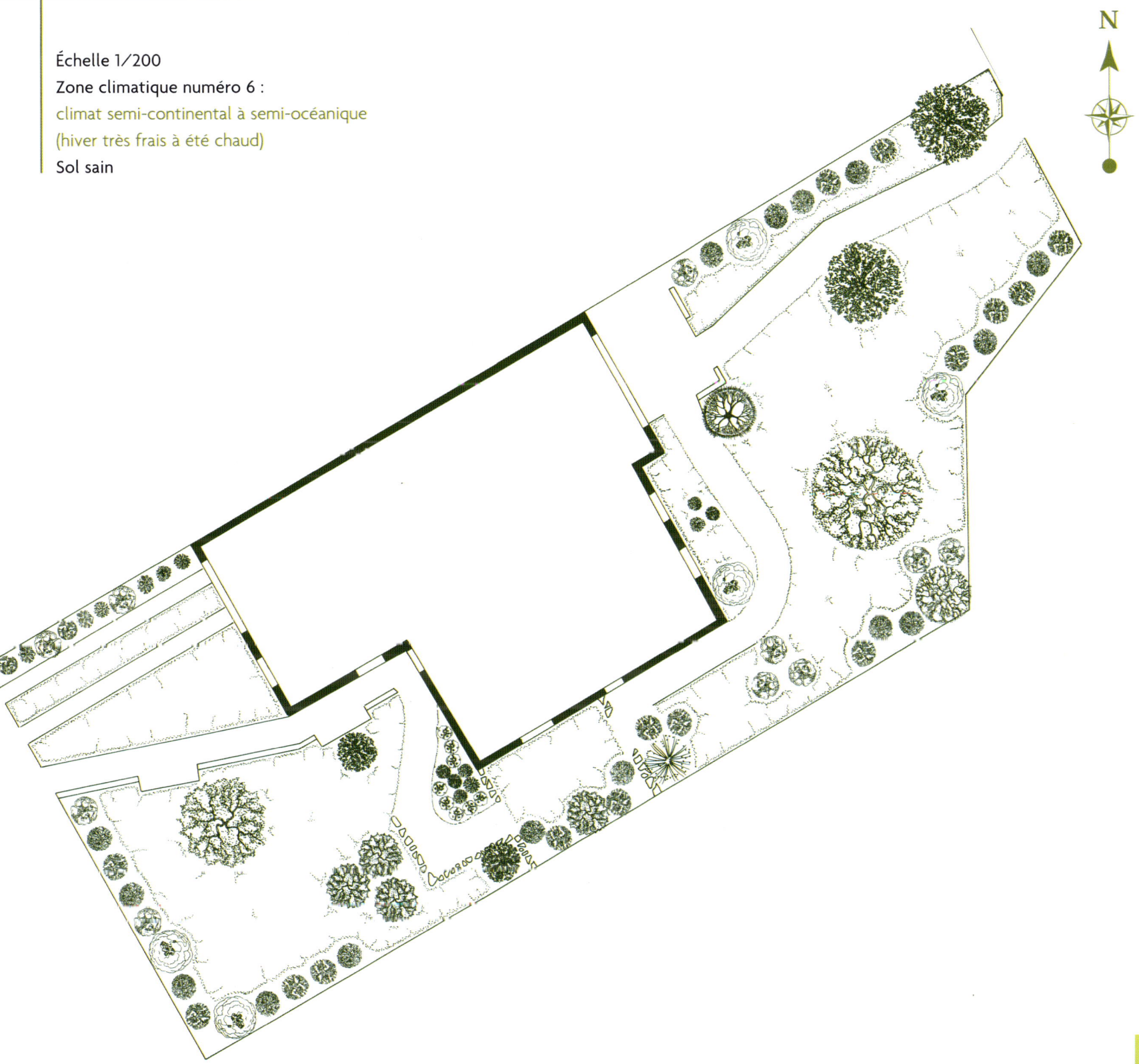

Les végétaux du Jardin numéro 3

A

A1 • 1 sorbier des oiseaux
Sorbus aucuparia
Arbre à feuillage caduc
Floraison : été

A2 • 2 weigélias
Weigela florida 'Variegata'
Arbuste à feuillage caduc
Floraison : printemps

A3 • 2 noisetiers
Corylus avellana
Arbuste à feuillage caduc

A4 • 1 arbousier
Arbutus unedo
Arbuste à feuillage persistant
Floraison : automne

A5 • 1 cerisier à fleurs
Prunus cerasifera 'Pissardii'
Arbuste à feuillage caduc
Floraison : printemps

A6 • 2 troènes de Californie
Ligustrum ovalifolium
Arbuste à feuillage persistant

A7 • 1 pin
Pinus sylvestris 'Watereri'
Conifère à feuillage persistant

A8 • 1 viorne
Viburnum rhytidophyllum
Arbuste à feuillage persistant
Floraison : printemps

A9 • 3 groseilliers à fleurs
Ribes sanguineum 'King Edward VII'
Arbuste à feuillage caduc
Floraison : printemps

A10 • 1 frêne commun
Fraxinus excelsior 'Globosa'
Arbre à feuillage caduc

B

B1 • 2 groseilliers des Alpes
Ribes alpinum
Arbuste à feuillage caduc
Floraison : printemps

B2 • 2 coronilles
Coronilla emerus
Arbuste à feuillage caduc
Floraison : printemps

B3 • 1 deutzia
Deutzia scabra 'Pride of Rochester'
Arbuste à feuillage caduc
Floraison : printemps

B4 • 2 groseilliers à fleurs
Ribes sanguineum
Arbuste à feuillage caduc
Floraison : printemps

B5 • 1 thuya du Canada
Thuja occidentalis 'Smaragd'
Conifère à feuillage persistant

B6 • 3 forsythias
Forsythia x intermedia
Arbuste à feuillage caduc
Floraison : printemps

B7 • 2 photinias
Photinia x fraseri 'Red Robin'
Arbuste à feuillage persistant
Floraison : printemps

C

C1 • 3 cornouillers blancs
Cornus alba 'Siberica'
Arbuste à feuillage caduc

C2 • 1 viorne boule-de-neige
Viburnum opulus 'Roseum'
Arbuste à feuillage caduc
Floraison : printemps

C3 • 2 fusains
Euonymus fortunei 'Emerald'n'Gold'
Arbuste à feuillage persistant

C4 • 4 pérovskias
Perovskia atriplicifolia 'Blue Spire'
Arbuste à feuillage caduc
Floraison : été

C5 • 1 houx commun
Ilex aquifolium 'J.C. Van Tol'
Arbuste à feuillage persistant
Floraison : printemps

C6 • 1 thuya du Canada
Thuja occidentalis 'Smaragd'
Conifère à feuillage persistant

D

D1 • 13 spirées
Spiraea japonica 'Anthony Waterer'
Arbuste à feuillage caduc
Floraison : été

D2 • 3 cerisiers à fleurs
Prunus cerasifera 'Pissardii'
Arbuste à feuillage caduc
Floraison : printemps

D3 • 1 lilas
Syringa x 'Josée'
Arbuste à feuillage caduc
Floraison : printemps

D4 • 2 seringats
Philadelphus coronarius
Arbuste à feuillage caduc
Floraison : printemps

D5 • 2 weigélias
Weigela 'Bristol Ruby'
Arbuste à feuillage caduc
Floraison : printemps

D6 • 3 sauges arbustives
Salvia microphylla 'Grahamii'
Arbuste à feuillage caduc
Floraison : été

D7 • 1 cytise
Laburnum anagyroides 'Vossii'
Arbuste à feuillage caduc
Floraison : printemps

D8 • 2 cornouillers blancs
Cornus alba 'Aurea'
Arbuste à feuillage caduc

D9 • 3 cognassiers du Japon
Chaenomeles speciosa 'Rubra'
Arbuste à feuillage caduc
Floraison : printemps

D10 • 1 robinier faux acacia
Robinia pseudoacacia 'Frisia'
Arbre à feuillage caduc

E

E1 • 5 fusains
Euonymus fortunei 'Emerald Gaiety'
Arbuste à feuillage persistant

E2 • 2 cyprès de Lawson
Chamaecyparis lawsoniana 'Ellwood's Gold'
Conifère à feuillage persistant

E3 • 3 fusains
Euonymus fortunei 'Emerald'n'Gold'
Arbuste à feuillage persistant

F

F1 • 1 copalme d'Amérique
Liquidambar styraciflua
Arbre à feuillage caduc

Plan de plantation du **Jardin** numéro 3

Superficie environ 550 m² • Échelle 1/200

Jardin numéro 4

Superficie environ 700 m²

Descriptif d'un jardin arboré

L'arrière de la maison s'ouvre sur une pelouse qui annonce les arbres et arbustes plantés au fond du jardin. Ce rideau végétal permet entre autres de masquer avantageusement un éventuel vis-à-vis disgracieux. Ce type de plan d'aménagement présente peu d'allées, incitant ainsi le promeneur à découvrir le jardin dans ses moindres recoins au gré de ses envies. La période de floraison est généreuse, presque discontinue. L'été reste la saison où les couleurs sont les plus nombreuses. Le rose des abélies et des lauriers-roses éclate alors ainsi que le rouge des escallonias et des arbres aux papillons. Le blanc et le jaune sont également présents mais davantage au printemps. Le mimosa qui se trouve devant la maison colorera quant à lui l'hiver de sa chaude couleur jaune. Parmi les vingt-sept espèces de végétaux sélectionnées, une moitié est à feuillage persistant et l'autre à feuillage caduc. Les caractéristiques du sol et le climat permettent de faire la part belle aux végétaux de type méditerranéen tels les lauriers-roses et le mimosa. ∎

Étapes de plantation

La réalisation de ce jardin s'effectue en deux étapes.

1ʳᵉ phase
Les arbres en isolés (zones C et A) en novembre.

2ᵉ phase
Les arbustes et les massifs autour de la maison (zone B) de novembre à mars.

Entretien

La pelouse nécessite deux à trois apports d'engrais par an (printemps, été, automne), ainsi qu'un à deux désherbages. À la même fréquence, traitez les arbres et arbustes et accordez une attention particulière aux massifs. Le muret qui entoure la majeure partie du terrain doit également faire l'objet d'un entretien régulier.

Évolution du jardin

Les végétaux sélectionnés pour ce jardin connaissent des évolutions assez différentes. L'escallonia ainsi que l'épine-vinette atteignent leur taille adulte en 2 à 3 ans, alors que certaines plantes méditerranéennes comme le laurier-rose ont besoin de 4 à 5 ans. Le pin parasol lui n'atteint sa taille définitive qu'au bout de 7 à 8 ans.

Budget prévisionnel

L'investissement initial moyen pour réaliser ce jardin se situe entre 500 et 700 euros. Cette somme peut varier suivant la taille des végétaux choisis (notamment pour les arbres et les plantes de haies). L'entretien revient environ à 150 euros par an.

Plan d'aménagement du Jardin numéro 4

Échelle 1/200

Zone climatique numéro 7 :
climat méditerranéen
(hiver frais et été chaud à très chaud)

Sol sain filtrant acide et frais

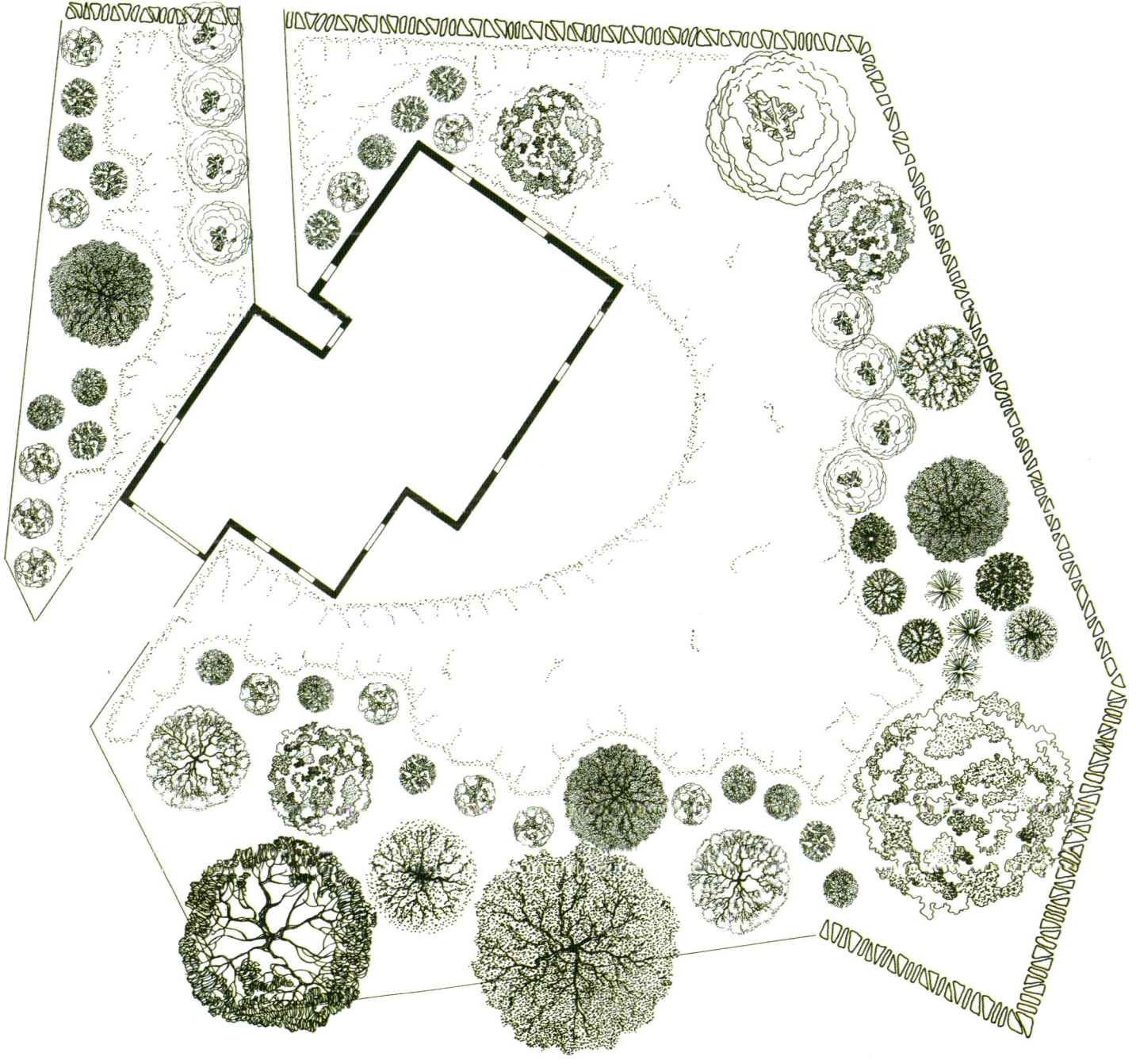

Les végétaux du Jardin numéro 4

A

A1 • 1 magnolia
Magnolia x *soulangeana*
Arbre à feuillage caduc
Floraison : printemps

A2 • 3 seringats
Philadelphus coronarius
Arbuste à feuillage caduc
Floraison : printemps

A3 • 3 groseilliers à fleurs
Ribes sanguineum
Arbuste à feuillage caduc
Floraison : printemps

A4 • 1 éléagnus
Elaeagnus x *ebbingei* 'Limelight'
Arbuste à feuillage persistant
Floraison : automne

A5 • 2 forsythias
Forsythia x *intermedia*
Arbuste à feuillage caduc
Floraison : printemps

A6 • 5 lauriers-roses
Nerium oleander 'Luteum Plenum'
Arbuste à feuillage persistant
Floraison : été

A7 • 1 laurier-rose
Nerium oleander 'Pink Beauty'
Arbuste à feuillage persistant
Floraison : été

A8 • 1 arbre de Judée
Cercis siliquastrum
Arbuste à feuillage caduc
Floraison : printemps

A9 • 1 pin parasol
Pinus pinea
Conifère à feuillage persistant

B

B1 • 3 pittospores
Pittosporum tobira
Arbuste à feuillage persistant
Floraison : printemps

B2 • 3 escallonias
Escallonia 'Red Dream'
Arbuste à feuillage persistant
Floraison : été

B3 • 2 orangers du Mexique
Choisya ternata
Arbuste à feuillage persistant
Floraison : printemps

B4 • 2 abélies
Abelia x *grandiflora*
Arbuste à feuillage caduc
Floraison : été

B5 • 3 forsythias
Forsythia x *intermedia*
Arbuste à feuillage caduc
Floraison : printemps

B6 • 2 arbres aux papillons
Buddleja 'Royal Red'
Arbuste à feuillage caduc
Floraison : été

B7 • 1 mimosa d'hiver
Acacia dealbata
Arbre à feuillage persistant
Floraison : hiver

B8 • 3 groseilliers à fleurs
Ribes sanguineum
Arbuste à feuillage caduc
Floraison : printemps

B9 • 2 berbéris
Berberis darwinii
Arbuste à feuillage persistant
Floraison : printemps

C

C1 • 1 cerisier à fleurs
Prunus cerasifera 'Pissardii'
Arbre à feuillage persistant
Floraison : printemps

C2 • 1 olivier de Bohême
Elaeagnus angustifolia
Arbre à feuillage persistant
Floraison : printemps

C3 • 2 seringats
Philadelphus coronarius
Arbuste à feuillage caduc
Floraison : printemps

C4 • 3 spirées
Spiraea x *vanhouttei*
Arbuste à feuillage caduc
Floraison : printemps

C5 • 2 cornouillers blancs
Cornus alba 'Sibirica'
Arbuste à feuillage caduc

C6 • 1 cryptomère du Japon
Cryptomeria japonica 'Elegans'
Conifère à feuillage persistant

C7 • 1 frêne à fleurs
Fraxinus ornus
Arbre à feuillage caduc
Floraison : printemps

C8 • 1 arbre à soie
Albizzia julibrissin 'Ombrella'
Arbre à feuillage caduc
Floraison : été

C9 • 1 éléagnus
Eleagnus x *ebbingei* 'Limelight'
Arbuste à feuillage persistant
Floraison : automne

C10 • 1 laurier du Portugal
Prunus lusitanica
Arbuste à feuillage persistant
Floraison : printemps

C11 • 3 mahonias
Mahonia x *media* 'Charity'
Arbuste à feuillage persistant
Floraison : hiver

C12 • 2 prunelliers
Prunus spinosa
Arbuste à feuillage caduc
Floraison : printemps

Mimosa d'hiver, *Acacia dealbata*

Plan de plantation du Jardin numéro 4

Superficie environ 700 m² • **Échelle 1/200**

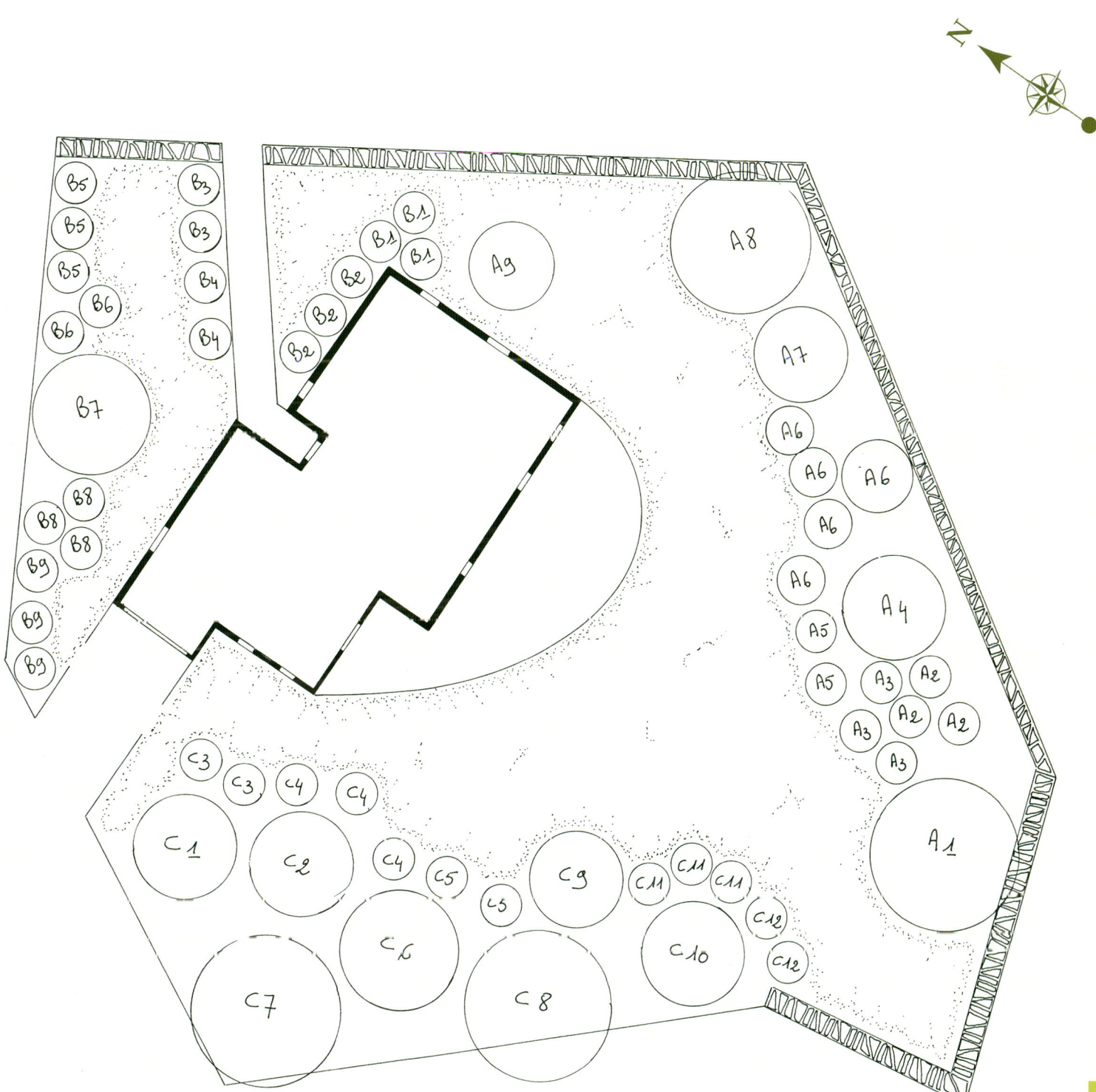

Jardin numéro 5

Superficie environ 800 m²

Descriptif d'un jardin en deux parties

Ce plan d'aménagement permet de développer deux lieux de vie bien distincts au sein du jardin : la terrasse d'une part et une grande pelouse d'autre part. La terrasse, bien protégée du vent par la maison, est spacieuse tout en restant un espace de convivialité. Différentes haies basses composées notamment de chèvrefeuilles, de corêtes du Japon ou encore de millepertuis implantées devant la maison et tout autour de la terrasse participent grandement à cette impression de cocon. Deux thuyas du Canada et un cerisier de Pissard marquent la transition avec le jardin à proprement parler. Un ensemble de végétaux (cognassiers du Japon, lauriers-tins, orangers du Mexique...) plantés au fond du jardin modifie la perspective du terrain en l'agrandissant. Ils peuvent constituer par ailleurs un rideau végétal propice à masquer un voisinage désagréable. La plupart des arbustes sélectionnés dans le cadre de cet aménagement connaissent une floraison printanière ou estivale. Le rose et le jaune dominent alors côté terrasse alors que le blanc éclate côté jardin. ∎

Étapes de plantation

La réalisation de ce jardin s'effectue en deux étapes, d'octobre à décembre.

1ʳᵉ phase
Le pourtour du terrain (zones A8, B, D et F) et les différentes haies autour de la maison (zones A3, A4, A5 et A6) en novembre.

2ᵉ phase
Les arbres, conifères et arbustes en isolés (zones A7, E1, à E3, C1, D1, D4) d'octobre à décembre.

Entretien

Aucun renouvellement de végétaux n'est à prévoir à court terme. L'entretien de ce jardin se résume à la taille régulière des petites haies plantées devant la maison et à la tonte de la pelouse. Cette dernière nécessite également un apport d'engrais deux à trois fois par an et un désherbage annuel voire semestriel. Les arbustes doivent recevoir une à deux fois par an un traitement leur permettant de combattre les insectes et les maladies.

Évolution du jardin

Ce jardin compte de nombreux végétaux à feuillage persistant dont la pousse est généralement plus lente que celle des arbres à feuillage caduc.

Budget prévisionnel

L'investissement initial moyen pour réaliser ce jardin se situe entre 600 et 800 euros. Cette somme peut varier suivant la taille des végétaux choisis (notamment pour les arbres et les plantes de haies). L'entretien revient environ à 120 euros par an.

Plan d'aménagement du **Jardin** numéro 5

Échelle 1/120

Zone climatique numéro 3 :
climat océanique à semi-océanique
(hiver frais à très frais et été chaud)

Sol sain et filtrant

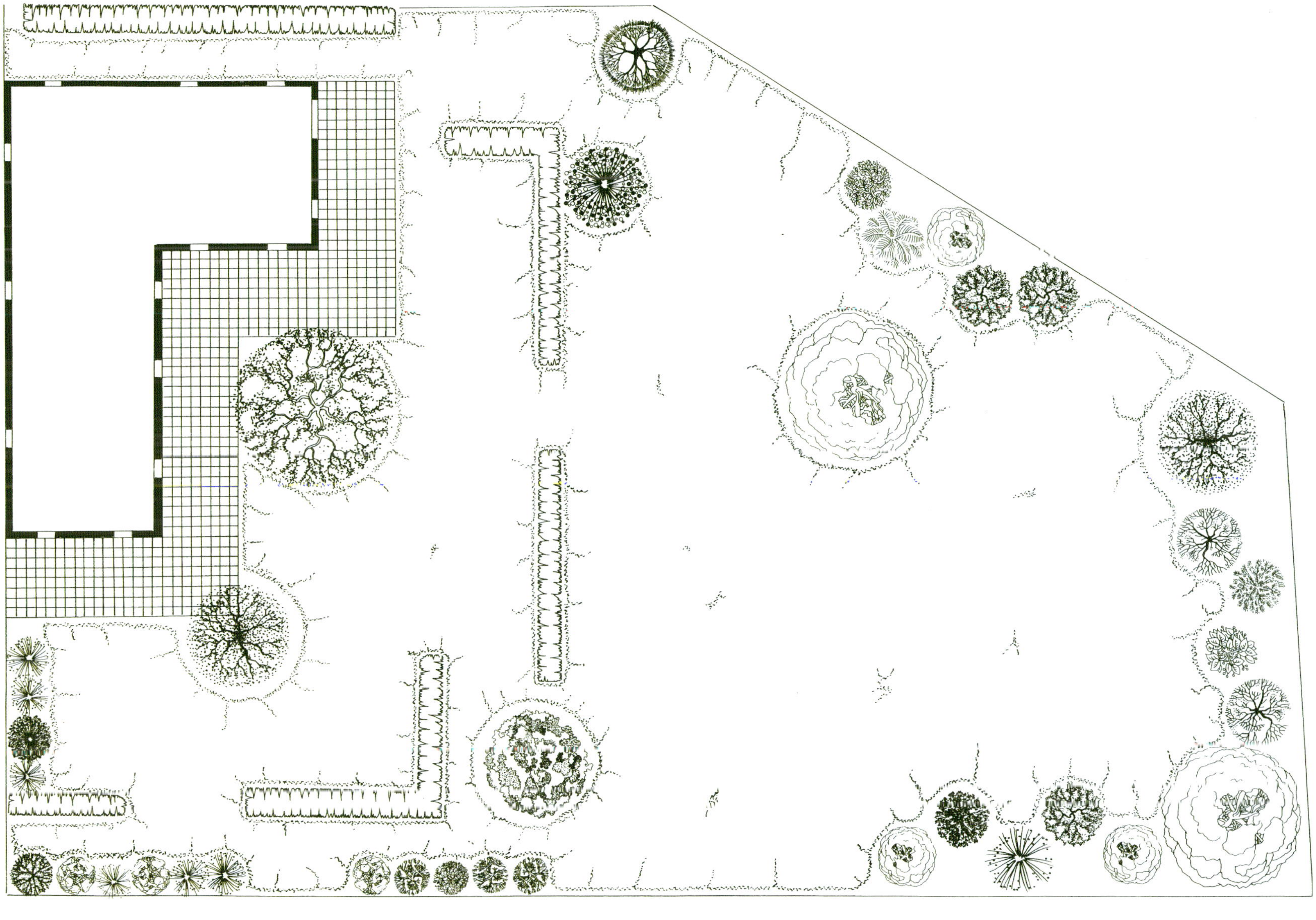

Les végétaux du Jardin numéro 5

A

A1 • 2 millepertuis
Hypericum 'Hidcote'
Arbuste à feuillage persistant
Floraison : été

A2 • 2 weigélias
Weigela florida
Arbuste à feuillage caduc
Floraison : été

A3 • 6 cotonéasters
Cotoneaster horizontalis
Arbuste à feuillage caduc
Floraison : printemps

A4 • 15 chèvrefeuilles en haie
Lonicera nitida
Arbuste à feuillage persistant

A5 • 11 corètes du Japon
Kerria japonica
Arbuste à feuillage caduc
Floraison : printemps

A6 • 16 ifs communs
Taxus baccata
Conifère à feuillage persistant

A7 • 2 thuyas du Canada
Thuja occidentalis 'Smaragd'
Conifère à feuillage persistant

A8 • 14 éléagnus
Elaeagnus x *ebbingei*
Arbuste à feuillage persistant
Floraison : automne

B

B1 • 2 abélies
Abelia x *grandiflora*
Arbuste à feuillage persistant
Floraison : été

B2 • 3 photinias
Photinia x *fraseri* 'Red Robin'
Arbuste à feuillage persistant
Floraison : printemps

C

C1 • 1 cytise
Laburnum x *watereri* 'Vossii'
Arbre à feuillage caduc
Floraison : printemps

D

D1 • 1 laurier du Portugal
Prunus lusitanica
Arbuste à feuillage persistant
Floraison : printemps

D2 • 2 cognassiers du Japon
Chaenomeles speciosa
Arbuste à feuillage caduc
Floraison : printemps

D3 • 2 lauriers-tins
Viburnum tinus
Arbuste à feuillage persistant
Floraison : printemps

D4 • 1 arbre de Judée
Cercis siliquastrum
Arbuste à feuillage caduc
Floraison : printemps

D5 • 3 orangers du Mexique
Choisya ternata
Arbuste à feuillage persistant
Floraison : printemps

D6 • 2 amandiers de Chine
Prunus triloba
Arbuste à feuillage caduc
Floraison : printemps

E

E1 • 1 cerisier à fleurs
Prunus cerasifera 'Pissardii'
Arbre à feuillage caduc
Floraison : printemps

E2 • 1 if commun
Taxus baccata 'Fastigiata'
Conifère à feuillage persistant

E3 • 1 pin sylvestre
Pinus sylvestris 'Watereri'
Conifère à feuillage persistant

F

F1 • 3 berbéris
Berberis darwinii
Arbuste à feuillage persistant
Floraison : printemps

F2 • 3 spirées
Spiraea japonica 'Anthony Waterer'
Arbuste à feuillage caduc
Floraison : été

F3 • 2 genêts
Cytisus x *praecox* 'Albus'
Arbuste à feuillage persistant
Floraison : printemps

F4 • 3 groseilliers à fleurs
Ribes sanguineum
Arbuste à feuillage caduc
Floraison : printemps

Cotonéaster, *Cotoneaster horizontalis*

Plan de plantation du **Jardin** numéro 5

Superficie environ 800 m². Échelle 1/120

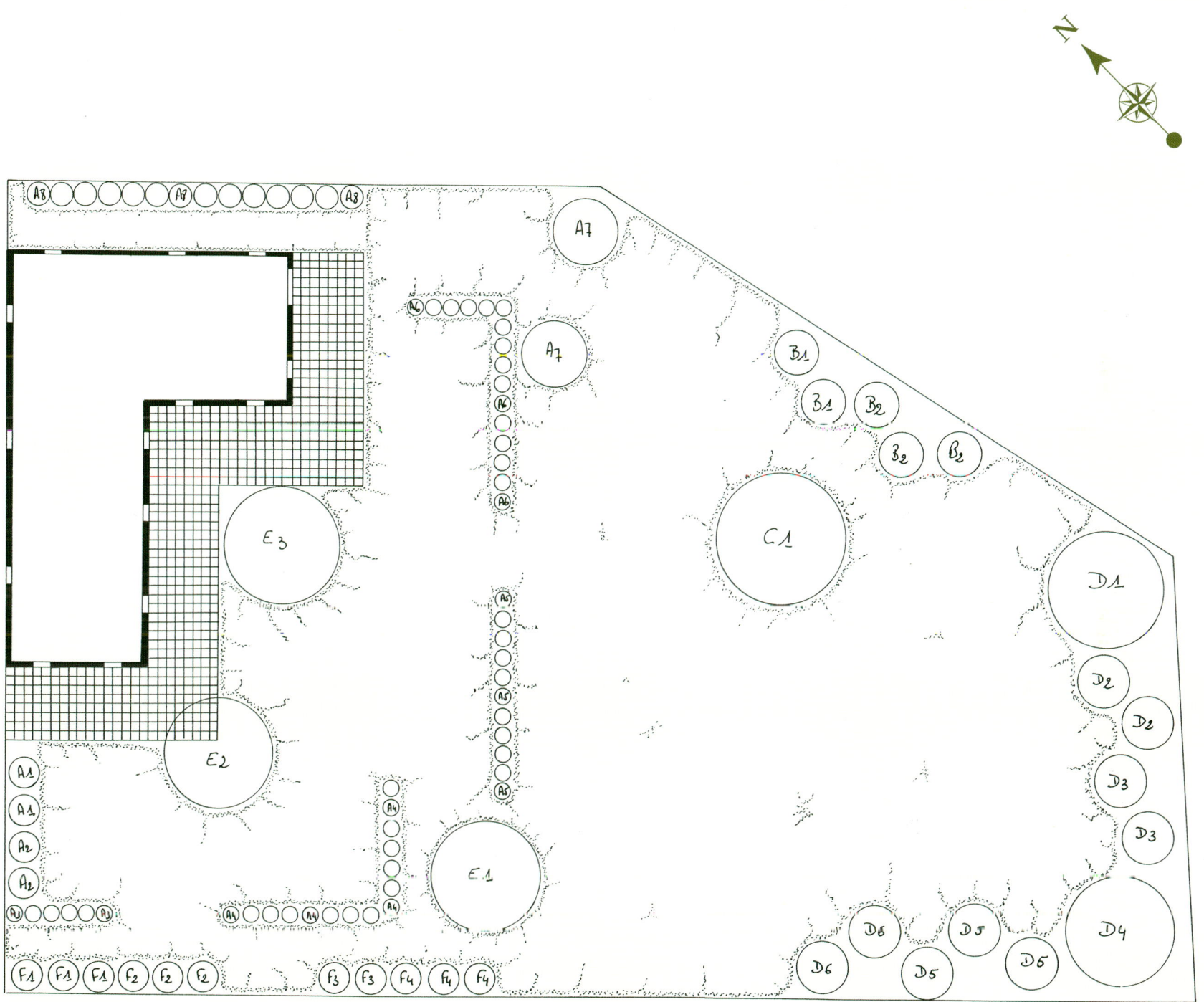

59

Jardin numéro 6

Superficie environ 850 m²

Descriptif d'un jardin de massifs variés

Le charme de ce jardin réside en premier lieu dans son agencement classique. La grande pelouse centrale est entourée de massifs bien structurés, qui s'étirent en des formes amples et souples. La vue du jardin depuis la terrasse est d'ailleurs large et aérée. Le printemps est la saison qui connaît la floraison la plus intense. L'abondance de fleurs surprend alors le visiteur. Jaune, rouge, blanc, partout les couleurs sont éclatantes. Les massifs d'arbustes plantés à l'arrière de la maison participent également à cette débauche de tonalités. La sélection des végétaux est relativement diversifiée puisqu'elle ne compte pas moins de trente-deux espèces (dix-neuf à feuillage caduc et treize à feuillage persistant), ce qui est honorable pour un jardin de superficie moyenne. ■

Étapes de plantation

La réalisation de ce jardin s'effectue en deux étapes, de novembre à mars.

1re phase
Les arbres en isolés (zones C1, B15, B7, B3 et A1) et les conifères (zone D) en novembre.

2e phase
Le pourtour du terrain (zones B et E) et le massif devant la maison (zone A) de novembre à mars.

Entretien

Aucun renouvellement de végétaux n'est à prévoir à court terme. L'entretien se résume à la tonte de la pelouse et à la taille des végétaux. La pelouse nécessite par ailleurs deux, voire trois apports d'engrais par an, ainsi qu'un à deux désherbages. Traitez les arbustes contre les pucerons et les araignées rouges auxquels ils sont très sensibles.

Évolution du jardin

Ce jardin comprend une large sélection de végétaux. Son évolution est donc constante, chaque arbre ou arbuste connaissant un rythme de développement différent. Le forsythia et le groseillier à fleurs ont une croissance rapide et peuvent faire des pousses de 60 centimètres à 1 mètre de hauteur dès la première année. Cela explique en partie pourquoi ces arbustes remportent un grand succès auprès des jardiniers débutants.

Budget prévisionnel

L'investissement initial moyen pour réaliser ce jardin se situe entre 700 et 900 euros. Cette somme peut varier suivant la taille des végétaux choisis (notamment pour les arbres et les plantes de haies). L'entretien revient environ à 120 euros par an.

Plan d'aménagement du **Jardin** numéro 6

Échelle 1/180

Zone climatique numéro 5 :

climat semi-continental

(hiver froid et été frais)

Sol poreux filtrant légèrement acide

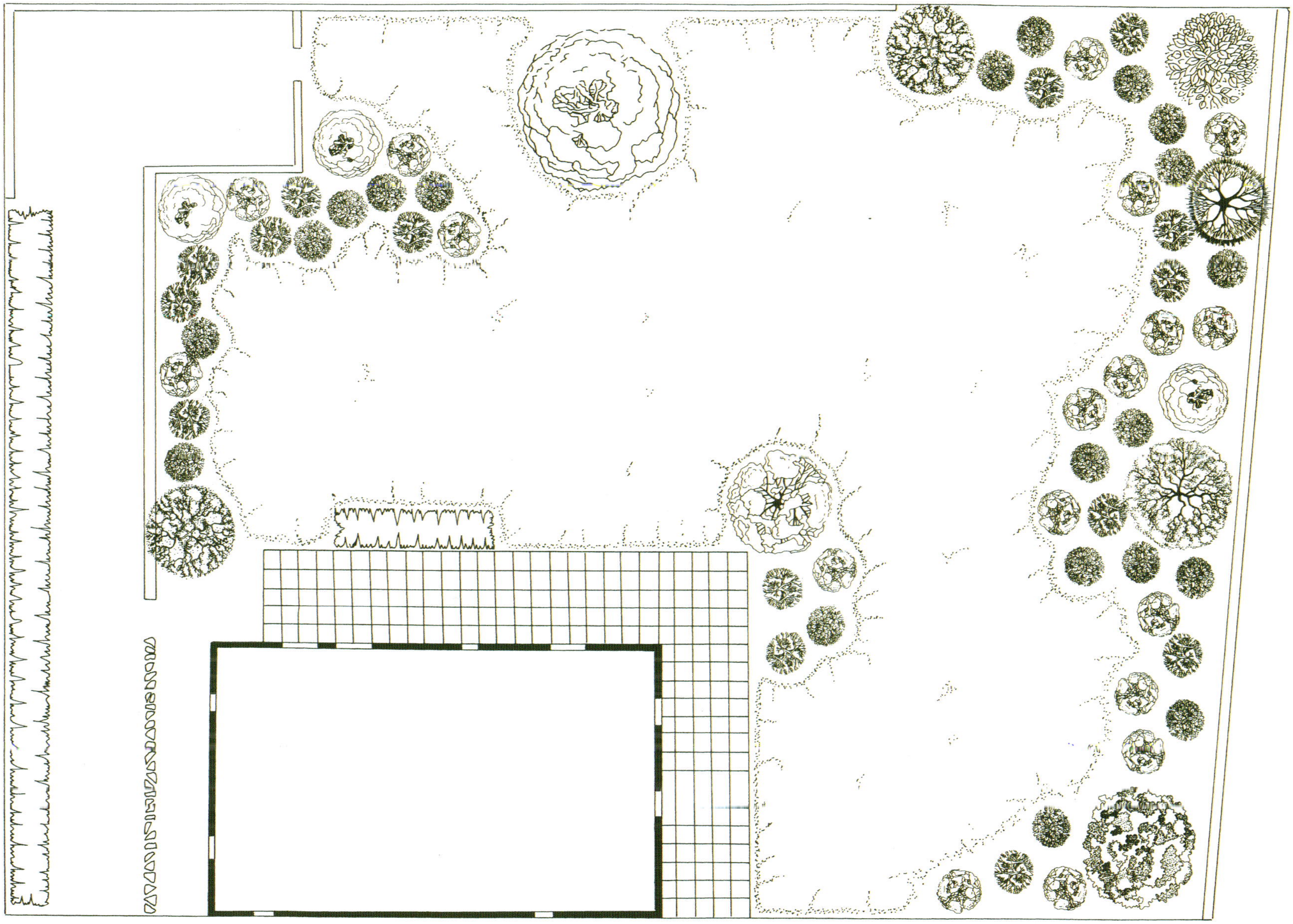

Les végétaux du Jardin numéro 6

A

A1 • **1 arbre aux 40 écus**
Gingko biloba
Conifère à feuillage caduc

A2 • **2 genêts hybrides**
Cytisus x praecox 'Allgold'
Arbuste à feuillage caduc
Floraison : printemps

A3 • **2 spirées**
Spiraea japonica 'Anthony Waterer'
Arbuste à feuillage caduc
Floraison : été

B

B1 • **2 groseilliers à fleurs**
Ribes sanguineum
Arbuste à feuillage caduc
Floraison : printemps

B2 • **2 berbéris**
Berberis julianae
Arbuste à feuillage persistant
Floraison : printemps

B3 • **1 cytise**
Laburnum anagyroides
Arbre à feuillage caduc
Floraison : printemps

B4 • **3 cornouillers mâles**
Cornus mas
Arbuste à feuillage caduc
Floraison : printemps

B5 • **4 lauriers-palmes**
Prunus laurocerasus 'Otto Luyken'
Arbuste à feuillage persistant
Floraison : printemps

B6 • **3 seringats**
Philadelphus coronarius
Arbuste à feuillage caduc
Floraison : printemps

B7 • **1 cerisier à fleurs**
Prunus cerasifera 'Pissardii'
Arbuste à feuillage caduc
Floraison : printemps

B8 • **3 mahonias**
Mahonia aquifolium
Arbuste à feuillage persistant
Floraison : printemps

B9 • **1 arbre aux papillons**
Buddleja alternifolia
Arbuste à feuillage caduc
Floraison : été

B10 • **3 berbéris**
Berberis julianae
Arbuste à feuillage persistant
Floraison : printemps

B11 • **3 forsythias**
Forsythia x intermedia
Arbuste à feuillage caduc
Floraison : printemps

B12 • **1 amélanchier du Canada**
Amelanchier canadensis
Arbuste à feuillage caduc
Floraison : printemps

B13 • **3 fusains d'Europe**
Euonymus europaeus
Arbuste à feuillage persistant

B14 • **3 céanothes**
Ceanothus 'Autumnal Blue'
Arbuste à feuillage persistant
Floraison : été

B15 • **1 sureau**
Sambucus nigra
Arbuste à feuillage caduc
Floraison : été

B16 • **4 groseilliers à fleurs**
Ribes sanguineum
Arbuste à feuillage caduc
Floraison : printemps

B17 • **1 viorne**
Viburnum rhytidophyllum
Arbuste à feuillage persistant
Floraison : printemps

C

C1 • **1 robinier faux acacia**
Robinia pseudoacacia
Arbre à feuillage caduc

D

D1 • **3 cyprès de Lawson**
Chamaecyparis lawsoniana 'Ellwood's Gold'
Conifère à feuillage persistant

D2 • **3 genévriers de Chine**
Juniperus chinensis 'Kuriwao Gold'
Conifère à feuillage persistant

D3 • **1 épicéa bleu du Colorado**
Picea pungens 'Hoopsii'
Conifère à feuillage persistant

D4 • **4 genévriers communs**
Juniperus communis 'Compressa'
Conifère à feuillage persistant

D5 • **1 epicea bleu du Colorado**
Picea pungens 'Koster'
Conifère à feuillage persistant

D6 • **3 thuyas du Canada**
Thuja occidentalis 'Rheingold'
Conifère à feuillage persistant

D7 • **3 épiceas communs**
Picea abies 'Nidiformis'
Conifère à feuillage persistant

D8 • **1 cyprès de Lawson**
Chamaecyparis lawsoniana 'Ellwoodii'
Conifère à feuillage persistant

D9 • **2 groseilliers à fleurs**
Ribes sanguineum
Arbuste à feuillage caduc
Floraison : printemps

D10 • **2 forsythias**
Forsythia x intermedia
Arbuste à feuillage caduc
Floraison : printemps

E

E1 • **3 noisetiers**
Corylus avellana
Arbuste à feuillage caduc

E2 • **3 noisetiers de Lombardie**
Corylus maxima
Arbuste à feuillage caduc

E3 • **3 althéas**
Hibiscus syriacus 'Oiseau Bleu'
Arbuste à feuillage caduc
Floraison : été

E4 • **3 berbéris**
Berberis thunbergii 'Bagatelle'
Arbuste à feuillage caduc
Floraison : printemps

E5 • **3 forsythias**
Forsythia x intermedia
Arbuste à feuillage caduc
Floraison : printemps

E6 • **2 seringats**
Philadelphus 'Virginal'
Arbuste à feuillage caduc
Floraison : printemps

Plan de plantation du **Jardin** numéro 6

Superficie environ 850 m² • Échelle 1/180

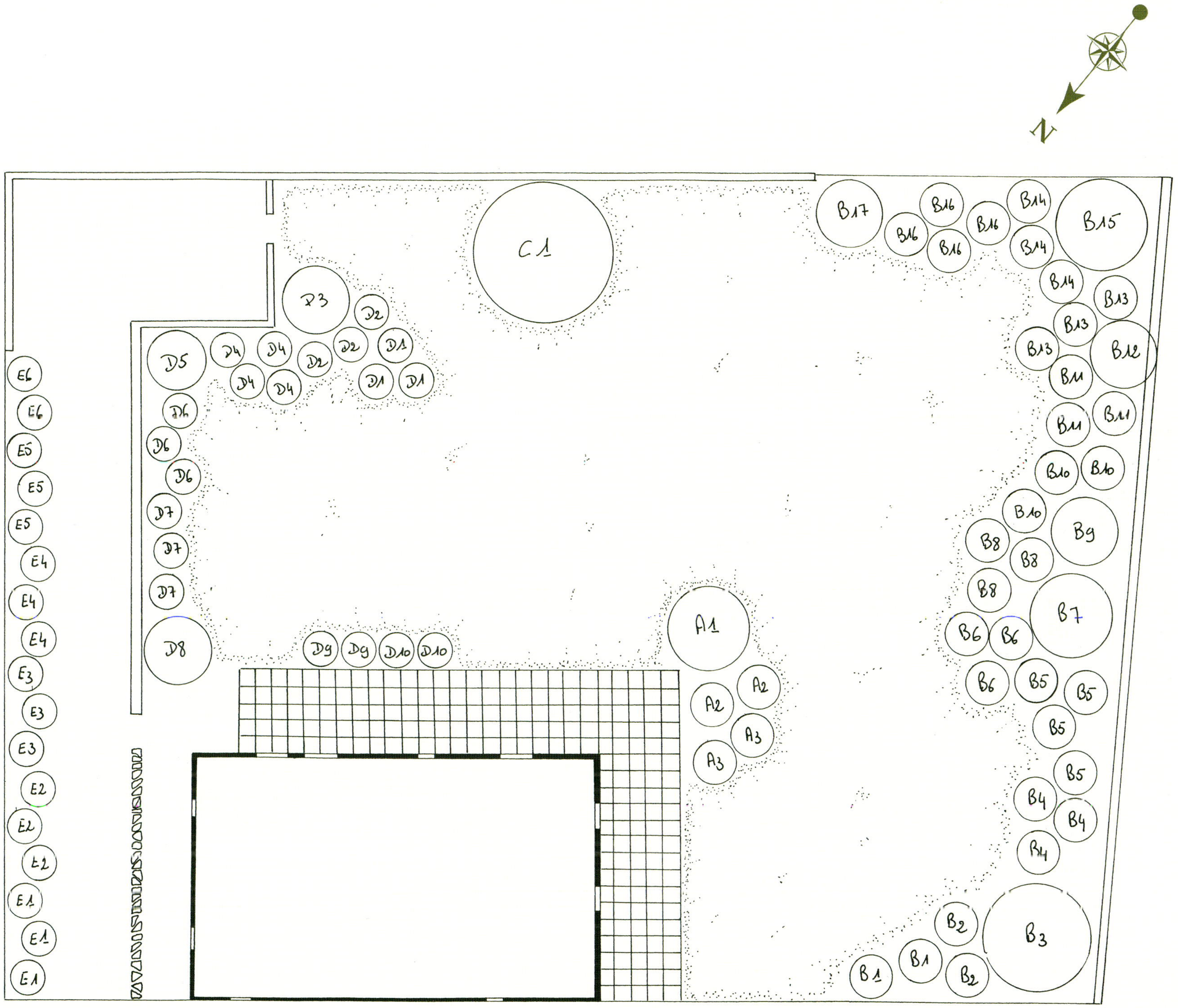

Jardin numéro 7

Superficie environ 900 m²

Descriptif d'un jardin en éventail

La longue allée principale menant de l'entrée de la propriété à la terrasse constitue l'attrait majeur de ce jardin en forme d'éventail. Cette allée est mise en valeur par différentes variétés de végétaux : photinias, éléagnus, lauriers-tins ou encore orangers du Mexique. La vue s'ouvrant de la terrasse sur le fond du jardin est également agréable. En arrière-plan de la pelouse principale, viorne, lauriers du Portugal, lauriers-tins… créent au printemps une véritable cascade de fleurs blanches. Cette implantation compte également quelques grands arbres tel le copalme d'Amérique, qui présente l'avantage de bien s'adapter au bord de mer. Originaire de Méditerranée, l'arbre de Judée se pare de fleurs rouges au printemps. Une large proportion des espèces sélectionnées est à feuillage persistant, ce qui présente l'avantage de limiter la corvée de ramassage des feuilles l'automne venu. ■

Étapes de plantation

La réalisation de ce jardin s'effectue en trois étapes, d'octobre à avril.

1ʳᵉ phase
Le pourtour du terrain (zones B et A) en novembre.

2ᵉ phase
Les arbres, conifères et arbustes en isolés (zones B12, B8, B17, A8 et A2) d'octobre à avril.

3ᵉ phase
Les différents massifs (zones A6, A7, A15 et A16) en février-mars.

Entretien

Aucun renouvellement de végétaux n'est à prévoir à court terme. Le temps consacré à la taille des arbres et arbustes ne devrait pas être important dans la mesure où ce jardin accueille de nombreux végétaux à feuillage persistant. La pelouse nécessite au moins une à deux tontes hebdomadaires, deux à trois apports d'engrais et un à deux désherbages par an. Un traitement semestriel de la mousse est également à envisager. Traitez les arbustes contre les pucerons et les araignées rouges.

Évolution du jardin

Bien qu'il soit considéré comme un arbre d'ombre à croissance rapide, le mûrier à feuilles de platane est un arbre d'ornement qui nécessite tout de même 7 à 8 ans avant d'atteindre sa taille définitive. Planté dans de bonnes conditions, à savoir à l'abri du vent et bien exposé au soleil, le céanothe atteint sa taille adulte dès 2 à 3 ans.

Budget prévisionnel

L'investissement initial moyen pour réaliser ce jardin se situe entre 500 et 700 euros. Cette somme peut varier suivant la taille des végétaux choisis (notamment pour les arbres et les plantes de haies). L'entretien revient environ à 150 euros par an.

Plan d'aménagement du **Jardin** numéro 7

Échelle 1/200

Zone climatique numéro 1 :
climat océanique
(hiver tempéré à doux et été frais)

Sol sain filtrant

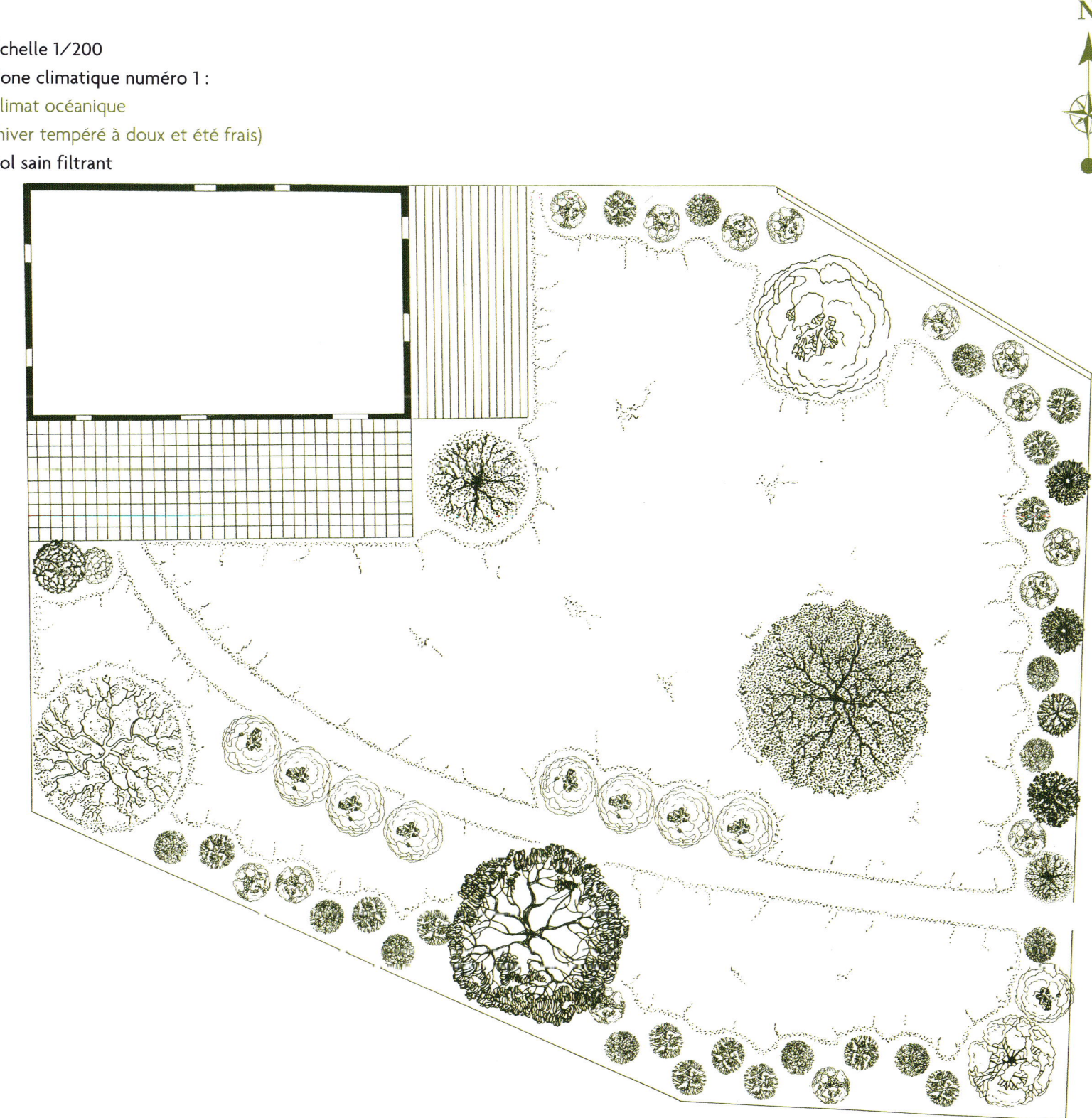

Les végétaux du Jardin numéro 7

Arbre de Judée, *Cercis siliquastrum*

A

A1 • 2 lauriers-tins
Viburnum tinus
Arbuste à feuillage persistant
Floraison : printemps

A2 • 1 copalme d'Amérique
Liquidambar styraciflua
Arbre à feuillage caduc

A3 • 3 céanothes
Ceanothus 'Cascade'
Arbuste à feuillage persistant
Floraison : printemps

A4 • 2 éléagnus
Elaeagnus x ebbingei
Arbuste à feuillage persistant
Floraison : automne

A5 • 3 lauriers-tins
Viburnum tinus
Arbuste à feuillage persistant
Floraison : printemps

A6 • 2 orangers du Mexique
Choisya ternata
Arbuste à feuillage persistant
Floraison : printemps

A7 • 2 lauriers-tins
Viburnum tinus
Arbuste à feuillage persistant
Floraison : printemps

A8 • 1 arbre de Judée
Cercis siliquastrum
Arbuste à feuillage caduc
Floraison : printemps

A9 • 3 berbéris
Berberis darwinii
Arbuste à feuillage caduc
Floraison : printemps

A10 • 3 orangers du Mexique
Choisya ternata
Arbuste à feuillage persistant
Floraison : printemps

A11 • 3 escallonias
Escallonia 'Crimson Spire'
Arbuste à feuillage persistant
Floraison : été

A12 • 2 mahonias
Mahonia aquifolium
Arbuste à feuillage persistant
Floraison : printemps

A13 • 1 lilas des Indes
Lagerstroemia indica
Arbuste à feuillage caduc
Floraison : été

A14 • 2 pittospores
Pittosporum tobira
Arbuste à feuillage persistant
Floraison : printemps

A15 • 2 photinias
Photinia x fraseri 'Red Robin'
Arbuste à feuillage persistant
Floraison : printemps

A16 • 2 éléagnus
Elaeagnus x ebbingei 'Limelight'
Arbuste à feuillage persistant
Floraison : automne

B

B1 • 1 mûrier à feuille de platane
Morus alba
Arbuste à feuillage caduc
Floraison : printemps

B2 • 3 viornes
Viburnum rhytidophyllum
Arbuste à feuillage persistant
Floraison : printemps

B3 • 3 lauriers du Portugal
Prunus lusitanica
Arbuste à feuillage persistant
Floraison : printemps

B4 • 3 lauriers-tins
Viburnum tinus
Arbuste à feuillage persistant
Floraison : printemps

B5 • 3 orangers du Mexique
Choisya ternata
Arbuste à feuillage persistant
Floraison : printemps

B6 • 3 photinias
Photinia x fraseri 'Red Robin'
Arbuste à feuillage persistant
Floraison : printemps

B7 • 2 arbousiers
Arbutus unedo
Arbuste à feuillage persistant
Floraison : automne

B8 • 1 cytise
Laburnum anagyroides
Arbuste à feuillage caduc
Floraison : printemps

B9 • 2 céanothes
Ceanothus arboreus
Arbuste à feuillage persistant
Floraison : été

B10 • 2 houx communs
Ilex aquifolium
Arbuste à feuillage persistant
Floraison : printemps

B11 • 2 orangers du Mexique
Choisya ternata
Arbuste à feuillage persistant
Floraison : printemps

B12 • 1 cyprès de Lawson
Chamaecyparis lawsoniana 'Erecta Veridis'
Conifère à feuillage persistant

Plan de plantation du **Jardin** numéro 7

Superficie environ 900 m² • **Échelle 1/200**

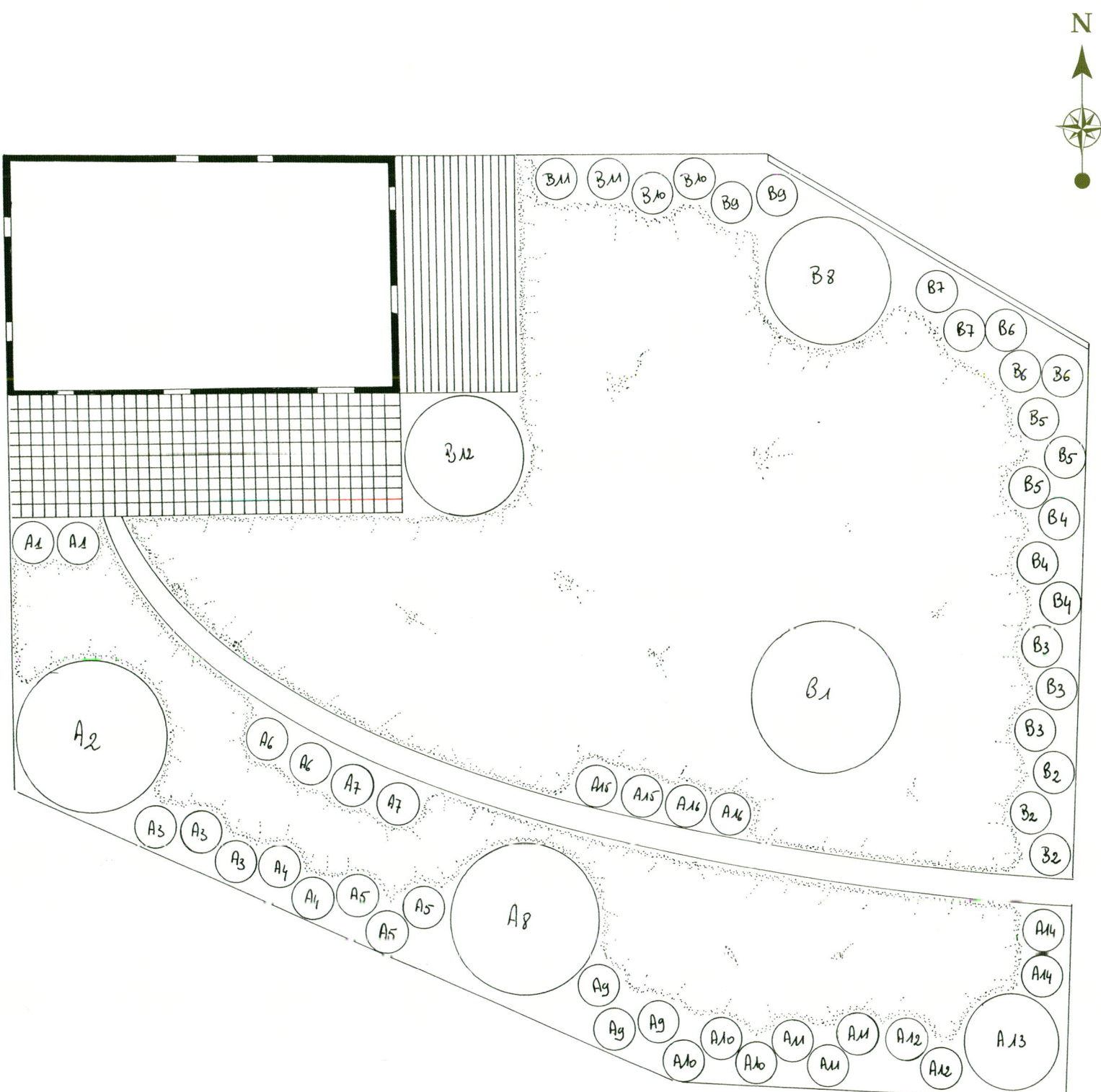

Jardin numéro 8

Superficie environ 900 m²

Descriptif d'un jardin en losange

Ce plan d'aménagement permet de réduire au strict minimum l'entretien du jardin en faisant notamment la part belle aux dallages (terrasse en demi-lune s'ouvrant sur la pelouse et large allée menant à l'entrée principale de la maison). Le choix des végétaux est assez classique tant pour les arbres que pour les arbustes. Les espèces sélectionnées sont par ailleurs « faciles à vivre » et le jardinier débutant n'aura aucune peine à les faire prospérer. La haie devant la maison, par exemple, est composée d'ifs communs, dont la durée de vie est relativement longue et qui ne nécessitent aucune taille. Cette haie constitue également un bon brise-vent. À l'arrière de la maison, la terrasse s'ouvre sur un ensemble d'arbres composant un joli tableau végétal, ainsi que sur un petit bassin à la surface duquel se reflète le feuillage d'un saule. Ce jardin connaît sa période de floraison optimale au printemps et plus particulièrement en mars. Le blanc domine alors. ■

Étapes de plantation

La réalisation de ce jardin s'effectue en deux étapes, d'octobre à avril.

1ʳᵉ phase
Les massifs d'arbustes qui entourent la maison (zone B) et les massifs (zone C) en novembre.

2ᵉ phase
Les arbres, conifères et arbustes en isolés (zones A2 à A9) et les jardinières (zone C9) d'octobre à avril.

Entretien

Aucun renouvellement de végétaux n'est à prévoir à court terme. En dehors du traitement des arbustes et des soins donnés à la pelouse : deux à trois apports d'engrais par an (printemps, été, automne) et deux désherbages, l'entretien de ce jardin requiert peu de temps. Il ne faut toutefois pas omettre l'entretien du bassin deux voire trois fois par an.

Évolution du jardin

Deux arbres se distinguent dans ce plan d'aménagement : le savonnier et le pin noir d'Autriche. Leur plein épanouissement n'a lieu qu'au terme d'une dizaine d'années.

Budget prévisionnel

L'investissement initial moyen pour réaliser ce jardin se situe entre 500 et 700 euros. Cette somme peut varier suivant la taille des végétaux choisis (notamment pour les arbres et les plantes de haies). L'entretien revient environ à 150 euros par an.

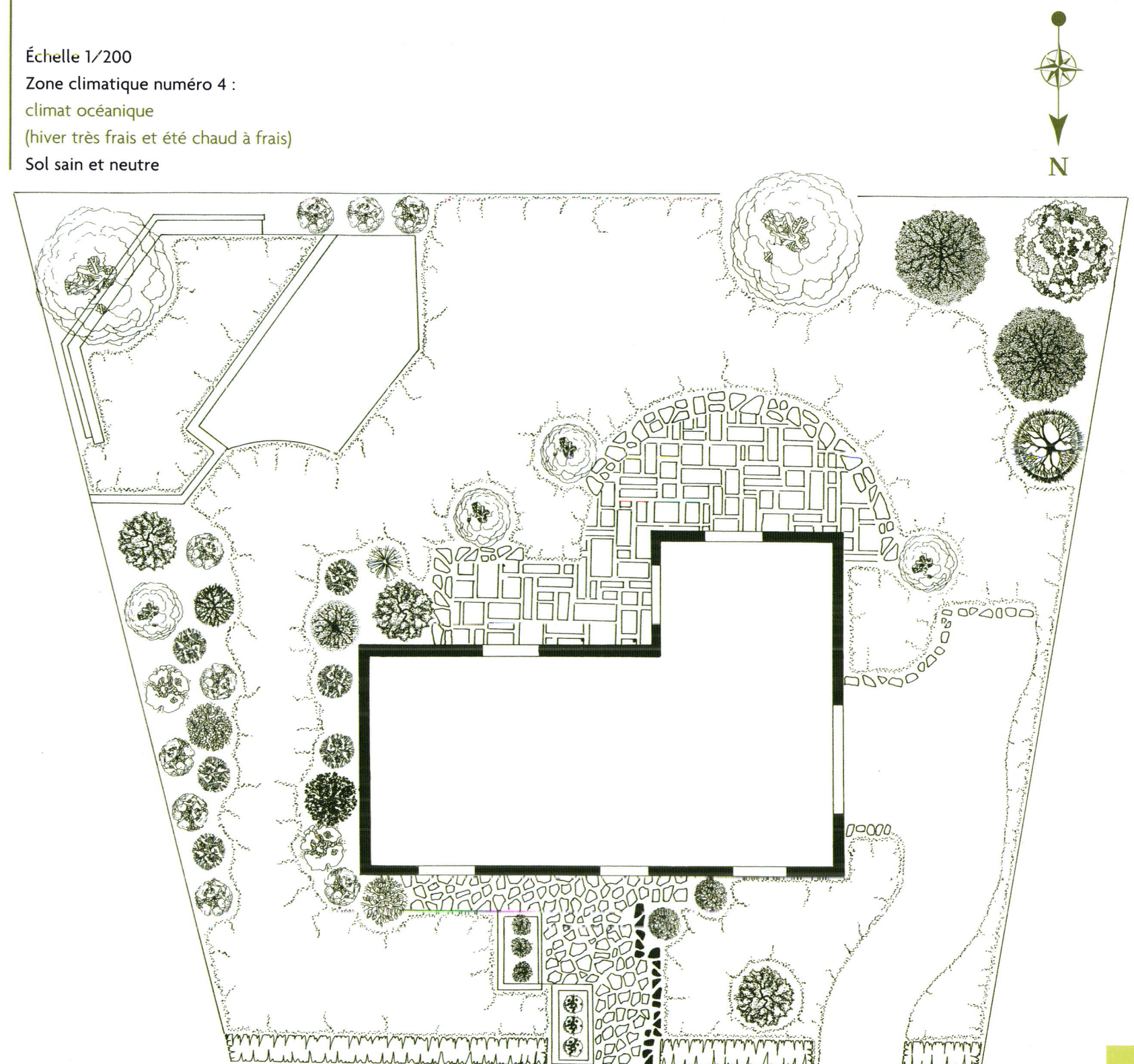

Plan d'aménagement du Jardin numéro 8

Échelle 1/200

Zone climatique numéro 4 :
climat océanique
(hiver très frais et été chaud à frais)
Sol sain et neutre

Les végétaux du Jardin numéro 8

A

A1 • 21 ifs communs
Taxus baccata
Conifère à feuillage persistant

A2 • 1 cytise
Laburnum anagyroides
Arbre à feuillage caduc
Floraison : printemps

A3 • 2 thuyas du Canada
Thuja occidentalis 'Smaragd'
Conifère à feuillage persistant

A4 • 1 arbre à perruques
Cotinus coggygria 'Royal Purple'
Arbuste à feuillage caduc
Floraison : été

A5 • 1 pommier à fleurs
Malus floribunda 'Coccinella'
Arbre à feuillage caduc
Floraison : printemps

A6 • 1 savonnier
Koelreuteria paniculata
Arbre à feuillage caduc
Floraison : été

A7 • 1 érable champêtre
Acer campestre
Arbre à feuillage caduc

A8 • 1 copalme d'Amérique
Liquidambar styraciflua
Arbre à feuillage caduc

A9 • 1 pin noir d'Autriche
Pinus nigra
Conifère à feuillage persistant

B

B1 • 2 buis communs
Buxus sempervirens
Arbuste à feuillage persistant

B2 • 1 éléagnus
Elaeagnus pungens 'Maculata'
Arbuste à feuillage persistant
Floraison : automne

B3 • 2 weigélias
Weigela 'Abel Carrière'
Arbuste à feuillage caduc
Floraison : printemps

B4 • 1 yucca
Yucca filamentosa
Arbuste à feuillage persistant
Floraison : été

B5 • 1 spirée
Spiraea x *billardii*
Arbuste à feuillage caduc
Floraison : été

B6 • 1 bouleau blanc d'Europe
Betula pendula
Arbre à feuillage caduc

B7 • 3 cornouillers blancs
Cornus alba 'Elegantissima'
Arbuste à feuillage caduc

B8 • 1 laurier-palme
Prunus laurocerasus 'Otto Luyken'
Arbuste à feuillage persistant
Floraison : printemps

C

C1 • 1 saule blanc
Salix alba 'Tristis'
Arbre à feuillage caduc

C2 • 3 bambous
Phyllostachys japonica 'Aurea'
Arbuste à feuillage persistant

C3 • 2 cotonéasters
Cotoneaster lacteus
Arbuste à feuillage persistant
Floraison : printemps

C4 • 3 seringats
Philadelphus 'Virginal'
Arbuste à feuillage caduc
Floraison : printemps

C5 • 1 éléagnus
Elaeagnus x *ebbingei* 'Limelight'
Arbuste à feuillage persistant
Floraison : automne

C6 • 2 orangers du Mexique
Choisya ternata
Arbuste à feuillage persistant
Floraison : printemps

C7 • 3 lauriers-tins
Viburnum tinus
Arbuste à feuillage persistant
Floraison : printemps

C8 • 2 photinias
Photinia x *fraseri* 'Red Robin'
Arbuste à feuillage persistant
Floraison : printemps

C9 • Plantes à massifs (plantes de saison)

Seringats, *Philadelphus*

Plan de plantation du Jardin numéro 8

Superficie environ 900 m² • Échelle 1/200

Jardin numéro 9

Superficie environ 1 000 m²

Descriptif d'un jardin très fleuri

Très ordonnée, la structure de ce jardin s'articule essentiellement autour de deux lieux de vie bien déterminés : la terrasse d'une part et le coin repos derrière la maison d'autre part. Accueilli par une haie de rosiers rouges, le visiteur emprunte ensuite une large allée entièrement dallée et bordée de lavandes pour rejoindre la terrasse, qui adopte ici la forme d'une demi-lune. Deux lilas et un genévrier doré permettent de conserver à cet endroit une certaine intimité. L'arrière du jardin est dominé par un saule blanc. L'envergure de cet arbre est telle qu'il convient de le planter à distance de toute habitation. Le pourtour du terrain est en grande partie planté de cyprès de Leyland. Ces conifères permettent d'obtenir assez rapidement une haie de taille moyenne (de 1,20 à 2 mètres de hauteur). Côté floraison, ce jardin dévoile au printemps une palette multicolore : le blanc des orangers du Mexique, le rouge des groseilliers à fleurs, ou encore le jaune des corêtes du Japon s'imposent. En été, le bleu des lavandes domine et leur parfum embaume. ■

Étapes de plantation

La réalisation de ce jardin s'effectue en deux étapes, d'octobre à avril.

1re phase
Le pourtour du terrain (zones A et E) en novembre.

2e phase
Les arbres, conifères et arbustes plantés en isolés (zones D1 et B1 à B7) et les massifs (zones C, D et E) d'octobre à avril.

Entretien

Bien que ce jardin soit de taille moyenne, son entretien demande beaucoup de temps. Cela s'explique notamment par la taille des nombreuses haies de cyprès. Bien que résistants à la maladie, les cyprès ont besoin d'être renouvelés plus fréquemment que les autres arbustes. La pelouse nécessite quant à elle au moins une à deux tontes hebdomadaires, deux à trois apports d'engrais et un à deux désherbages par an.

Budget prévisionnel

L'investissement initial moyen pour réaliser ce jardin se situe entre 800 et 1 200 euros. Cette somme peut varier suivant la taille des végétaux choisis (notamment pour les arbres et les plantes de haies). L'entretien revient environ à 150 euros par an.

Évolution du jardin

Si le cyprès atteint sa taille adulte environ 5 ans après sa plantation, les autres arbres de ce jardin nécessitent en moyenne entre 5 et 8 ans pour connaître leur envergure définitive. Cette durée varie en fonction de paramètres tels que l'exposition, la qualité du sol et de l'entretien. Le copalme d'Amérique et l'arbre aux 40 écus requièrent eux une dizaine d'années de patience avant d'atteindre leur pleine maturité.

Plan d'aménagement du **Jardin** numéro **9**

Échelle 1/200

Zone climatique numéro 3 :

climat océanique à semi-océanique

(hiver frais à très frais et été frais)

Sol sain non calcaire

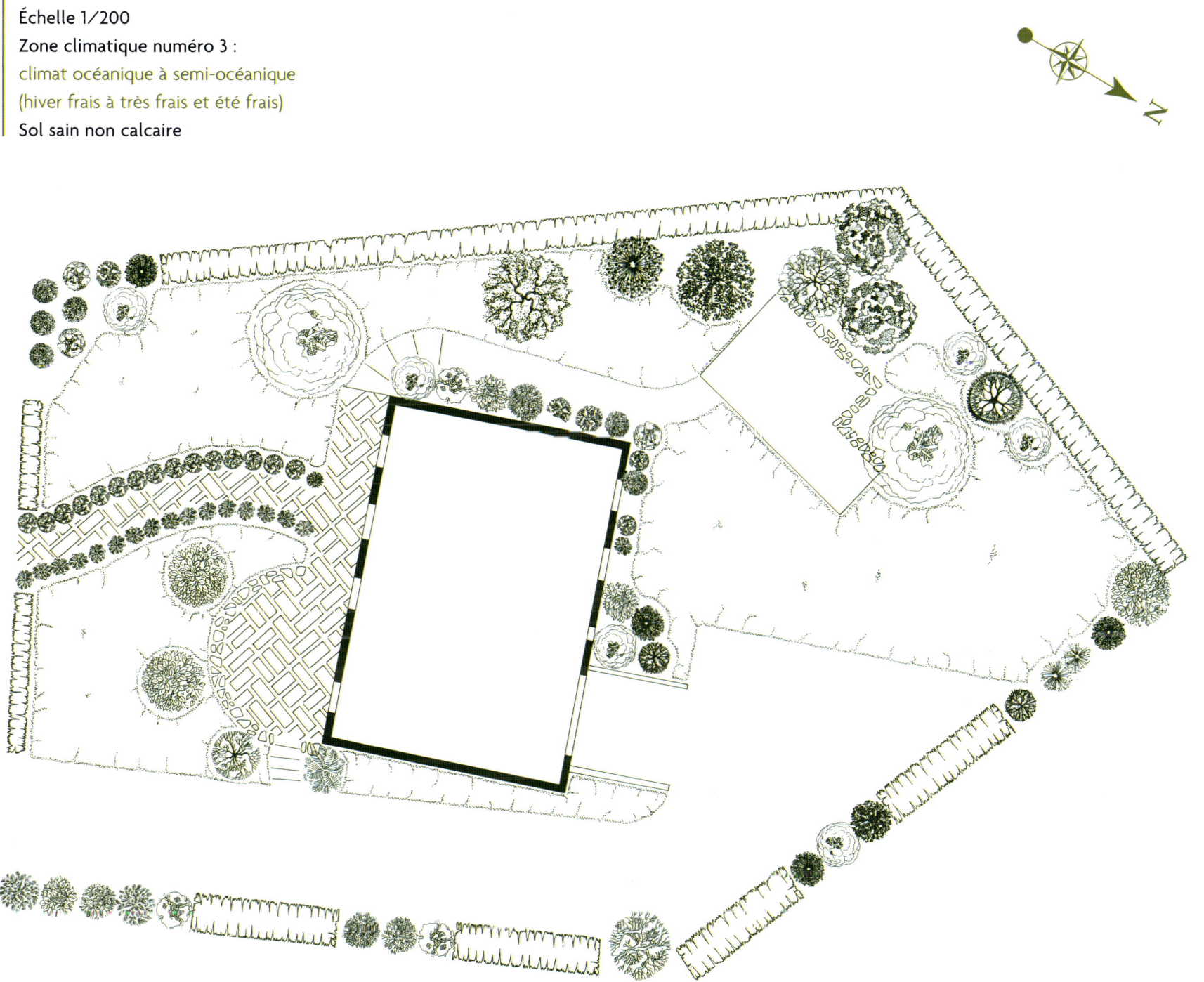

Les végétaux du Jardin numéro 9

A

A1 • **3 abélies**
Abelia x grandiflora
Arbuste au feuillage persistant
Floraison : été

A2 • **2 seringats**
Philadelphus 'Minnesota Snowflake'
Arbuste au feuillage caduc
Floraison : printemps

A3 • **2 orangers du Mexique**
Choisya ternata
Arbuste au feuillage persistant
Floraison : printemps

A4 • **2 weigélias**
Weigela 'Bristol Ruby'
Arbuste au feuillage caduc
Floraison : été

A5 • **1 berbéris**
Berberis
Arbuste au feuillage persistant
Floraison : printemps

A6 • **2 groseilliers à fleurs**
Ribes sanguineum
Arbuste au feuillage caduc
Floraison : printemps

A7 • **2 photinias**
Photinia x fraseri 'Red Robin'
Arbuste au feuillage persistant
Floraison : printemps

A8 • **2 corètes du Japon**
Kerria japonica 'Pleniflora'
Arbuste au feuillage caduc
Floraison : printemps

A9 • **2 abélies**
Abelia x grandiflora
Arbuste au feuillage persistant
Floraison : été

A10 • **2 forsythias**
Forsythia x intermedia
Arbuste au feuillage caduc
Floraison : printemps

A11 • **2 althéas**
Hibiscus syriacus 'Oiseau Bleu'
Arbuste au feuillage caduc
Floraison : été

A12 • **2 groseilliers à fleurs**
Ribes sanguineum
Arbuste au feuillage caduc
Floraison : printemps

A13 • **2 mahonias**
Mahonia x media 'Charity'
Arbuste au feuillage persistant
Floraison : printemps

A14 • **2 cognassiers du Japon**
Chaenomeles speciosa 'Falconnet Charlet'
Arbuste au feuillage caduc
Floraison : printemps

A15 • **2 orangers du Mexique**
Choisya ternata
Arbuste au feuillage persistant
Floraison : printemps

A16 • **2 millepertuis**
Hypericum patulum 'Hidcote'
Arbuste au feuillage persistant
Floraison : été

A17 • **1 photinia**
Photinia x fraseri 'Red Robin'
Arbuste au feuillage persistant
Floraison : printemps

B

B1 • **3 bouleaux blancs d'Europe**
Betula pendula
Arbre au feuillage caduc

B2 • **1 saule blanc**
Salix alba 'Tristis'
Arbre au feuillage caduc

B3 • **3 copalmes d'Amérique**
Liquidambar styraciflua
Arbre au feuillage caduc

B4 • **1 cytise**
Laburnum x watereri 'Vossii'
Arbre au feuillage caduc
Floraison : printemps

B5 • **1 lilas**
Syringa vulgaris 'Charles Joly'
Arbuste au feuillage caduc
Floraison : printemps

B6 • **1 arbre aux 40 écus**
Gingko biloba
Conifère au feuillage caduc

B7 • **1 arbre à soie**
Albizzia julibrissin 'Cyrano'
Arbre au feuillage caduc
Floraison : été

C

C1 • **1 photinia**
Photinia x fraseri 'Red Robin'
Arbuste au feuillage persistant
Floraison : printemps

C2 • **1 laurier-tin**
Viburnum tinus
Arbuste au feuillage persistant
Floraison : printemps

C3 • **2 orangers du Mexique**
Choisya ternata
Arbuste au feuillage persistant
Floraison : printemps

C4 • **2 mahonias**
Mahonia x media 'Winter Sun'
Arbuste au feuillage persistant
Floraison : printemps

C5 • **1 pittospore**
Pittosporum tobira 'Nanum'
Arbuste au feuillage persistant
Floraison : printemps

C6 • **1 romarin**
Rosmarinus officinalis
Arbuste au feuillage persistant
Floraison : été

C7 • **2 lauriers-palmes**
Prunus laurocerasus 'Otto Luyken'
Arbuste au feuillage persistant
Floraison : printemps

C8 • **2 escallonias**
Escallonia 'Red Dream'
Arbuste au feuillage persistant
Floraison : été

C9 • **3 viornes**
Viburnum plicatum 'Watanabe'
Arbuste au feuillage caduc
Floraison : printemps

C10 • **1 cotonéaster**
Cotoneaster lacteus
Arbuste au feuillage persistant
Floraison : printemps

D

D1 • **1 if**
Taxus x media 'Strait Hedge'
Conifère au feuillage persistant

D2 • **1 genévrier doré**
Juniperus chinensis 'Old Gold'
Conifère au feuillage caduc

D3 • **2 lilas**
Syringa vulgaris 'Belle de Nancy'
Arbuste au feuillage caduc
Floraison : printemps

D4 • **1 cyprès de Lawson**
Chamaecyparis lawsoniana 'Ellwoodii'
Conifère au feuillage persistant

D5 • **30 lavandes**
Lavandula angustifolia 'Hidcote'
Arbuste au feuillage persistant
Floraison : été

E

E1 • **14 rosiers buissons**
Rosa 'Lilli Marleen'
Arbuste au feuillage caduc
Floraison : été

E2 • **1 céanothe**
Ceanothus 'Italian Skies'
Arbuste au feuillage persistant
Floraison : printemps

E3 • **2 cytises**
Cytisus scoparius 'Andreanus'
Arbuste au feuillage caduc
Floraison : printemps

E4 • **1 laurier-tin**
Viburnum tinus
Arbuste au feuillage persistant
Floraison : printemps

E5 • **1 éléagnus**
Elaeagnus x ebbingei 'Limelight'
Arbuste au feuillage persistant
Floraison : printemps

E6 • **39 cyprès de Leyland**
x cupressocyparis 'Leylandii'
Conifère au feuillage persistant

Plan de plantation du Jardin numéro 9

Superficie environ 1 000 m² • Échelle 1/200

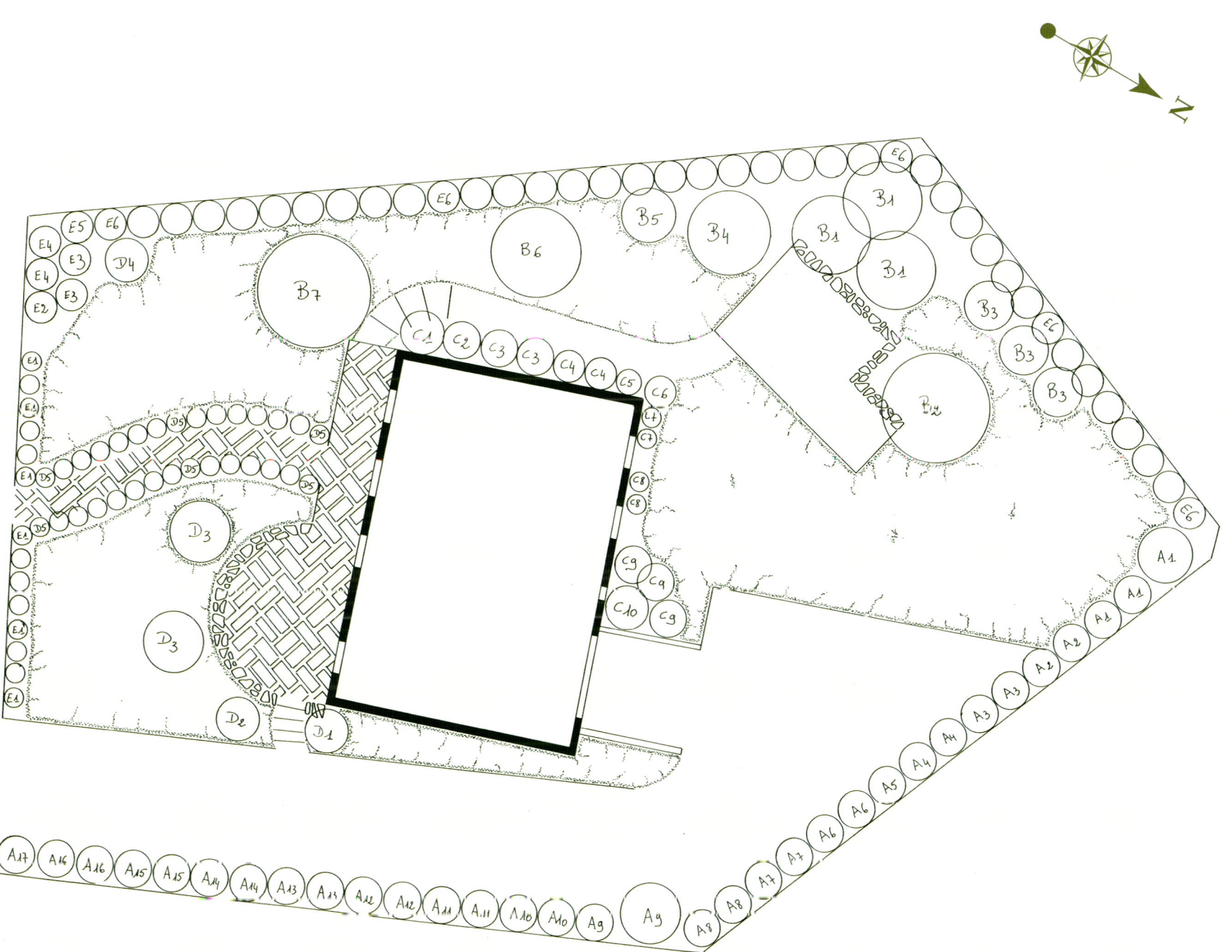

Jardin numéro 10

Superficie environ 1 100 m²

Descriptif d'un jardin classique

Ce jardin est de facture assez classique. Les nombreux massifs en bosquets autour de la maison ainsi que la petite haie de rosiers blancs accueillant le visiteur créent des volumes qui retiennent l'œil. Les trois allées menant respectivement à la maison, à la terrasse et au garage sont partiellement bordées d'arbustes. Elles permettent de casser les lignes droites, rendant ainsi le jardin plus convivial. La terrasse court tout le long de la façade arrière de la maison et domine le fond du terrain. L'espace dédié à la pelouse est assez vaste, ponctué notamment par la présence d'un sapin d'Espagne et d'un févier d'Amérique, arbre dont le feuillage rappelle un peu celui de l'acacia. La floraison de ce jardin s'étend du printemps à l'été, c'est toutefois au tout début du printemps que le jardin est le plus fleuri. Blanc (lauriers-tins, hibiscus, rosiers...), rouge (groseillier à fleurs, grenadier...) et jaune (corêtes du Japon, forsythia...) se partagent alors la vedette. ■

Étapes de plantation

La réalisation de ce jardin s'effectue en deux étapes, d'octobre à mars.

1re phase
Le pourtour du terrain (zones A, F1 à F5, E2 à E4 et D) en novembre.

2e phase
Les arbres et arbustes en isolés (zones B1, A1, E1, C3) et les petits massifs qui entourent la maison (zones C1, C4, F6 et F7) d'octobre à mars.

Entretien

La pelouse nécessite deux à trois apports d'engrais par an (printemps, été, automne). Une à deux fois par an, il convient également de la désherber et de traiter les arbustes contre les insectes et les champignons.

Évolution du jardin

La corête du Japon ainsi que l'amandier de Chine connaissent une croissance relativement rapide, entre 3 et 5 ans. Le févier d'Amérique ou encore un conifère comme le pin noir d'Autriche n'atteignent leur plein épanouissement qu'au bout de 7 à 10 ans.

Budget prévisionnel

L'investissement initial moyen pour réaliser ce jardin se situe entre 600 et 800 euros. Cette somme peut varier suivant la taille des végétaux choisis (notamment pour les arbres et les plantes de haies). L'entretien revient environ à 110 euros par an.

Plan d'aménagement du **Jardin** numéro 10

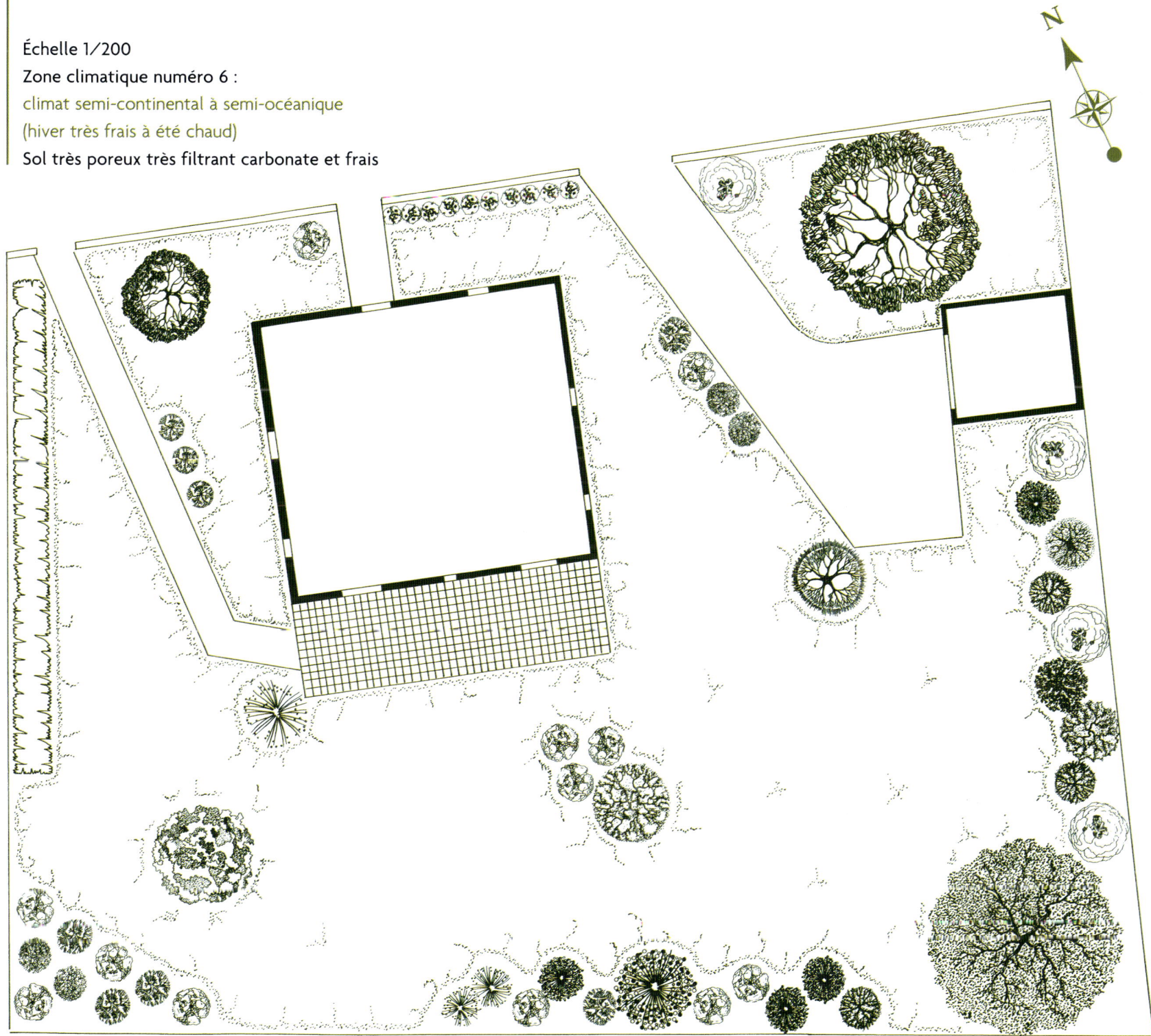

Échelle 1/200

Zone climatique numéro 6 :

climat semi-continental à semi-océanique

(hiver très frais à été chaud)

Sol très poreux très filtrant carbonate et frais

Les végétaux du Jardin numéro 10

Pin noir d'Autriche, *Pinus nigra*

A

A1 • 1 pin noir d'Autriche
Pinus nigra
Conifère à feuillage persistant

A2 • 2 lauriers-tins
Viburnum tinus
Arbuste à feuillage persistant
Floraison : printemps

A3 • 3 corêtes du Japon
Kerria japonica
Arbuste à feuillage caduc
Floraison : printemps

A4 • 2 amandiers de Chine
Prunus triloba
Arbuste à feuillage caduc
Floraison : printemps

A5 • 2 groseilliers à fleurs
Ribes sanguineum
Arbuste à feuillage caduc
Floraison : printemps

A6 • 1 noisetier de Lombardie
Corylus maxima
Arbuste à feuillage caduc

B

B1 • 1 mûrier à feuille de platane
Morus alba
Arbre à feuillage caduc

B2 • 1 if commun
Taxus baccata
Conifère à feuillage persistant

B3 • 1 forsythia
Forsythia x intermedia
Arbuste à feuillage caduc
Floraison : printemps

B4 • 1 groseillier à fleurs
Ribes sanguineum
Arbuste à feuillage caduc
Floraison : printemps

B5 • 2 weigélias
Weigela 'Bristol Ruby'
Arbuste à feuillage caduc
Floraison : printemps

C

C1 • 10 rosiers haies
Rosa rugosa 'Alba'
Arbuste à feuillage caduc
Floraison : été

C2 • 1 céanothe
Ceanothus 'Gloire de Versailles'
Arbuste à feuillage caduc
Floraison : été

C3 • 1 genévrier commun
Juniperus communis 'Hibernica'
Conifère à feuillage persistant

C4 • 3 althéas
Hibiscus syriacus 'Diana'
Arbuste à feuillage caduc
Floraison : été

D

D1 • 1 viorne
Viburnum rhytidophyllum
Arbuste à feuillage persistant
Floraison : printemps

D2 • 2 cornouilliers blancs
Cornus alba
Arbuste à feuillage caduc

D3 • 3 corêtes du Japon
Kerria japonica
Arbuste à feuillage caduc
Floraison : printemps

D4 • 2 lauriers-tins
Viburnum tinus
Arbuste à feuillage persistant
Floraison : printemps

D5 • 2 grenadiers
Punica granatum
Arbuste à feuillage caduc
Floraison : été

D6 • 2 arbres aux papillons
Buddleja davidii 'Black Knight'
Arbuste à feuillage caduc
Floraison : été

D7 • 1 genévrier de Virginie
Juniperus virginiana 'Helle'
Conifère à feuillage persistant

E

E1 • 1 févier d'Amérique
Gleditsia triacanthos 'Sunburst'
Arbre à feuillage caduc

E2 • 3 cornouilliers mâles
Cornus mas
Arbuste à feuillage caduc

E3 • 3 amélanchiers d'Amérique
Amelanchier laevis
Arbuste à feuillage caduc
Floraison : printemps

E4 • 3 lauriers-tins
Viburnum tinus
Arbuste à feuillage persistant
Floraison : printemps

F

F1 • 3 berbéris pourpres
Berberis thunbergii
Arbuste à feuillage caduc
Floraison : printemps

F2 • 2 fusains d'Europe
Euonymus europaeus
Arbuste à feuillage persistant

F3 • 1 photinia
Photinia x fraseri 'Red Robin'
Arbuste à feuillage persistant
Floraison : printemps

F4 • 2 physocarpus
Physocarpus opulifolius
Arbuste à feuillage caduc

F5 • 3 weigélias
Weigela x 'Bristol Ruby'
Arbuste à feuillage caduc
Floraison : été

F6 • 1 sapin d'Espagne
Abies pinsapo 'Aurea'
Conifère à feuillage persistant

F7 • 3 genévriers
Juniperus squamata 'Blue Carpet'
Conifère à feuillage persistant

Plan de plantation du Jardin numéro 10

Superficie environ 1 100 m² • Échelle 1/200

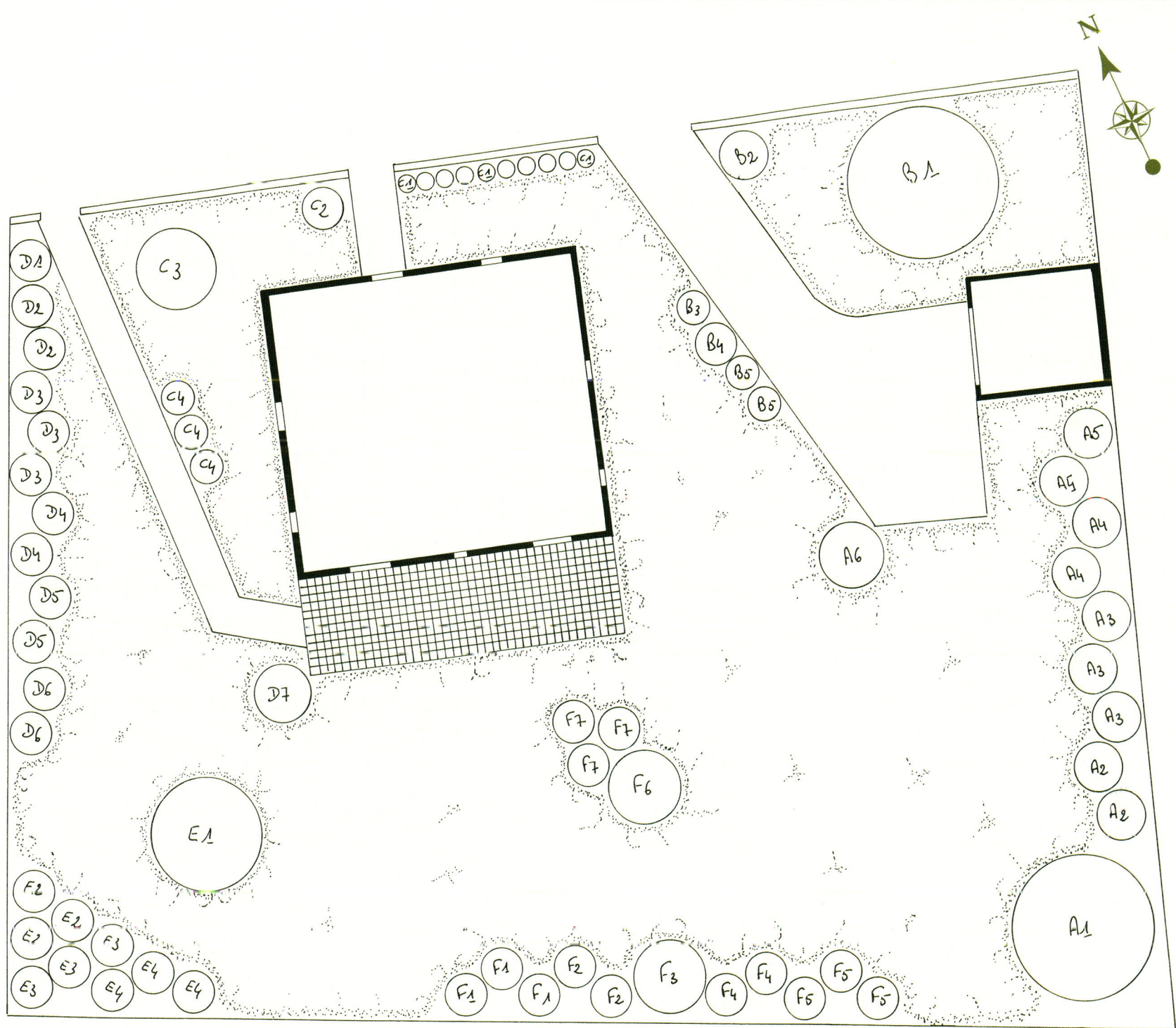

Jardin numéro 11

Superficie environ 1 150 m²

Descriptif d'un jardin autour d'une piscine

L'attrait majeur de ce jardin est incontestablement la piscine. La plupart des végétaux sélectionnés ont pour principal objectif de créer un écrin de verdure autour de ce lieu de vie. Qui en effet n'a jamais rêvé d'une maison qui s'ouvre sur une terrasse dominant elle-même une piscine ? Au fond du jardin, trône un marronnier d'Inde qui peut atteindre 25 mètres de hauteur à l'âge adulte. Le magnolia étoilé blanc et les deux abélies roses qui le côtoient délimitent un petit espace plus calme qui permet de s'isoler de l'agitation qui peut éventuellement régner autour de la piscine. Au printemps, et plus particulièrement au mois d'avril, toutes les couleurs sont au rendez-vous : le blanc bien sûr avec notamment les seringats, les andromèdes, les photinias ou encore les lauriers-tins, le rouge représenté entre autres par les rhododendrons et les genêts, le rose avec les abélies et les amandiers de Chine et enfin le jaune des nombreux forsythias. Les arbres et arbustes à feuillage persistant sont ici à l'honneur. ■

Étapes de plantation

La réalisation de ce jardin s'effectue en deux étapes, d'octobre à avril.

1ʳᵉ phase
Le pourtour du terrain (zones A3 à A17, B2 à B9 et F1) en novembre.

2ᵉ phase
Les arbres, arbustes et conifères en isolés (zones C1, B1, C6 et A1) et les massifs qui entourent la maison (zones A2, C et D) d'octobre à avril.

Entretien

L'entretien de ce terrain nécessite beaucoup de temps. À la tonte et au désherbage de la pelouse, au traitement et à la taille des végétaux, il convient d'ajouter l'entretien de la piscine et de ses abords

Évolution du jardin

Les plantes de terre de bruyère telles que le rhododendron ou le magnolia atteignent leur taille adulte entre 6 et 7 ans. L'éléagnus pousse quant à lui plus rapidement et forme une belle haie en à peine 4 ans.

Budget prévisionnel

L'investissement initial moyen pour réaliser ce jardin se situe entre 1000 et 1300 euros. Cette somme peut varier suivant la taille des végétaux choisis (notamment pour les arbres et les plantes de haies). L'entretien revient environ à 150 euros par an.

Plan d'aménagement du **Jardin** numéro **11**

Échelle 1/200

Zone climatique numéro 2 :

climat océanique à semi-océanique

(hiver frais à très frais et été chaud)

Sol très acide

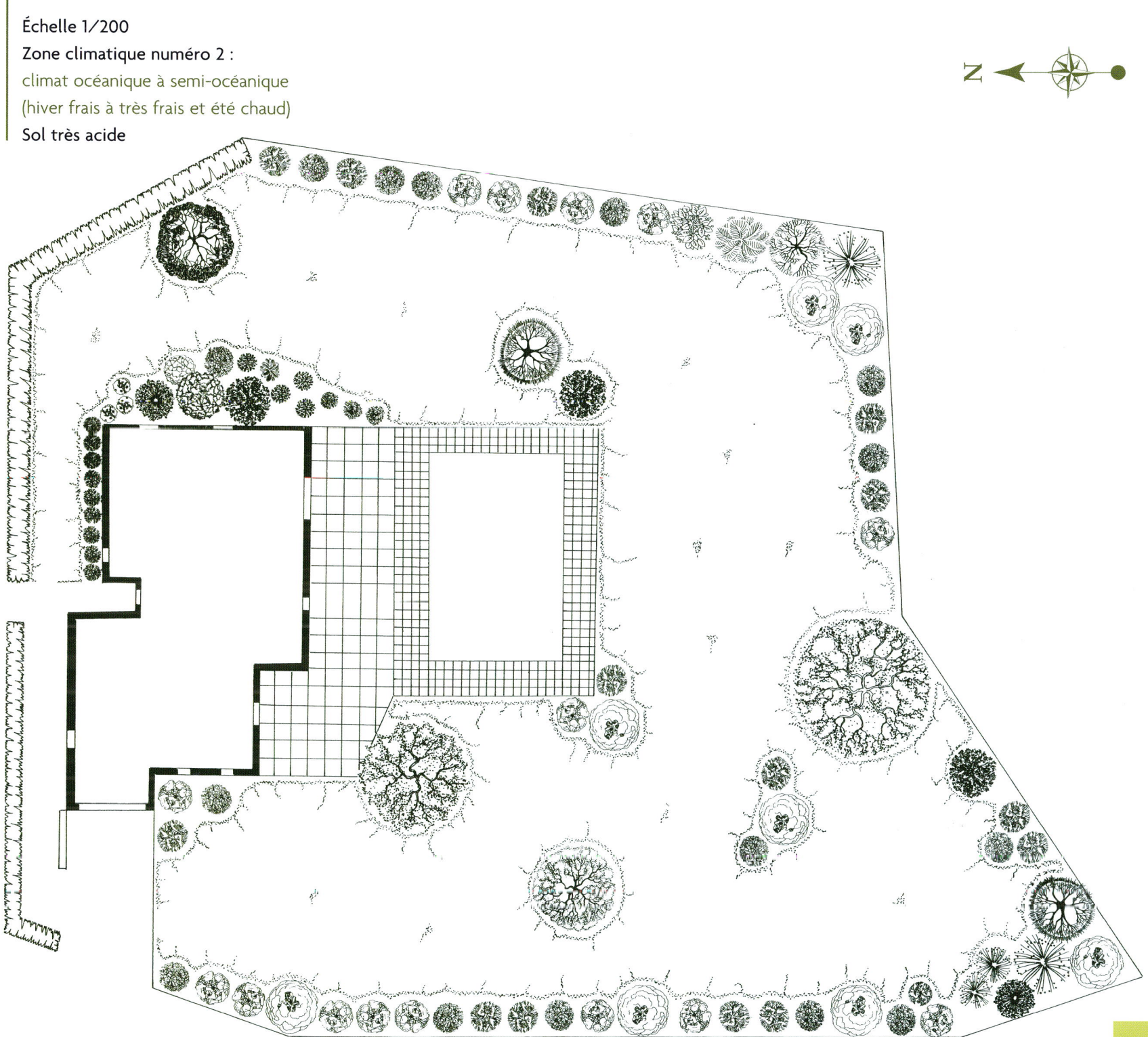

Les végétaux du Jardin numéro 11

A

A1 • 1 cyprès d'Italie
Cupressus sempervirens 'Stricta'
Conifère à feuillage persistant

A2 • 3 andromèdes
Pieris 'Forest Flame'
Arbuste à feuillage persistant
Floraison : printemps

A3 • 20 fusains du Japon
Euonymus japonicus
Arbuste à feuillage persistant

A4 • 3 aucubas du Japon
Aucuba japonica
Arbuste à feuillage persistant

A5 • 1 houx commun
Ilex aquifolium
Arbuste à feuillage persistant

A6 • 3 amandiers de Chine
Prunus triloba
Arbuste à feuillage caduc
Floraison : printemps

A7 • 2 seringats
Philadelphus coronarius
Arbuste à feuillage caduc
Floraison : printemps

A8 • 8 éléagnus
Elaeagnus x ebbingei
Arbuste à feuillage persistant
Floraison : automne

A9 • 1 viorne boule-de-neige
Viburnum opulus 'Roseum'
Arbuste à feuillage caduc
Floraison : printemps

A10 • 2 genêts
Cytisus x praecox 'Hollandia'
Arbuste à feuillage persistant
Floraison : printemps

A11 • 2 corètes du Japon
Kerria japonica
Arbuste à feuillage caduc
Floraison : printemps

A12 • 1 saule Marsault
Salix caprea
Arbuste à feuillage caduc

A13 • 3 cornouilliers blancs
Cornus alba
Arbuste à feuillage caduc

A14 • 3 forsythias
Forsythia x intermedia
Arbuste à feuillage caduc
Floraison : printemps

A15 • 3 photinias
Photinia x fraseri
Arbuste à feuillage persistant
Floraison : printemps

A16 • 3 cornouilliers blancs
Cornus alba
Arbuste à feuillage caduc

A17 • 1 viorne boule-de-neige
Viburnum opulus 'Roseum'
Arbuste à feuillage caduc
Floraison : printemps

B

B1 • 1 marronnier d'Inde
Aesculus indica
Arbre à feuillage caduc
Floraison : printemps

B2 • 3 abélies
Abelia x grandiflora
Arbuste à feuillage persistant
Floraison : été

B3 • 2 berbéris
Berberis x stenophylla
Arbuste à feuillage persistant
Floraison : printemps

B4 • 2 magnolias de Soulange
Magnolia x soulangeana
Arbuste à feuillage caduc
Floraison : printemps

B5 • 1 magnolia
Magnolia 'Susan'
Arbuste à feuillage caduc
Floraison : printemps

B6 • 2 magnolias étoilés
Magnolia stellata
Arbuste à feuillage caduc
Floraison : printemps

B7 • 4 orangers du Mexique
Choisya ternata
Arbuste à feuillage persistant
Floraison : printemps

B8 • 5 forsythias
Forsythia x intermedia
Arbuste à feuillage caduc
Floraison : printemps

B9 • 3 lauriers-tins
Viburnum tinus
Arbuste à feuillage persistant
Floraison : printemps

C

C1 • 1 pin parasol
Pinus pinea
Conifère à feuillage persistant

C2 • 1 if commun
Taxus baccata
Conifère à feuillage persistant

C3 • 1 pin nain de montagne
Pinus mugo
Conifère à feuillage persistant

C4 • 2 abélies
Abelia 'Confetti'
Arbuste à feuillage persistant
Floraison : été

C5 • 1 cyprès de Lawson
Chamaecyparis lawsoniana 'Ellwoodii'
Conifère à feuillage persistant

C6 • 1 cotonéaster
Cotoneaster lacteus
Arbuste à feuillage persistant
Floraison : printemps

D

D1 • 9 andromèdes du Japon
Pieris japonica 'Débutante'
Arbuste à feuillage persistant
Floraison : printemps

D2 • 3 bruyères communes
Calluna vulgaris 'Carolyn'
Arbuste à feuillage persistant
Floraison : été

D3 • 1 rhododendron
Rhododendron 'Brigitte'
Arbuste à feuillage persistant
Floraison : printemps

D4 • 2 rhododendrons
Rhododendron 'Black Magic'
Arbuste à feuillage persistant
Floraison : printemps

D5 • 2 azalées
Rhododendron 'Addy Wery'
Arbuste à feuillage persistant
Floraison : printemps

D6 • 2 azalées caduques
Rhododendron 'Gibraltar'
Arbuste à feuillage caduc
Floraison : printemps

D7 • 3 camélias
Camellia 'Général Leclerc'
Arbuste à feuillage persistant
Floraison : printemps

D8 • 2 bruyères
Erica x darleyensis 'Fursey'
Arbuste à feuillage persistant
Floraison : hiver

D9 • 1 bruyère
Erica x darleyensis 'Kramer's Rot'
Arbuste à feuillage persistant
Floraison : hiver

E

E1 • 1 magnolia étoilé
Magnolia stellata
Arbuste à feuillage caduc
Floraison : printemps

E2 • 2 abélies
Abelia x grandiflora 'Prostrata'
Arbuste à feuillage persistant
Floraison : été

F

F1 • 23 éléagnus
Elaeagnus x ebbingei
Arbuste à feuillage persistant
Floraison : automne

Plan de plantation du Jardin numéro 11

Superficie environ 1 150 m² • Échelle 1/200

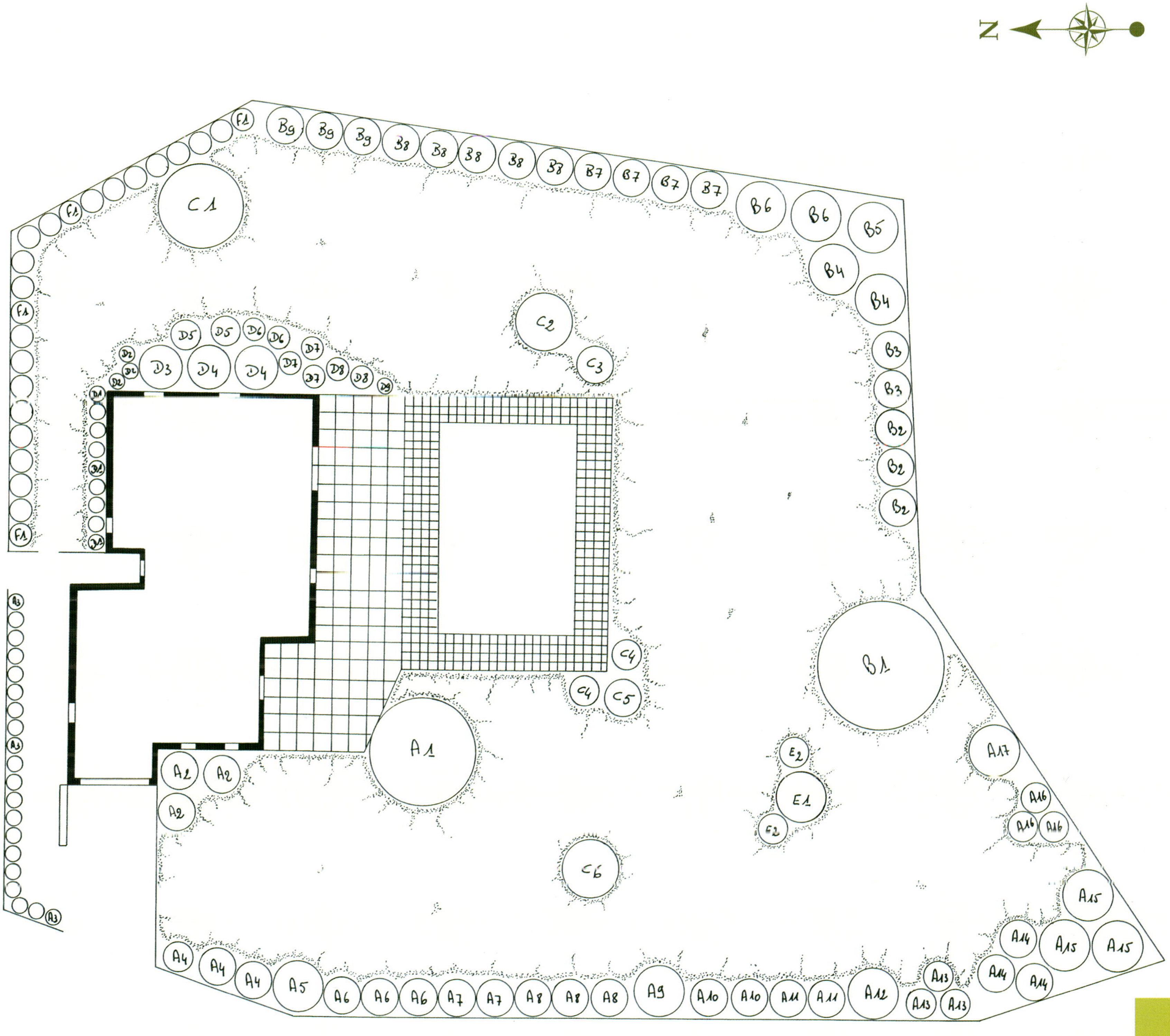

Jardin numéro 12

Superficie environ 1 500 m²

Descriptif d'un jardin cache-cache

Ce terrain de superficie moyenne donne l'illusion d'un jardin spacieux. Les nombreux bosquets d'arbustes sont en partie à l'origine de cette impression. Les végétaux sélectionnés dans le cadre de cet aménagement présentent une certaine diversité puisqu'on ne recense pas moins de trente-cinq espèces différentes équitablement réparties entre végétaux à feuillage persistant et à feuillage caduc. Deux magnifiques rosiers pleureurs roses accueillent le visiteur. Un peu plus loin, une haie de cotonéasters sépare le jardin d'un petit verger de pommiers et de poiriers. Les murets en pierre qui entourent certaines haies structurent bien l'espace et participent également au cachet de l'ensemble. Au printemps, c'est une véritable explosion de couleurs grâce aux nombreux massifs. Les lavandes et les nombreux chèvrefeuilles dispensent quant à eux leur parfum tout au long de l'été. Quelques arbres en isolés ponctuent la pelouse de leur présence : mûrier à feuilles de platane, copalmes d'Amérique... ■

Étapes de plantation

La réalisation de ce jardin s'effectue en deux étapes, d'octobre à mars.

1re phase
Le pourtour du terrain (zones A1 à A6 et D2 à D9) et les différents massifs (zones A8, A9, B2, B3 et C2 à C11) d'octobre à mars.

2e phase
Les arbres en isolés (zones B1, E1, D10, C8 et C12), les arbres fruitiers en espaliers (zones B4 et B5) et la délimitation du potager (zone C1) de préférence à l'automne.

Entretien

La pelouse nécessite deux à trois apports d'engrais par an (printemps, été, automne), un désherbage sélectif tous les six mois et une à deux tontes hebdomadaires au printemps. Les arbres fruitiers situés à l'arrière du terrain requièrent une taille régulière.

Évolution du jardin

Cet aménagement regroupe certains arbustes à croissance rapide et à entretien facile, c'est le cas notamment de l'arbre aux papillons qui atteint sa taille adulte en 2 à 3 ans. Les arbres fruitiers (pommiers et poiriers) donnent des fruits au bout de 3 à 4 ans (à partir d'un plant qui a déjà 3 ans).

Budget prévisionnel

L'investissement initial moyen pour réaliser ce jardin se situe entre 1 000 et 1 500 euros. Cette somme peut varier suivant la taille des végétaux choisis (notamment pour les arbres et les plantes de haies). L'entretien revient environ à 150 euros par an.

Plan d'aménagement du **Jardin** numéro 12

Échelle 1/225

Zone climatique numéro 3 :

climat océanique à semi-océanique

(hiver frais à très frais et été chaud)

Sol sain filtrant

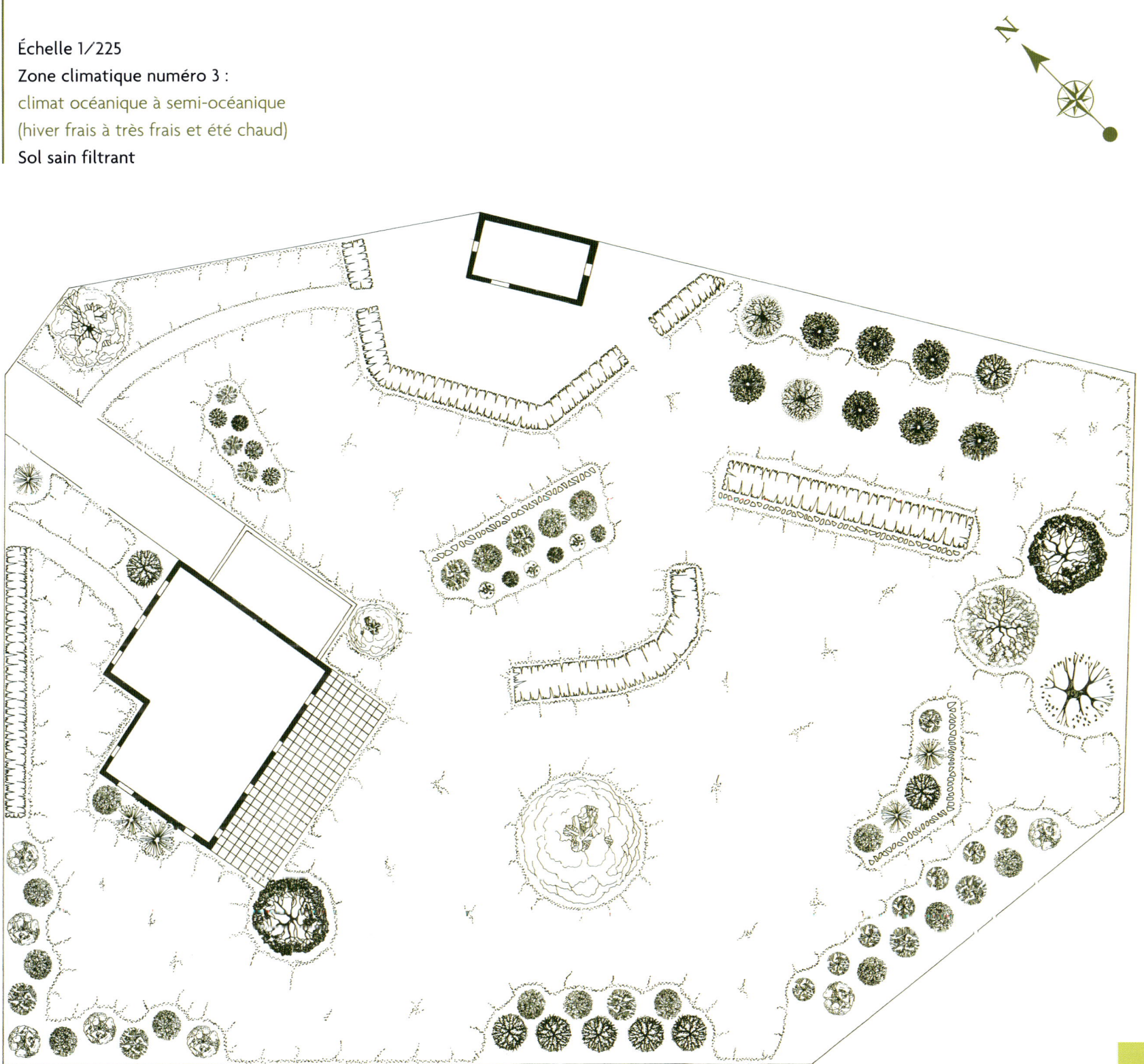

Les végétaux du Jardin numéro 12

A

A1 • 5 lauriers-tins
Viburnum tinus
Arbuste à feuillage persistant
Floraison : printemps

A2 • 4 abélies
Abelia 'Prostrata'
Arbuste à feuillage persistant
Floraison : été

A3 • 4 orangers du Mexique
Choisya ternata
Arbuste à feuillage persistant
Floraison : printemps

A4 • 4 escallonias
Escallonia 'Peach Blossom'
Arbuste à feuillage persistant
Floraison : été

A5 • 4 spirées
Spiraea japonica 'Anthony Waterer'
Arbuste à feuillage caduc
Floraison : été

A6 • 3 potentilles
Potentilla fruticosa 'Goldstar'
Arbuste à feuillage caduc
Floraison : printemps

A7 • 1 arbre aux papillons
Buddleja davidii 'Black Knight'
Arbuste à feuillage caduc
Floraison : été

A8 • 2 amandiers de Chine
Prunus triloba
Arbuste à feuillage caduc
Floraison : printemps

A9 • 2 céanothes
Ceanothus arboreus
Arbuste à feuillage persistant
Floraison : été

B

B1 • 3 copalmes d'Amérique
Liquidambar styraciflua
Arbre à feuillage caduc

B2 • 3 cotonéasters
Cotoneaster lacteus
Arbuste à feuillage persistant
Floraison : printemps

B3 • 4 cotonéasters
Cotoneaster franchetti
Arbuste à feuillage persistant
Floraison : printemps

B4 • 5 pommiers
Malus x domestica 'Reine des reinettes'
Arbre à feuillage caduc
Floraison : printemps

B5 • 5 poiriers
Pyrus communis 'Conférence'
Arbre à feuillage caduc
Floraison : printemps

C

C1 • 20 chèvrefeuilles
Lonicera nitida
Arbuste à feuillage persistant

C2 • 1 laurier du Portugal
Prunus lusitanica
Arbuste à feuillage persistant
Floraison : printemps

C3 • 3 abélies
Abelia x grandiflora
Arbuste à feuillage persistant
Floraison : été

C4 • 4 lauriers-tins
Viburnum tinus
Arbuste à feuillage persistant
Floraison : printemps

C5 • 2 éléagnus
Elaeagnus x ebbingei
Arbuste à feuillage persistant
Floraison : automne

C6 • 3 millepertuis
Hypericum patulum 'Hidcote'
Arbuste à feuillage persistant
Floraison : été

C7 • 6 lavandes
Lavandula angustifolia 'Grosso'
Arbuste à feuillage persistant
Floraison : été

C8 • 1 althéa
Hibiscus syriacus 'Oiseau Bleu'
Arbuste à feuillage caduc
Floraison : été

C9 • 3 deutzias
Deutzia gracilis
Arbuste à feuillage caduc
Floraison : printemps

C10 • 2 groseilliers
Ribes sanguineum
Arbuste à feuillage caduc
Floraison : printemps

C11 • 2 corêtes du Japon
Kerria japonica
Arbuste à feuillage caduc
Floraison : printemps

C12 • 1 arbre aux 40 écus
Gingko biloba
Conifère à feuillage caduc

D

D1 • 2 rosiers pleureurs
Rosa 'Astrée'
Arbuste à feuillage caduc
Floraison : été

D2 • 3 lauriers-tins
Viburnum tinus
Arbuste à feuillage persistant
Floraison : printemps

D3 • 3 orangers du Mexique
Choisya ternata
Arbuste à feuillage persistant
Floraison : printemps

D4 • 3 pivoines arbustives
Paeonia suffruticosa
Arbuste à feuillage caduc
Floraison : printemps

D5 • 2 mahonias
Mahonia aquifolium
Arbuste à feuillage persistant
Floraison : printemps

D6 • 3 viornes
Viburnum x bodnantense 'Dawn'
Arbuste à feuillage caduc
Floraison : hiver

D7 • 2 argousiers
Hippophae rhamnoides
Arbuste à feuillage caduc

D8 • 3 hamamélis
Hamamelis mollis
Arbuste à feuillage caduc
Floraison : hiver

D9 • 3 éléagnus
Elaeagnus x ebbingei 'Limelight'
Arbuste à feuillage persistant
Floraison : automne

D10 • 1 cyprès d'Italie
Cupressus sempervirens 'Stricta'
Conifère à feuillage persistant

D11 • 3 deutzias
Deutzia x rosea 'Carminea'
Arbuste à feuillage caduc
Floraison : printemps

E

E1 • 1 mûrier à feuille de platane
Morus alba
Arbre à feuillage caduc

Plan de plantation du Jardin numéro 12

Superficie environ 1 500 m² • Échelle 1/225

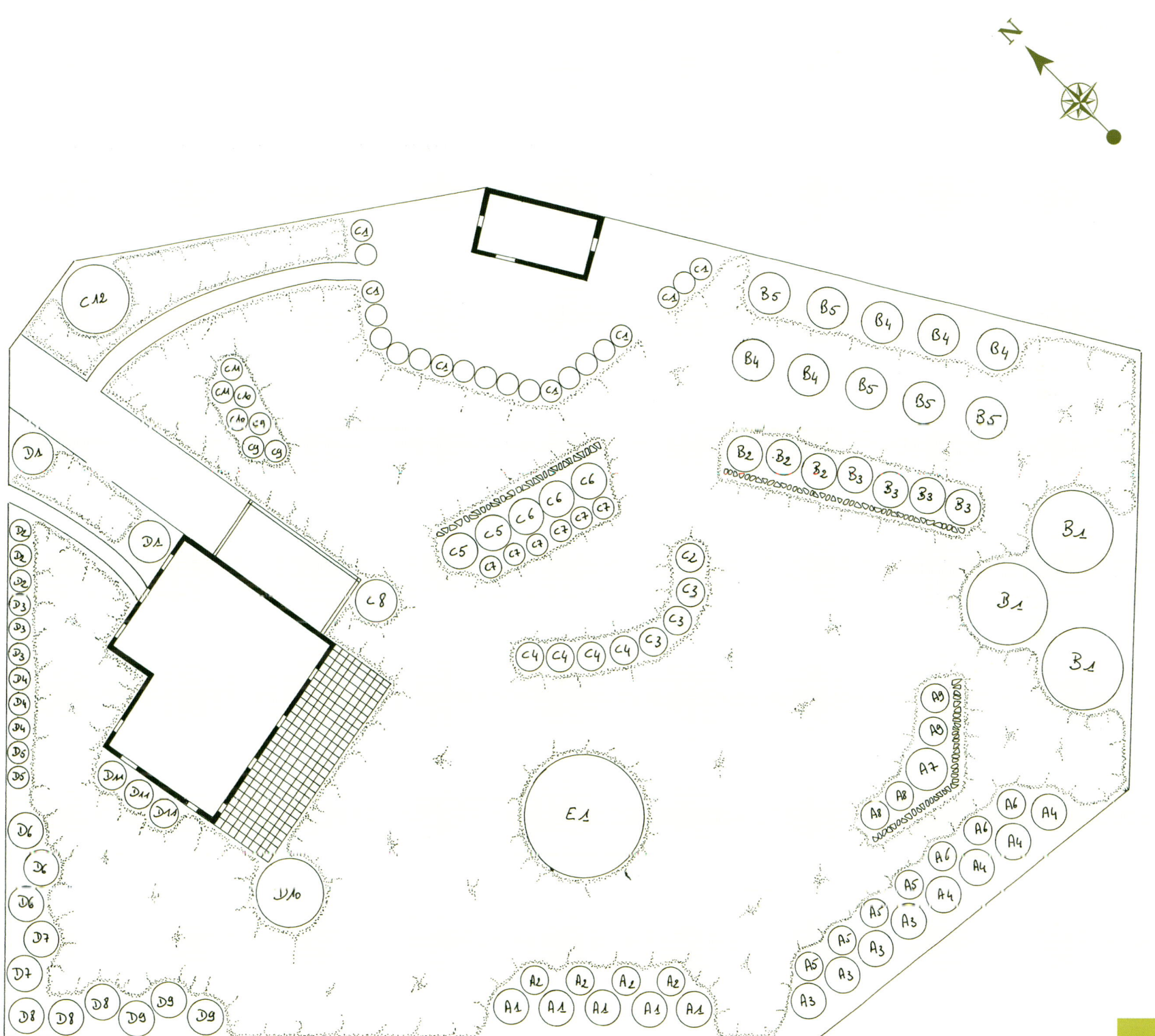

Jardin numéro 13

Superficie environ 1 600 m²

Descriptif d'un jardin avec verger

Le charme de ce jardin de campagne réside avant tout dans la diversité des arbustes. Outre les deux spirées qui encadrent la porte de la propriété, différents massifs mettent en valeur l'entrée de la maison. Signalons notamment une haie de rosiers buissons aux fleurs rouges. L'arrière est plutôt dédié aux arbres et en particulier aux fruitiers disposés en espaliers. Ce mode de culture permet d'obtenir des fruits de plus gros calibre et de faciliter la récolte. Les fruits secs ne sont pas oubliés puisqu'un pan entier du terrain est bordé de différentes espèces de noisetiers. Ces arbres présentent également l'avantage de former un bon brise-vent. À l'âge adulte, la plupart des arbres sélectionnés pour ce jardin participeront à la majesté de l'ensemble. L'aspect vallonné du terrain est souligné par un camaïeu de couleurs le printemps venu. Tout un dégradé de roses notamment se décline aux mois de mars et d'avril, du rose des pommiers en fleur au rose plus vif des pruniers. Le blanc n'est pas très loin avec les cotonéasters, les poiriers et les lauriers-tins. ∎

Étapes de plantation

La réalisation de ce jardin s'effectue en deux temps, d'octobre à mars.

1ʳᵉ phase
Le pourtour du terrain (zones B, C, E et F) et les arbres en isolés (zones A1, D, G1 et K) entre novembre et décembre.

2ᵉ phase
La réalisation des massifs (zones I, J, L et M) et l'implantation des arbres fruitiers derrière la maison (zone H) d'octobre à mars.

Entretien

Aucun renouvellement d'arbustes n'est à prévoir à court terme. La pelouse nécessite deux à trois apports d'engrais par an (printemps, été, automne), ainsi qu'un à deux désherbages. À la même fréquence, traitez et taillez les arbustes et les arbres fruitiers.

Évolution du jardin

L'évolution des végétaux de ce jardin est relativement homogène. Les arbres fruitiers ainsi que les conifères comme le pin nain de montagne atteignent leur maturité entre 7 et 8 ans.

Budget prévisionnel

L'investissement initial moyen pour réaliser ce jardin se situe entre 1200 et 1700 euros. Cette somme peut varier suivant la taille des végétaux choisis (notamment pour les arbres et les plantes de haies). L'entretien revient environ à 110 euros par an.

Plan d'aménagement du **Jardin** numéro 13

Échelle 1/225

Zone climatique numéro 3 :

climat océanique à semi-océanique

(hiver frais à très frais et été chaud)

Sol sain et très filtrant

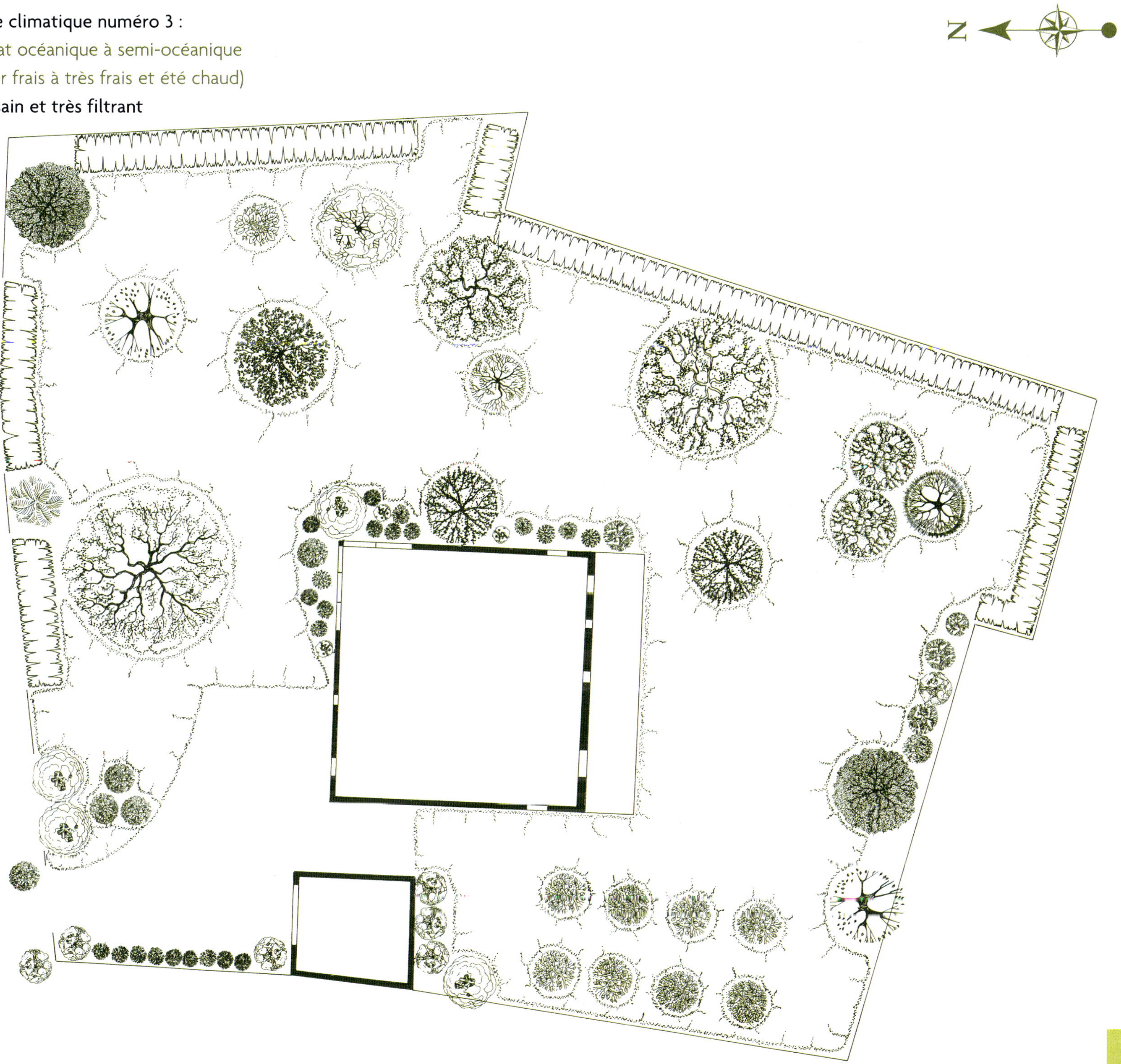

Les végétaux du Jardin numéro 13

A

A1 • 1 marronnier rouge
Aesculus x carnea 'Briotii'
Arbre à feuillage caduc
Floraison : printemps

B

B1 • 2 viornes
Viburnum rhytidophyllum
Arbuste à feuillage persistant
Floraison : printemps

B2 • 2 lauriers-tins
Viburnum tinus
Arbuste à feuillage persistant
Floraison : printemps

B3 • 1 érable champêtre
Acer campestre
Arbre à feuillage caduc

B4 • 2 cerisiers à fleurs
Prunus cerasifera 'Pissardii'
Arbuste à feuillage caduc
Floraison : printemps

B5 • 3 genêts d'Espagne
Spartium junceum
Arbuste à feuillage persistant
Floraison : été

C

C1 • 1 cytise
Laburnum anagyroides 'Vossii'
Arbre à feuillage caduc
Floraison : printemps

C2 • 3 noisetiers
Corylus maxima 'Fertile de Coutard'
Arbuste à feuillage caduc

C3 • 3 noisetiers
Corylus maxima 'Merveille de Bollwiller'
Arbuste à feuillage caduc

C4 • 3 noisetiers
Corylus maxima 'Longue d'Espagne'
Arbuste à feuillage caduc

D

D1 • 1 cerisier à fleurs
Prunus cerasifera 'Pissardii'
Arbre à feuillage caduc
Floraison : printemps

D2 • 1 pommier
Malus x domestica 'Reine des reinettes'
Arbre à feuillage caduc
Floraison : printemps

D3 • 2 cotonéasters
Cotoneaster lacteus
Arbuste à feuillage persistant
Floraison : printemps

D4 • 1 pommier
Malus x domestica 'Reinette grise du Canada'
Arbre à feuillage caduc
Floraison : printemps

D5 • 1 prunier
Prunus domestica 'Reine-Claude dorée'
Arbre à feuillage caduc
Floraison : printemps

D6 • 1 pommier
Malus x domestica 'Golden'
Arbre à feuillage caduc
Floraison : printemps

D7 • 3 bouleaux blancs d'Europe
Betula pendula
Arbre à feuillage caduc

D8 • 1 mûrier à feuille de platane
Morus alba
Arbre à feuillage caduc
Floraison : printemps

E

E1 • 3 noisetiers de Lombardie
Corylus maxima 'Purpurea'
Arbuste à feuillage caduc

E2 • 15 noisetiers
Corylus avellana
Arbuste à feuillage caduc

F

F1 • 3 groseilliers à fleurs
Ribes sanguineum
Arbuste à feuillage caduc
Floraison : printemps

F2 • 3 lauriers-tins
Viburnum tinus
Arbuste à feuillage persistant
Floraison : printemps

F3 • 3 troènes du Japon
Ligustrum japonicum
Arbuste à feuillage persistant
Floraison : été

F4 • 3 cotonéasters
Cotoneaster franchetti
Arbuste à feuillage persistant
Floraison : printemps

G

G1 • 2 sorbiers des oiseaux
Sorbus aucuparia
Arbre à feuillage caduc
Floraison : été

H

H1 • 4 poiriers
Pyrus communis 'William's'
Arbre à feuillage caduc
Floraison : printemps

H2 • 4 poiriers
Pyrus communis 'Beurré Hardy'
Arbre à feuillage caduc
Floraison : printemps

I

I1 • 1 buis commun
Buxus sempervirens
Arbuste à feuillage persistant

I2 • 3 cotonéasters
Cotoneaster lacteus
Arbuste à feuillage persistant
Floraison : printemps

J

J1 • 1 hortensia
Hydrangea macrophylla
Arbuste à feuillage caduc
Floraison : été

J2 • 9 rosiers buissons
Rosa 'Lilli Marleen'
Arbuste à feuillage caduc
Floraison : été

J3 • 1 noisetier
Corylus avellana 'Purpurea'
Arbuste à feuillage caduc

K

K1 • 2 spirées
Spiraea x vanhouttei
Arbuste à feuillage caduc
Floraison : printemps

L

L1 • 2 berbéris
Berberis x stenophylla
Arbuste à feuillage persistant
Floraison : printemps

L2 • 3 cornouillers blancs
Cornus alba 'Elegantissima'
Arbuste à feuillage caduc

M

M1 • 4 pins nains de montagne
Pinus mugo
Conifère à feuillage persistant

M2 • 1 cyprès de Lawson
Chamaecyparis lawsoniana 'Ellwoodii Pilard'
Conifère à feuillage persistant

M3 • 2 thuyas du Canada
Thuja occidentalis 'Rheingold'
Conifère à feuillage persistant

M4 • 1 cyprès de Lawson
Chamaecyparis lawsoniana 'Ellwoodii'
Conifère à feuillage persistant

M5 • 6 potentilles
Potentilla fruticosa 'Goldfinger'
Arbuste à feuillage caduc
Floraison : printemps

M6 • 1 cognassier du Japon
Chaenomeles speciosa 'Rubra'
Arbuste à feuillage caduc
Floraison : printemps

M7 • 3 lavandes
Lavandula angustifolia 'Grosso'
Arbuste à feuillage caduc
Floraison : été

M8 • 3 lavandes
Lavandula x intermedia 'Dutch'
Arbuste à feuillage caduc
Floraison : été

Plan de plantation du Jardin numéro 13

Superficie environ 1 600 m² • Échelle 1/225

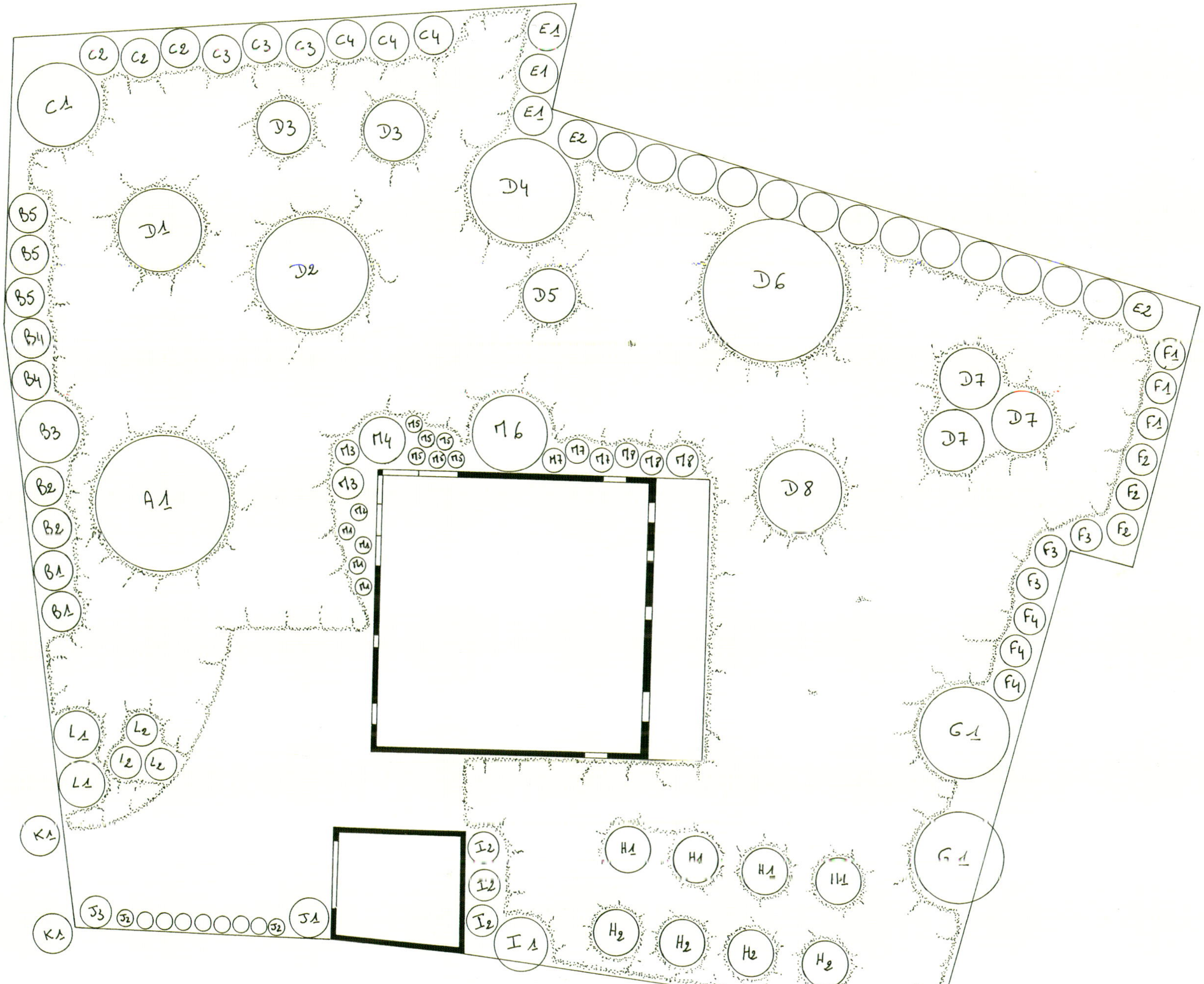

Jardin numéro 14

Superficie environ 1 700 m²

Descriptif d'un jardin géométrique

Ce plan d'aménagement permet de développer deux espaces bien distincts, l'un consacré à la détente : la terrasse et la pelouse, l'autre à la culture de légumes : le potager. L'arrière de la maison s'ouvre ainsi sur une terrasse qui embrasse l'ensemble du jardin et offre une vue agréable sur différents massifs. Au fond du jardin, entouré d'une haie basse de chèvrefeuilles, le potager offre la possibilité de cultiver quelques légumes (voir création d'un potager p. 138). Ce jardin reste sobre et se veut avant tout pratique et fonctionnel. Il prend toutefois quelques couleurs au printemps où la palette des teintes est intéressante. Rose, blanc et jaune sont alors au programme. La faveur est ici donnée aux végétaux à feuillage caduc (dix-huit pour seulement trois espèces à feuillage persistant). Attention au ramassage des feuilles en automne ! En contrepartie, certaines zones nécessitent peu d'entretien, c'est le cas de la haie de cyprès de Leyland plantée en façade. Elle atteint une hauteur de 1,50 à 2 mètres au bout de 5 à 6 ans sans nécessiter aucune taille. ■

Étapes de plantation

La réalisation de ce jardin s'effectue en deux étapes, d'octobre à avril.

1ʳᵉ phase
Les haies (zone A1) et les massifs (zones A2 à A8) en novembre.

2ᵉ phase
Les arbres et arbustes en isolés et les massifs derrière le garage (zone C) et autour du potager (zone D1) d'octobre à avril.

Entretien

L'entretien de ce jardin concerne essentiellement le potager et la pelouse. Cette dernière nécessite un apport d'engrais deux à trois fois par an et un désherbage annuel voire semestriel. Les arbustes doivent faire l'objet une à deux fois par an d'un traitement leur permettant de combattre les insectes et les maladies. Les allées requièrent quant à elles un désherbage régulier deux à trois fois par an. Utilisez de préférence des produits biologiques pour le traitement du potager.

Budget prévisionnel

L'investissement initial moyen pour réaliser ce jardin se situe entre 500 et 800 euros. Cette somme peut varier suivant la taille des végétaux choisis (notamment pour les arbres et les plantes de haies). L'entretien revient environ à 170 euros par an.

Évolution du jardin

Ce jardin compte de nombreux chèvrefeuilles. Cet arbuste fréquemment utilisé pour former des haies atteint son âge adulte en 3 à 4 ans. Le bouleau, arbre d'ornement souvent planté en cépée, nécessite quant à lui 5 à 6 ans avant de connaître son plein épanouissement.

Plan d'aménagement du **Jardin** numéro 14

Échelle 1/250

Zone climatique numéro 8 :

climat montagnard

(hiver très froid et été frais à chaud)

Sol compact carbonate et frais

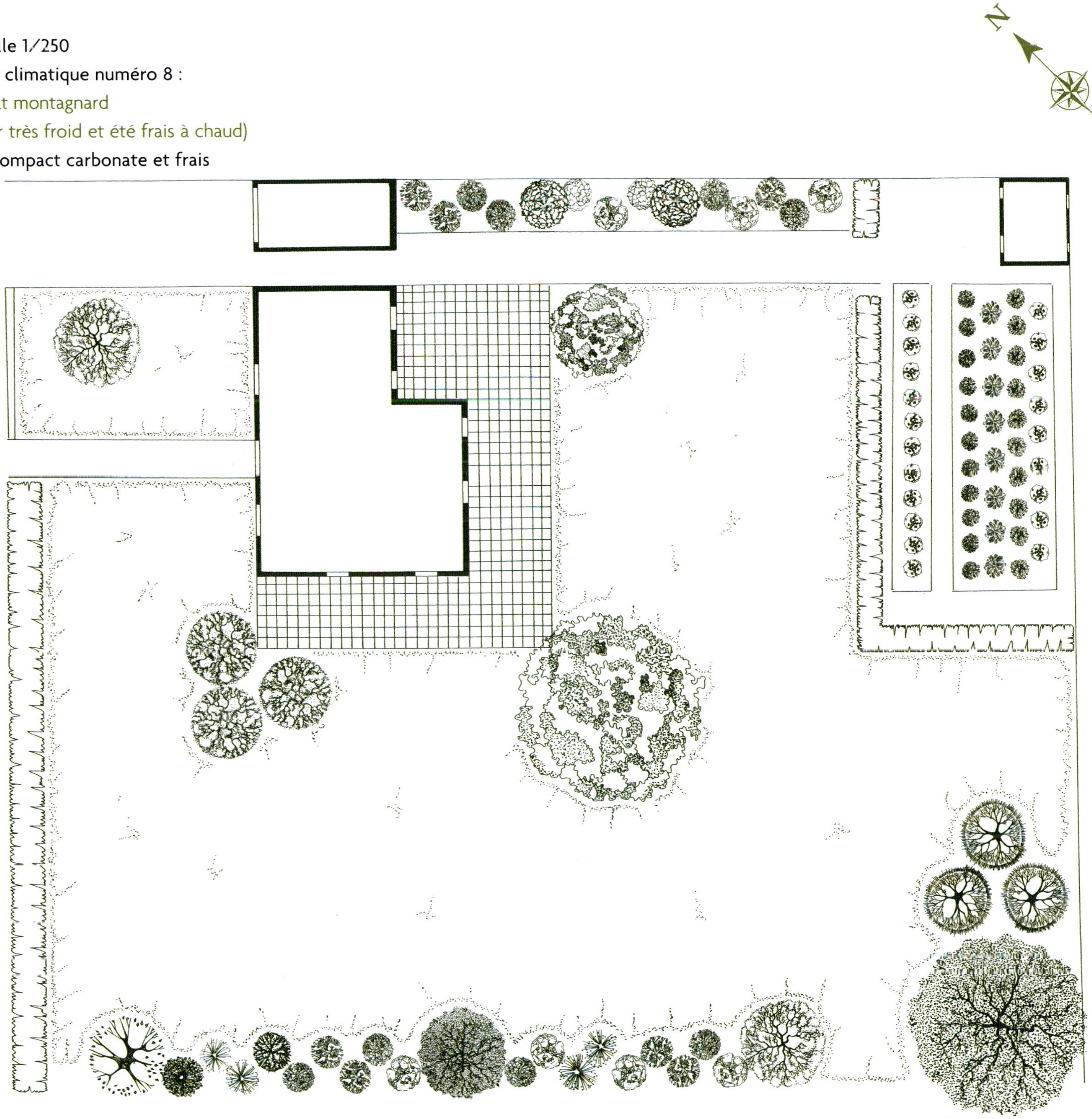

Les végétaux du Jardin numéro 14

Lilas commun, *Syringa vulgaris*

A

A1 • 18 cyprès de Leyland
x Cupressocyparis leylandii
Conifère à feuillage persistant

A2 • 3 bouleaux blancs d'Europe
Betula pendula
Arbre à feuillage caduc

A3 • 3 cerisiers à fleurs
Prunus cerasifera 'Nigra'
Arbuste à feuillage caduc
Floraison : printemps

A4 • 3 lilas communs
Syringa vulgaris 'Josée'
Arbuste à feuillage caduc
Floraison : printemps

A5 • 3 deutzias
Deutzia scabra 'Candidissima'
Arbuste à feuillage caduc
Floraison : printemps

A6 • 3 groseilliers à fleurs
Ribes sanguineum
Arbuste à feuillage caduc
Floraison : printemps

A7 • 3 corêtes du Japon
Kerria japonica
Arbuste à feuillage caduc
Floraison : printemps

A8 • 3 berbéris pourpres
Berberis thunbergii 'Atropurpurea'
Arbuste à feuillage caduc
Floraison : printemps

A9 • 1 aulne glutineux
Alnus glutinosa
Arbre à feuillage caduc

A10 • 3 bouleaux blancs d'Europe
Betula pendula
Arbre à feuillage caduc

B

B1 • 1 robinier faux acacia
Robinia pseudoacacia 'Frisia'
Arbre à feuillage caduc

B2 • 3 cerisiers à fleurs
Prunus cerasifera 'Nigra'
Arbuste à feuillage caduc
Floraison : printemps

B3 • 1 cerisier à fleurs
Prunus serrulata 'Amanogawa'
Arbuste à feuillage caduc
Floraison : printemps

B4 • 1 mahonia
Mahonia x media 'Winter Sun'
Arbuste à feuillage persistant
Floraison : automne

C

C1 • 4 forsythias
Forsythia x intermedia
Arbuste à feuillage caduc
Floraison : printemps

C2 • 2 saules Marsault
Salix caprea
Arbuste à feuillage caduc

C3 • 2 cornouillers sanguins
Cornus sanguinea
Arbuste à feuillage caduc

C4 • 2 noisetiers
Corylus avellana
Arbuste à feuillage caduc

C5 • 2 cornouillers blancs
Cornus alba
Arbuste à feuillage caduc

C6 • 2 deutzias
Deutzia scabra
Arbuste à feuillage caduc
Floraison : printemps

D

D1 • 24 chèvrefeuilles en haie
Lonicera nitida
Arbuste à feuillage persistant

Plan de plantation du **Jardin** numéro 14

Superficie environ 1 700 m² • Échelle 1/250

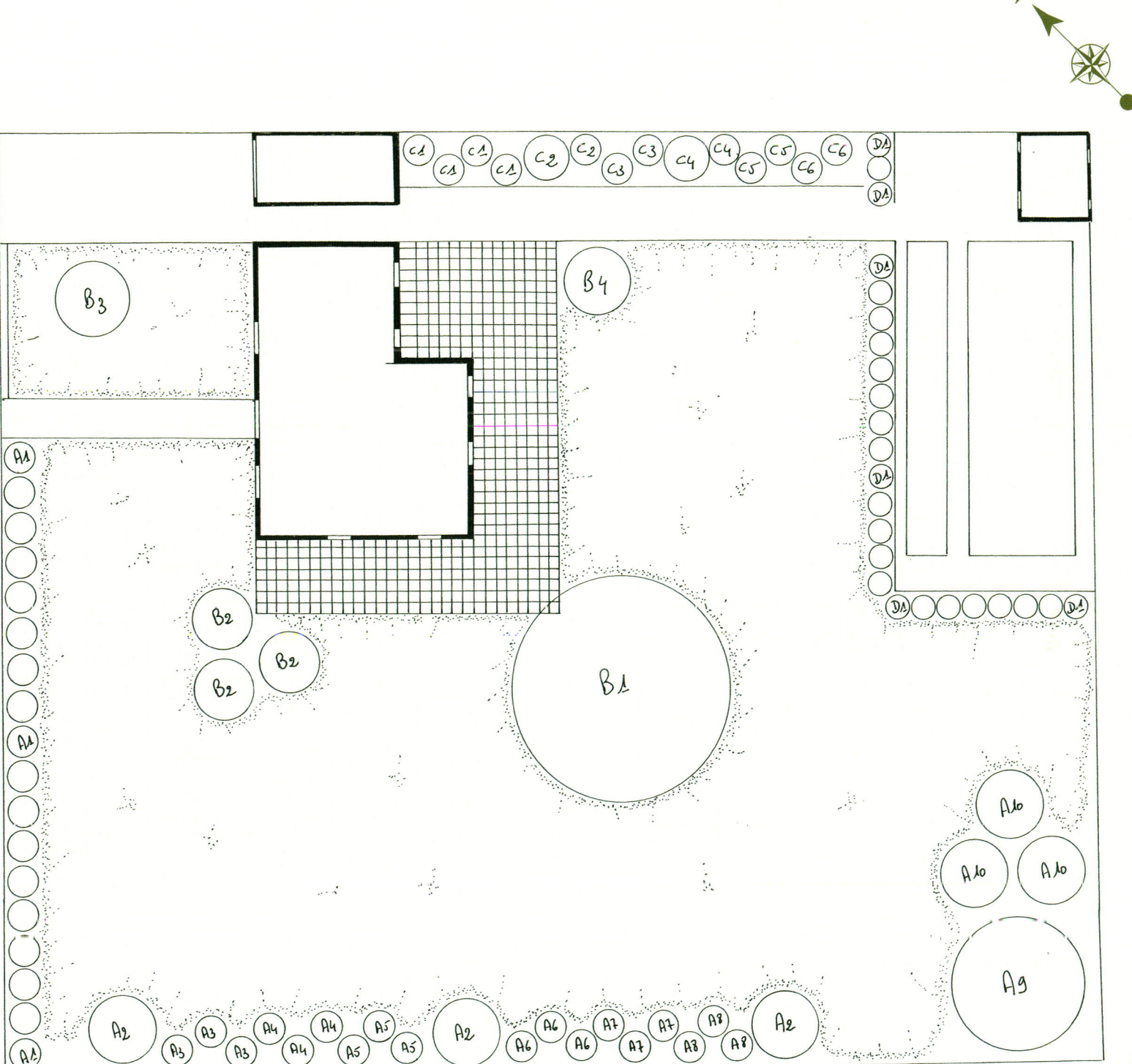

Jardin numéro 15

Superficie environ 1 800 m²

Descriptif d'un *jardin tout en longueur*

À l'exception d'un arbre à soie planté en isolé, les végétaux sélectionnés dans le cadre de cet aménagement permettent de souligner le pourtour du terrain. Tout en longueur, ce jardin semble plus spacieux qu'il ne l'est en réalité. En bordant de pierres tout un côté du jardin, on donne un caractère rustique à l'ensemble et surtout on évite la monotonie d'un périmètre trop régulier. La floraison de ce jardin s'échelonne sur deux saisons. Une première partie des plantations fleurit au printemps, c'est le cas notamment des lauriers-tins et des orangers du Mexique. L'autre partie s'épanouit en été, tels les nombreuses abélies et les troènes du Japon. Ces derniers permettent de créer de hautes haies. Ces dernières se parent de fleurs blanches en été mais présentent l'inconvénient de dégager un parfum assez fort qui n'est pas apprécié de tous. Ce jardin compte également quelques conifères, végétaux à feuillage persistant et à feuillage caduc étant à peu près équitablement représentés. ■

Étapes de plantation

La réalisation de ce jardin s'effectue en deux temps, d'octobre à décembre.

1ʳᵉ phase
Le pourtour du terrain (zones D et A) en novembre.

2ᵉ phase
Les arbres en isolés (zones D5, A12, A6 et E1) d'octobre à décembre.

Entretien

La tonte de la pelouse et la taille des nombreux arbustes constituent l'essentiel des soins à apporter à ce jardin. Un entretien complet comprenant deux apports d'engrais et deux désherbages annuels de la pelouse est nécessaire. Les arbustes ne doivent pas être oubliés, ils requièrent un traitement insecticide tous les six mois. Enfin, un désherbage des différents massifs est à prévoir deux voire trois fois par an.

Évolution du jardin

Les évolutions des végétaux sont ici bien différentes. Ce jardin compte d'une part des arbustes à croissance rapide (3 à 4 ans) comme l'abélie ou l'oranger du Mexique et des arbres à croissance plus lente, c'est le cas de l'arbre à soie et du mûrier à feuilles de platane. Ils atteignent leur taille adulte au bout de 7 à 8 ans.

Budget prévisionnel

L'investissement initial moyen pour réaliser ce jardin se situe entre 500 et 800 euros. Cette somme peut varier suivant la taille des végétaux choisis (notamment pour les arbres et les plantes de haies). L'entretien coûte environ 110 euros par an.

Plan d'aménagement du **Jardin** numéro 15

Échelle 1/350

Zone climatique numéro 7 :
climat méditerranéen
(hiver doux et été très chaud)

Sol carbonate et sec

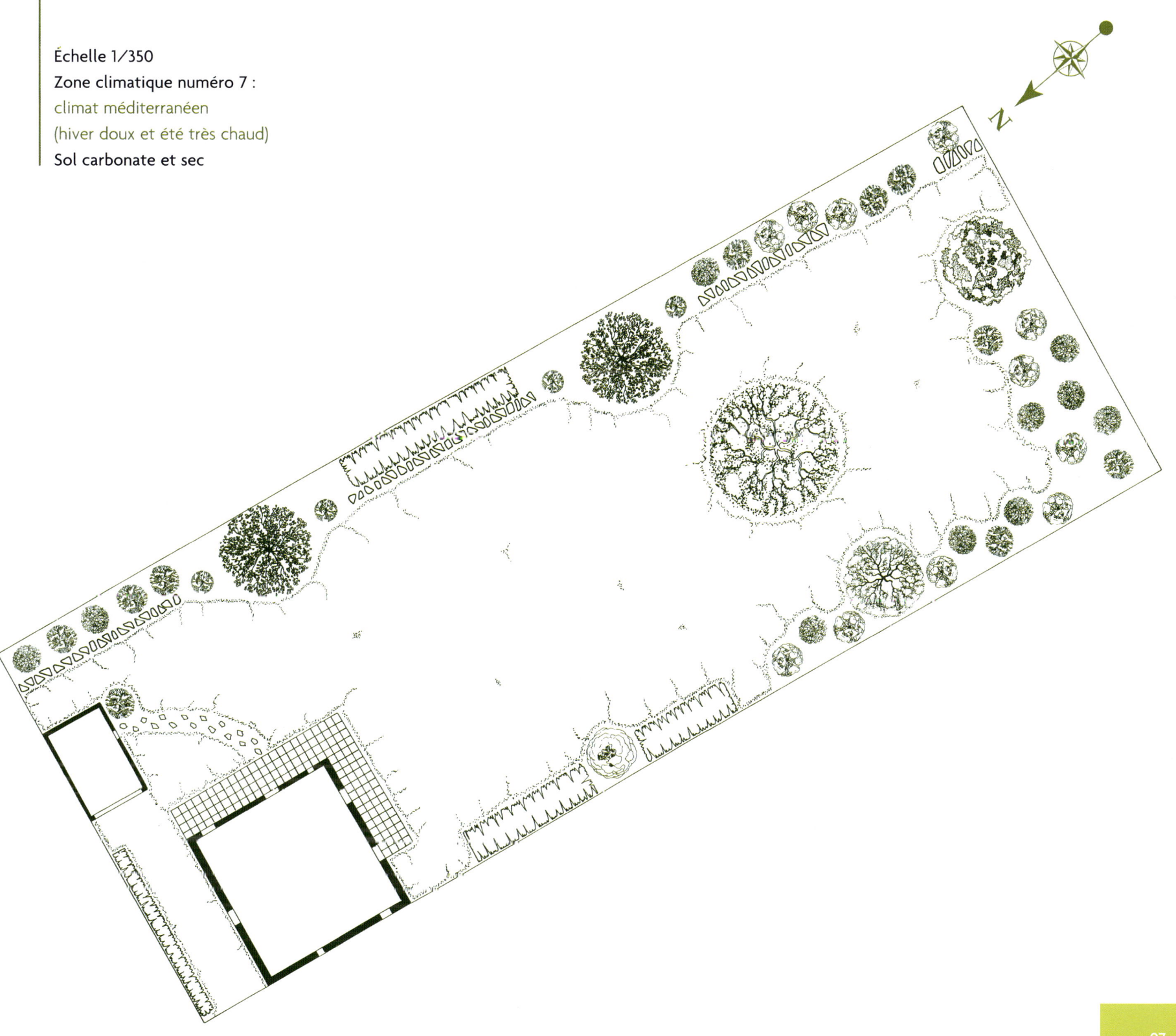

Les végétaux du Jardin numéro 15

Cyprès de Lawson,
Chamaecyparis lawsoniana

A

A1 • 2 lauriers-tins
Viburnum tinus
Arbuste à feuillage persistant
Floraison : printemps

A2 • 2 abélies
Abelia x grandiflora
Arbuste à feuillage persistant
Floraison : été

A3 • 1 amélanchier du Canada
Amelanchier canadensis
Arbuste à feuillage caduc
Floraison : printemps

A4 • 3 genêts d'Espagne
Spartium junceum
Arbuste à feuillage persistant
Floraison : été

A5 • 3 abélies
Abelia x grandiflora
Arbuste à feuillage persistant
Floraison : été

A6 • 1 copalme d'Amérique
Liquidambar styraciflua
Arbre à feuillage caduc

A7 • 3 orangers du Mexique
Choisya ternata
Arbuste à feuillage persistant
Floraison : printemps

A8 • 2 forsythias
Forsythia x intermedia
Arbuste à feuillage caduc
Floraison : printemps

A9 • 3 lauriers-tins
Viburnum tinus
Arbuste à feuillage persistant
Floraison : printemps

A10 • 4 cornouilliers blancs
Cornus alba 'Elegantissima'
Arbuste à feuillage caduc

A11 • 2 arbres aux papillons
Buddleja davidii 'Empire Blue'
Arbuste à feuillage caduc
Floraison : été

A12 • 1 arbre aux 40 écus
Gingko biloba
Conifère à feuillage caduc

B

B1 • 1 oranger du Mexique
Choisya ternata
Arbuste à feuillage persistant
Floraison : printemps

B2 • 3 abélies
Abelia x grandiflora
Arbuste à feuillage persistant
Floraison : été

B3 • 2 lauriers du Portugal
Prunus lusitanica
Arbuste à feuillage persistant
Floraison : printemps

B4 • 2 forsythias
Forsythia x intermedia
Arbuste à feuillage caduc
Floraison : printemps

B5 • 2 mûriers à feuille de platane
Morus alba
Arbre à feuillage caduc

B6 • 10 abélies
Abelia x grandiflora
Arbuste à feuillage persistant
Floraison : été

B7 • 2 orangers du Mexique
Choisya ternata
Arbuste à feuillage persistant
Floraison : printemps

B8 • 3 lauriers-tins
Viburnum tinus
Arbuste à feuillage persistant
Floraison : printemps

B9 • 2 éléagnus
Elaeagnus x ebbingei 'Limelight'
Arbuste à feuillage persistant
Floraison : automne

B10 • 3 éléagnus
Elaeagnus x ebbingei
Arbuste à feuillage persistant
Floraison : printemps

B11 • 1 cyprès de Lawson
Chamaecyparis lawsoniana 'Ellwoodii'
Conifère à feuillage persistant

B12 • 11 troènes du Japon
Ligustrum japonicum 'Texanum'
Arbuste à feuillage persistant
Floraison : été

C

C1 • 1 arbre à soie
Albizzia julibrissin
Arbre à feuillage caduc
Floraison : été

Plan de plantation du Jardin numéro 15

Superficie environ 1 800 m² • Échelle 1/350

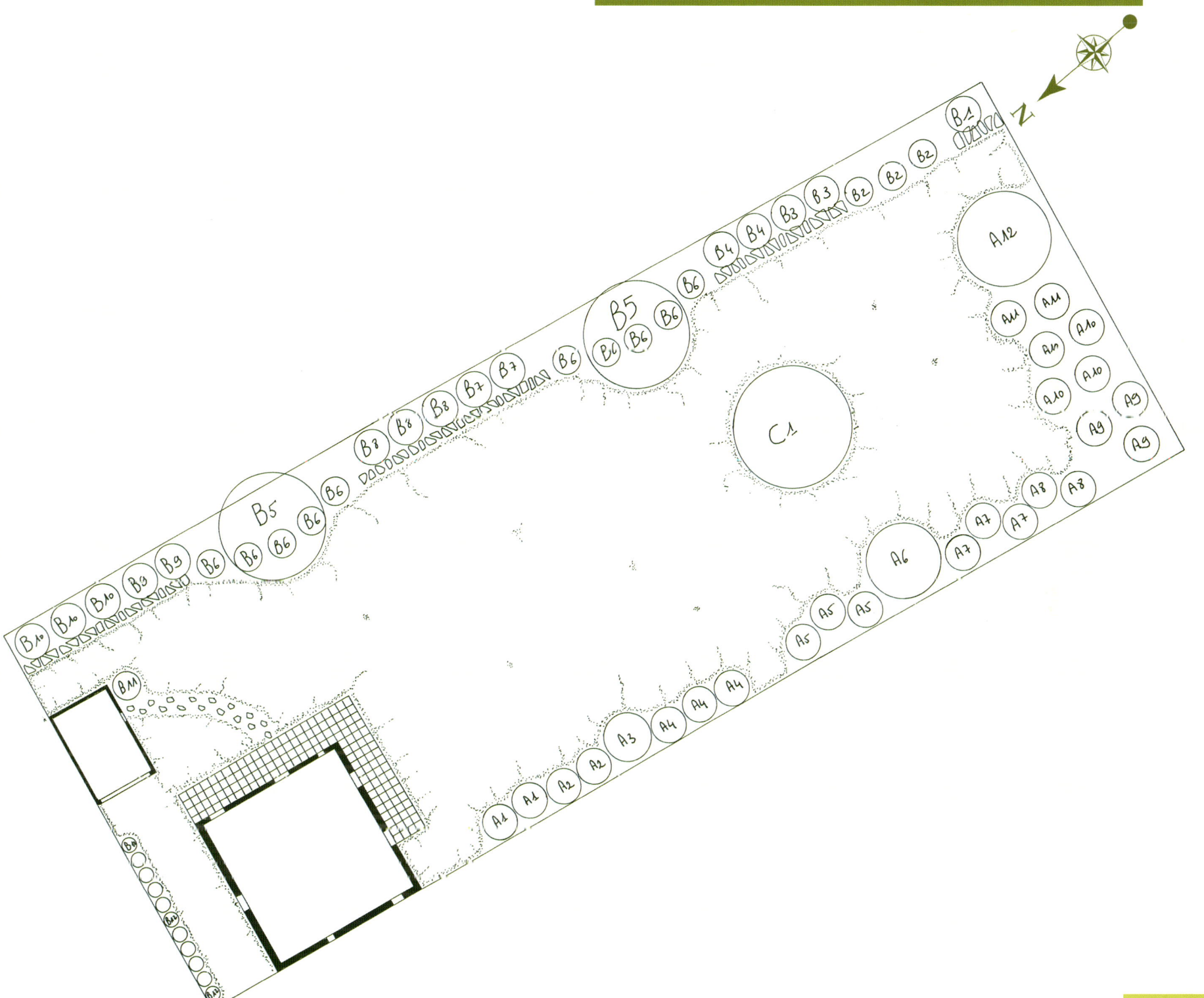

Jardin numéro 16

Superficie environ 1 800 m²

Descriptif d'un jardin champêtre

Une jolie terrasse accueille le visiteur en façade de cette propriété. À l'arrière, l'agencement des massifs d'arbustes crée une ambiance toute différente, plus champêtre. Un copalme d'Amérique domine cet espace. Sa résistance aux maladies et aux parasites font de lui un arbre relativement « facile à vivre ». La haie fleurie menant l'automobiliste de l'entrée de la propriété à la porte du garage constitue un autre point de mire de cet aménagement. L'arrière du garage est entouré quant à lui d'éléagnus, arbustes dont le feuillage vert et jaune éclaire les coins les plus sombres des jardins. La partie engazonnée du terrain est également un lieu de vie des plus plaisants. Tout en longueur, cette grande pelouse est entourée de massifs très structurés. La floraison des végétaux couvre presque l'année, elle s'amorce au printemps pour s'achever en automne dans un bouquet de parfums, offerts notamment par les fleurs des éléagnus. Blanc et rose sont alors de la fête. ■

Étapes de plantation

La réalisation de ce jardin s'effectue en deux étapes d'octobre à avril.

1ʳᵉ phase
Le pourtour du terrain (zones A et D) en novembre.

2ᵉ phase
Les arbres, conifères et arbustes en isolés (zones B10, D13 et D14) et les massifs autour de la maison (zone B) d'octobre à avril.

Entretien

Outre sa tonte régulière, la pelouse nécessite deux à trois apports d'engrais annuels ainsi qu'un à deux désherbages. Traitez les arbustes contre les maladies tous les six mois et désherbez au moins trois fois par an.

Évolution du jardin

Certains arbustes sélectionnés pour ce jardin atteignent leur taille adulte au bout de 3 à 5 ans, c'est le cas du pérovskia ou encore du photinia. Les conifères, comme le genévrier, ont généralement besoin d'un peu plus de temps, une dizaine d'années en moyenne.

Budget prévisionnel

L'investissement initial moyen pour réaliser ce jardin se situe entre 800 et 1 200 euros. Cette somme peut varier suivant la taille des végétaux choisis (notamment pour les arbres et les plantes de haies). L'entretien revient environ à 110 euros par an.

Plan d'aménagement du **Jardin** numéro **16**

Échelle 1/250

Zone climatique numéro 1 :
climat océanique
(hiver tempéré à doux et été frais)
Sol compact acide et frais

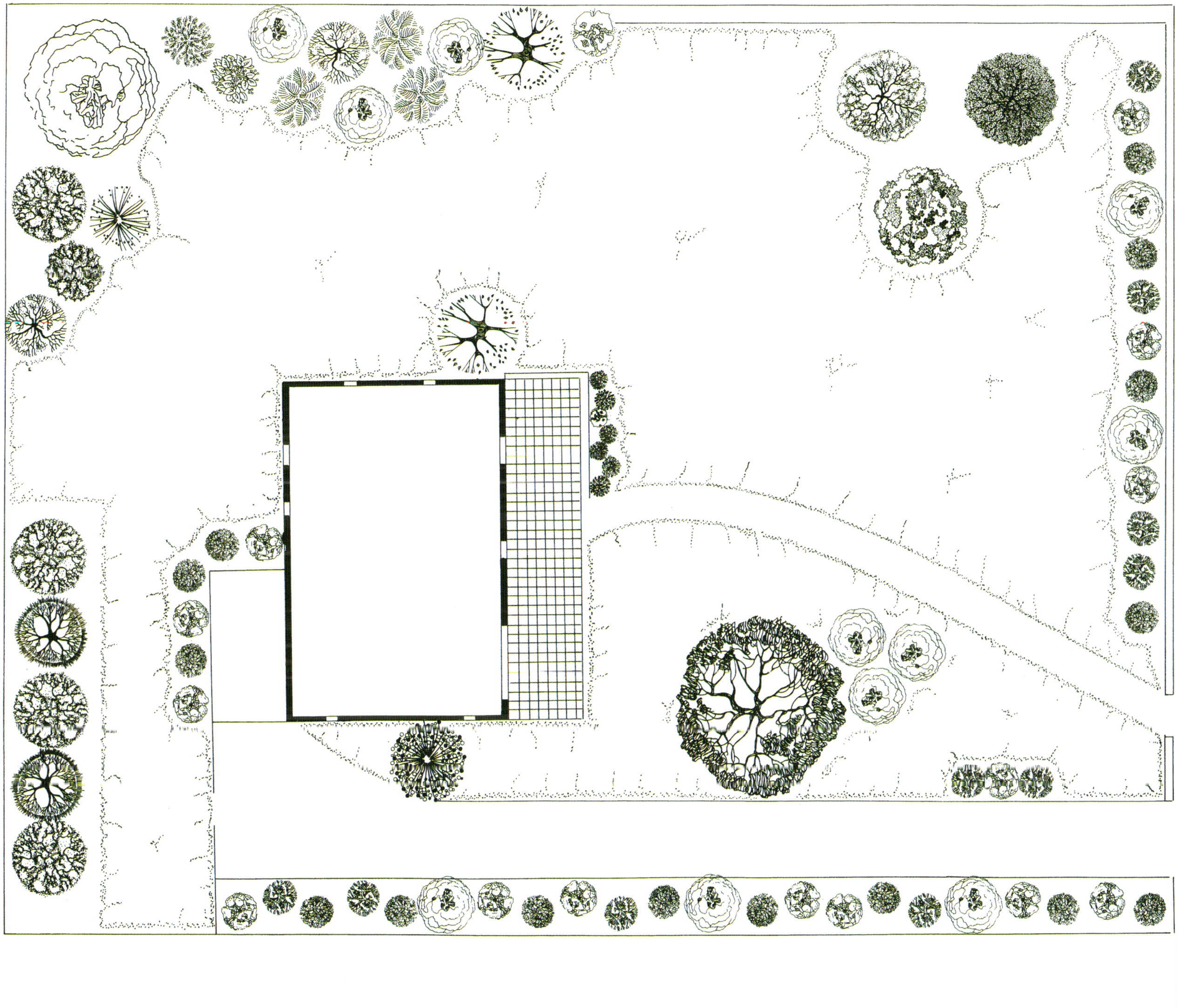

Les végétaux du Jardin numéro 16

A

A1 • 4 céanothes
Ceanothus 'Burkwoodii'
Arbuste à feuillage persistant
Floraison : été

A2 • 2 orangers du Mexique
Choisya ternata
Arbuste à feuillage persistant
Floraison : printemps

A3 • 2 arbres aux papillons
Buddleja davidii 'Charming'
Arbuste à feuillage caduc
Floraison : été

A4 • 2 lauriers-tins
Viburnum tinus
Arbuste à feuillage persistant
Floraison : printemps

A5 • 3 genêts hybrides
Cytisus scoparius 'La Coquette'
Arbuste à feuillage caduc
Floraison : printemps

B

B1 • 3 bouleaux blancs d'Europe
Betula pendula
Arbre à feuillage caduc

B2 • 1 corête du Japon
Kerria japonica
Arbuste à feuillage caduc
Floraison : printemps

B3 • 1 amélanchier du Canada
Amelanchier canadensis
Arbuste à feuillage caduc
Floraison : printemps

B4 • 3 orangers du Mexique
Choisya ternata
Arbuste à feuillage persistant
Floraison : printemps

B5 • 3 ifs communs
Taxus baccata
Conifère à feuillage persistant

B6 • 3 cotonéasters
Cotoneaster lacteus
Arbuste à feuillage persistant
Floraison : printemps

B7 • 1 copalme d'Amérique
Liquidambar styraciflua
Arbre à feuillage caduc

B8 • 1 éléagnus
Elaeagnus x *ebbingei* 'Limelight'
Arbuste à feuillage persistant
Floraison : automne

B9 • 3 lauriers-palmes
Prunus laurocerasus 'Otto Luyken'
Arbuste à feuillage persistant
Floraison : printemps

B10 • 1 genévrier
Juniperus scopulorum 'Skyrocket'
Conifère à feuillage persistant

B11 • 7 rosiers paysagers
Rosa 'Emera'
Arbuste à feuillage caduc
Floraison : été

B12 • 6 éléagnus
Elaeagnus x *ebbingei*
Arbuste à feuillage persistant
Floraison : automne

C

C1 • 3 pommiers
Malus x *domestica* 'Reinette grise du Canada'
Arbre à feuillage caduc
Floraison : printemps

C2 • 2 pommiers
Malus x *domestica* 'Reinette blanche du Canada'
Arbre à feuillage caduc
Floraison : printemps

D

D1 • 3 pérovskias
Perovskia atriplicifolia 'Blue Spire'
Arbuste à feuillage caduc
Floraison : été

D2 • 2 lauriers-tins
Viburnum tinus
Arbuste à feuillage persistant
Floraison : printemps

D3 • 1 photinia
Photinia x *fraseri* 'Red Robin'
Arbuste à feuillage persistant
Floraison : printemps

D4 • 2 orangers du Mexique
Choisya ternata
Arbuste à feuillage persistant
Floraison : printemps

D5 • 3 forsythias
Forsythia x *intermedia*
Arbuste à feuillage caduc
Floraison : printemps

D6 • 1 arbre aux papillons
Buddleja 'Empire Blue'
Arbuste à feuillage caduc
Floraison : été

D7 • 3 céanothes
Ceanothus 'Italian Skies'
Arbuste à feuillage persistant
Floraison : printemps

D8 • 2 spirées
Spiraea x *billardii*
Arbuste à feuillage caduc
Floraison : été

D9 • 1 caryoptéris
Caryopteris x *clandonensis* 'Heavenly Blue'
Arbuste à feuillage caduc
Floraison : été

D10 • 4 millepertuis
Hypericum calycinum
Arbuste à feuillage persistant
Floraison : été

D11 • 3 sauges
Salvia microphylla
Arbuste à feuillage caduc
Floraison : été

D12 • 3 abélies
Abelia x *grandiflora*
Arbuste à feuillage persistant
Floraison : été

D13 • 1 arbre à soie
Albizzia julibrissin
Arbre à feuillage caduc
Floraison : été

D14 • 1 genévrier commun
Juniperus communis 'Sentinel'
Conifère à feuillage persistant

Plan de plantation du Jardin numéro 16

Superficie environ 1 800 m² • Échelle 1/250

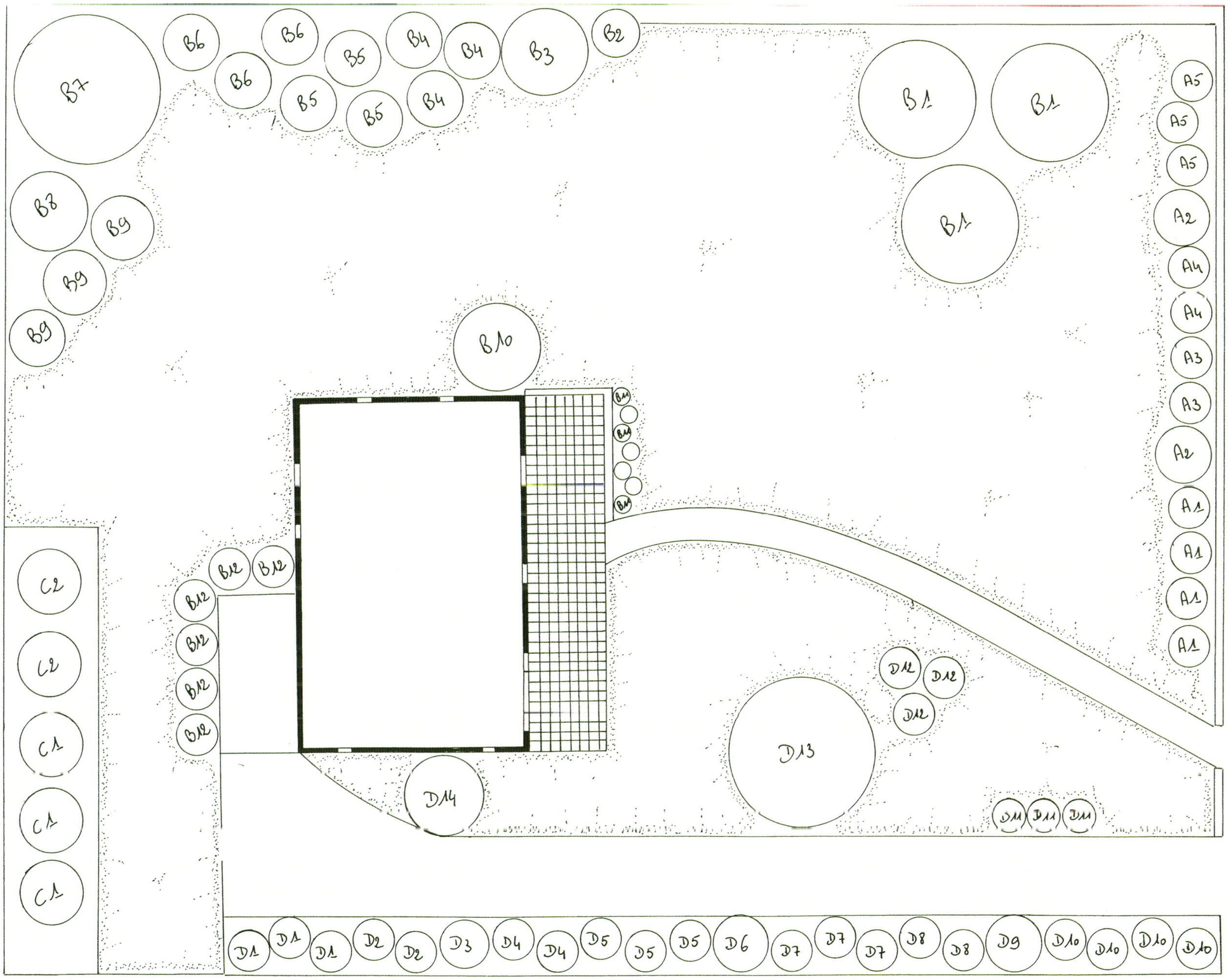

Jardin numéro 17

Superficie environ 2 200 m²

Descriptif d'un jardin à l'abri des regards

Les arbustes qui composent les massifs de ce jardin sont plantés en léger décalage les uns par rapport aux autres. Cela permet de créer des ondulations qui animent cette surface plane. Les grands arbres plantés dans le fond du jardin forment un véritable rideau végétal permettant de masquer un vis-à-vis qui pourrait être déplaisant, ils donnent par ailleurs une certaine tenue aux arbustes derrière lesquels ils se trouvent. Les cyprès qui bordent un côté du terrain constituent une haie haute qui ne demande pas d'entretien particulier. Les cyprès de Leyland en particulier sont de bons brise-vent et présentent également une forte résistance à la pollution. Trois pins noirs d'Autriche dominent la pelouse à l'arrière de la maison. La taille et l'envergure de ces pins extrêmement robustes requièrent beaucoup d'espace. En contrepartie de cette exigence, ils apportent au jardin une touche d'un beau vert sombre. La couleur dominante de ce jardin est le blanc, il commence à poindre dès le mois de mars. ∎

Étapes de plantation

La réalisation de ce jardin s'effectue en deux étapes, d'octobre à avril.

1ʳᵉ phase
Le pourtour du terrain (zones C, B, A et D) en novembre.

2ᵉ phase
Les arbres, conifères et arbustes en isolés (zones C1 et C8) et les massifs autour de la maison (zone E) d'octobre à avril.

Entretien

La pelouse nécessite deux à trois apports d'engrais (printemps, été, automne) et un à deux désherbages par an. Traitez les arbres et les arbustes à la même fréquence. Les massifs demandent également une attention particulière, notamment un désherbage régulier.

Évolution du jardin

Les plantes de haies comme le laurier connaissent leur plein épanouissement au terme de 3 à 4 ans. Le cyprès mesure lui de 1,50 à 2 mètres en 5 à 6 ans. Enfin le prunier à fleurs, arbre d'ornement à floraison printanière rose, atteint son âge adulte au terme de 7 à 8 ans.

Budget prévisionnel

L'investissement initial moyen pour réaliser ce jardin se situe entre 400 et 600 euros. Cette somme peut varier suivant la taille des végétaux choisis (notamment pour les arbres et les plantes de haies). L'entretien revient environ à 120 euros par an.

Plan d'aménagement du Jardin numéro 17

Échelle 1/280

Zone climatique numéro 3 :

climat océanique à semi-océanique

(hiver frais à très frais et été chaud)

Sol carbonaté et frais

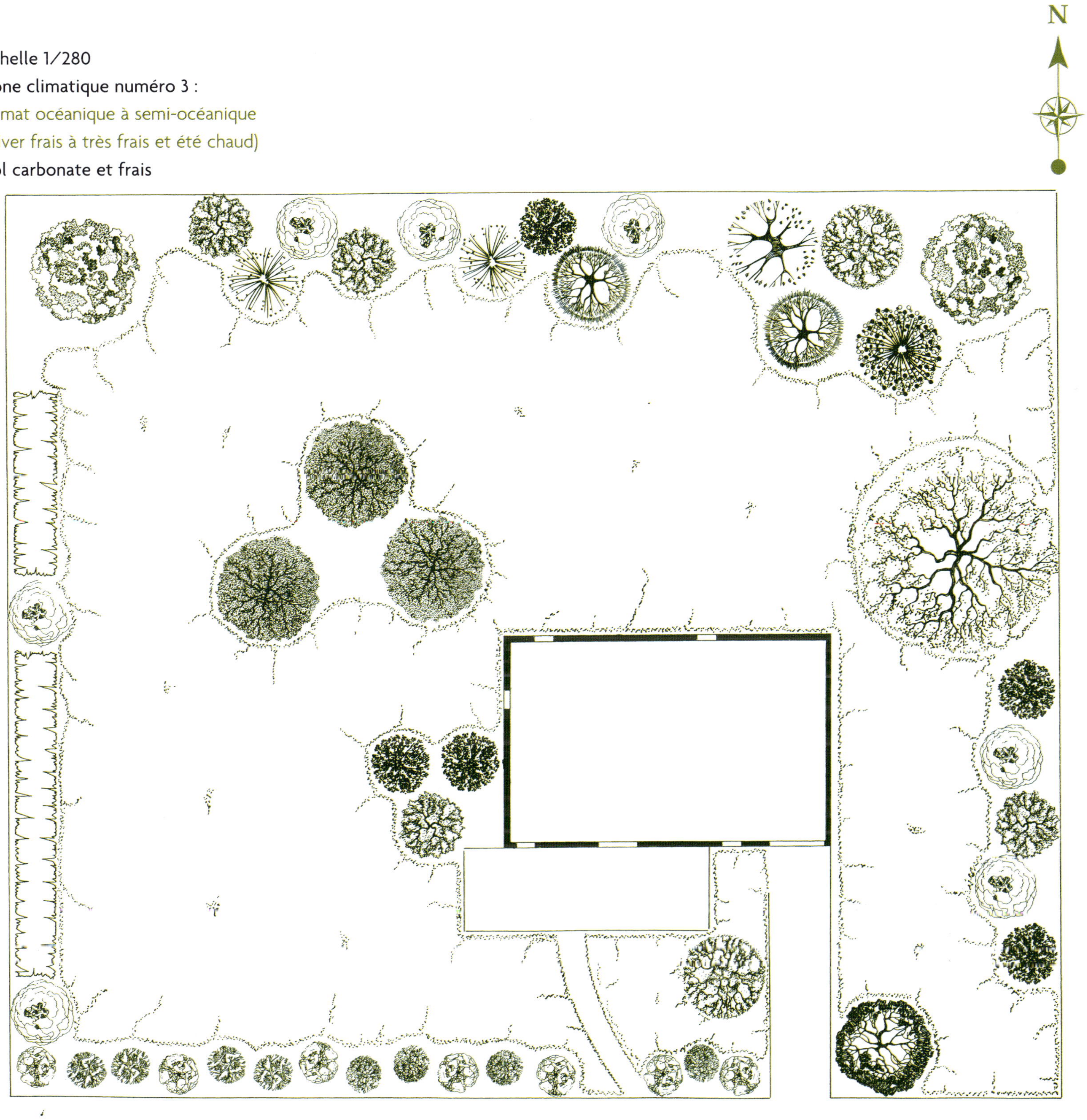

Les végétaux du Jardin numéro 17

A

A1 • 3 lauriers-palmes
Prunus laurocerasus 'Caucasica'
Arbuste à feuillage persistant
Floraison : printemps

A2 • 2 forsythias
Forsythia x intermedia
Arbuste à feuillage caduc
Floraison : printemps

A3 • 2 lauriers-tins
Viburnum tinus
Arbuste à feuillage persistant
Floraison : printemps

A4 • 4 cotonéasters
Cotoneaster lacteus
Arbuste à feuillage persistant
Floraison : printemps

A5 • 3 orangers du Mexique
Choisya ternata
Arbuste à feuillage persistant
Floraison : printemps

A6 • 1 rosier pleureur
Rosa 'Queen Elisabeth'
Arbuste à feuillage caduc
Floraison : printemps-été

B

B1 • 1 cryptomère du Japon
Cryptomeria japonica 'Elegans Viridis'
Conifère à feuillage persistant

B2 • 3 berbéris pourpres
Berberis thunbergii 'Atropurpurea'
Arbuste à feuillage caduc
Floraison : printemps

B3 • 2 viornes
Viburnum rhytidophyllum
Arbuste à feuillage persistant
Floraison : printemps

C

C1 • 1 arbre à soie
Albizzia julibrissin 'Cyrano'
Arbre à feuillage caduc
Floraison : été

C2 • 1 savonnier
Koelreuteria paniculata 'Fastigiata'
Arbre à feuillage caduc
Floraison : été

C3 • 2 cerisiers à fleurs
Prunus cerasifera 'Nigra'
Arbre à feuillage caduc
Floraison : printemps

C4 • 2 féviers d'Amérique
Gleditsia triacanthos 'Sunburst'
Arbre à feuillage caduc

C5 • 3 cerisiers à fleurs du Japon
Prunus serrulata 'Kiku Shidare Sakura'
Arbuste à feuillage caduc
Floraison : printemps

C6 • 3 lauriers-tins
Viburnum tinus
Arbuste à feuillage persistant
Floraison : printemps

C7 • 3 lauriers du Portugal
Prunus lusitanica 'Myrtifolia'
Arbuste à feuillage persistant
Floraison : printemps

C8 • 1 arbre aux 40 écus
Gingko biloba
Conifère à feuillage caduc

D

D1 • 4 cyprès de Leyland
x *cupressocyparis leylandii*
Conifère à feuillage persistant

D2 • 4 cyprès de Leyland
x *cupressocyparis leylandii* 'Castlewellan Gold'
Conifère à feuillage persistant

D3 • 6 cyprès de Leyland
x *cupressocyparis leylandii*
Conifère à feuillage persistant

E

E1 • 3 pins noirs d'Autriche
Pinus nigra
Conifère à feuillage persistant

E2 • 1 viorne boule-de-neige
Viburnum opulus 'Roseum'
Arbuste à feuillage caduc
Floraison : printemps

E3 • 2 éléagnus
Elaeagnus x ebbingei 'Limelight'
Arbuste à feuillage persistant
Floraison : automne

Arbre aux 40 écus, *Gingko biloba*

Plan de plantation du Jardin numéro 17

Superficie environ 2 200 m² • Échelle 1/280

Jardin numéro 18

Superficie environ 3 200 m²

Descriptif d'un jardin étrange

Ce type de jardin particulièrement spacieux et de forme originale permet de développer plusieurs lieux de vie. L'entrée principale est le premier espace retenant l'attention. Elle s'ouvre sur une allée menant jusqu'à la maison. Cette allée est ponctuée de différentes espèces d'arbustes : cotonéasters, lauriers-tins... Devant la maison, on découvre un massif composé de rhododendrons, de camélias et d'azalées dont les multiples couleurs éclatent au printemps. La terrasse se trouve derrière la maison et bénéficie d'une belle vue sur une véritable petite forêt de conifères. Le point d'orgue de cet aménagement est en effet incontestablement l'espace arboré situé au fond de la propriété. Trente-quatre espèces de végétaux sont utilisées pour cet aménagement (dix-neuf à feuillage persistant et quinze à feuillage caduc). Les haies de cyprès qui bordent une importante partie du terrain connaissent une croissance rapide ce qui présente l'avantage de cacher un mur ou un voisinage déplaisant en un temps record. ∎

Étapes de plantation

La réalisation de ce jardin s'effectue en deux temps, d'octobre à avril

1ʳᵉ phase
Le pourtour du terrain (zones A, B, C et D) et les arbres en isolés (zones B1, A14 à A17) en novembre.

2ᵉ phase
Les petits massifs autour de la maison (zones E et C) d'octobre à avril.

Entretien

L'entretien de ce jardin nécessite beaucoup de temps. Cela s'explique notamment par la superficie du terrain et le nombre élevé de végétaux sélectionnés. La pelouse nécessite au moins une à deux tontes hebdomadaires, deux à trois apports d'engrais et un à deux désherbages par an. Taillez les arbustes et les conifères deux à trois fois par an. Bien que résistants à la maladie, les cyprès ont besoin d'être renouvelés plus fréquemment que les autres arbustes.

Évolution du jardin

Ce grand jardin connaît une croissance en trois phases. Au bout de 3 à 4 ans, les plantes de haies constituant l'ossature du terrain atteignent leur taille adulte. Un ou deux ans plus tard, le deutzia et le mahonia connaissent leur plein épanouissement. Les cèdres nécessitent 4 à 5 ans supplémentaires pour atteindre leur taille définitive.

Budget prévisionnel

L'investissement initial moyen pour réaliser ce jardin se situe entre 900 et 1500 euros. Cette somme peut varier suivant la taille des végétaux choisis (notamment pour les arbres et les plantes de haies). L'entretien revient environ à 250 euros par an.

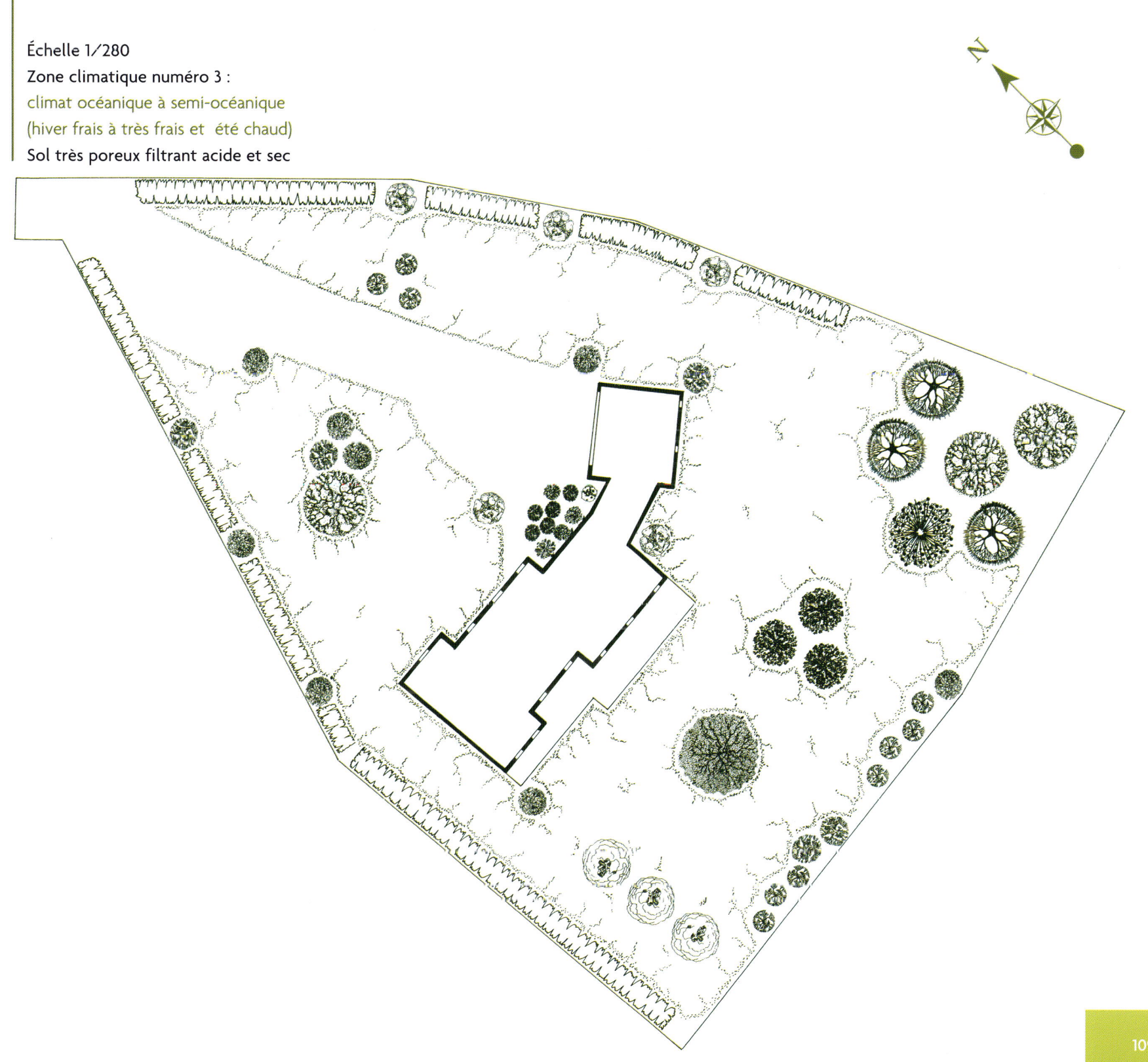

Plan d'aménagement du Jardin numéro 18

Échelle 1/280

Zone climatique numéro 3 :
climat océanique à semi-océanique
(hiver frais à très frais et été chaud)
Sol très poreux filtrant acide et sec

Les végétaux du Jardin numéro 18

A

A1 • **3 abélies**
Abelia x *grandiflora*
Arbuste à feuillage persistant
Floraison : été

A2 • **3 cognassiers du Japon**
Chaenomeles 'Falconnet Charlet'
Arbuste à feuillage caduc
Floraison : printemps

A3 • **3 orangers du Mexique**
Choisya ternata
Arbuste à feuillage persistant
Floraison : printemps

A4 • **2 deutzias**
Deutzia scabra 'Plena'
Arbuste à feuillage caduc
Floraison : printemps

A5 • **1 éléagnus**
Elaeagnus x *ebbingei*
Arbuste à feuillage persistant
Floraison : automne

A6 • **2 forsythias**
Forsythia x *intermedia*
Arbuste à feuillage caduc
Floraison : printemps

A7 • **3 lauriers-tins**
Viburnum tinus
Arbuste à feuillage persistant
Floraison : printemps

A8 • **1 escallonia**
Escallonia 'Peach Blossom'
Arbuste à feuillage persistant
Floraison : été

A9 • **2 mahonias**
Mahonia aquifolium
Arbuste à feuillage persistant
Floraison : printemps

A10 • **3 seringats**
Philadelphus coronarius
Arbuste à feuillage caduc
Floraison : printemps

A11 • **1 viorne**
Viburnum rhytidophyllum
Arbuste à feuillage persistant
Floraison : printemps

A12 • **3 weigélias**
Weigela 'Bristol Ruby'
Arbuste à feuillage caduc
Floraison : été

A13 • **2 groseilliers à fleurs**
Ribes sanguineum
Arbuste à feuillage caduc
Floraison : printemps

A14 • **2 pins des Cévennes**
Pinus nigra ssp. *laricio*
Conifère à feuillage persistant

A15 • **2 cèdres de l'Atlas**
Cedrus atlantica
Conifère à feuillage persistant

A16 • **2 cèdres**
Cedrus deodara
Conifère à feuillage persistant

A17 • **3 cerisiers à fleurs**
Prunus cerasifera 'Pissardii'
Arbuste à feuillage caduc
Floraison : printemps

B

B1 • **1 catalpa commun**
Catalpa bignonioides
Arbre à feuillage caduc
Floraison : été

B2 • **1 cytise**
Laburnum anagyroides
Arbuste à feuillage caduc
Floraison : printemps

B3 • **2 lauriers-tins**
Viburnum tinus
Arbuste à feuillage persistant
Floraison : printemps

B4 • **2 seringats**
Philadelphus coronarius
Arbuste à feuillage caduc
Floraison : printemps

B5 • **2 genêts d'Espagne**
Spartium junceum
Arbuste à feuillage persistant
Floraison : été

B6 • **3 lilas des Indes**
Lagerstroemia indica 'Soir d'été'
Arbuste à feuillage caduc
Floraison : été

C

C1 • **17 cyprès de Leyland**
x *Cupressocyparis leylandii*
Conifère à feuillage persistant

C2 • **5 cyprès d'Italie**
Cupressus sempervirens 'Stricta'
Conifère à feuillage persistant

C3 • **3 pommiers**
Malus x *domestica* 'Reine des reinettes'
Arbuste à feuillage caduc
Floraison : printemps

C4 • **3 cotonéasters**
Cotoneaster lacteus
Arbuste à feuillage persistant
Floraison : printemps

D

D1 • **19 cyprès de Leyland**
x *Cupressocyparis leylandii* 'Mellow Yellow'
Conifère à feuillage persistant

D2 • **3 éléagnus**
Elaeagnus x *ebbingei* 'Limelight'
Arbuste à feuillage persistant
Floraison : automne

D3 • **1 cerisier à fleurs**
Prunus cerasifera 'Pissardii'
Arbuste à feuillage caduc
Floraison : printemps

D4 • **2 lauriers-tins**
Viburnum tinus
Arbuste à feuillage persistant
Floraison : printemps

D5 • **1 abélie**
Abelia x *grandiflora*
Arbuste à feuillage persistant
Floraison : été

D6 • **1 cytise**
Laburnum x *watereri* 'Vossii'
Arbuste à feuillage caduc
Floraison : printemps

E

E1 • **2 rhododendrons**
Rhododendron 'Brigitte'
Arbuste à feuillage persistant
Floraison : printemps

E2 • **2 camélias**
Camellia 'Général Leclerc'
Arbuste à feuillage persistant
Floraison : printemps

E3 • **3 azalées japonaises**
Rhododendron 'Lilac Time'
Arbuste à feuillage persistant
Floraison : printemps

E4 • **3 azalées caduques**
Rhododendron 'Gibraltar'
Arbuste à feuillage caduc
Floraison : printemps

Plan de plantation du **Jardin** numéro 18

Superficie environ 3 200 m² • Échelle 1/280

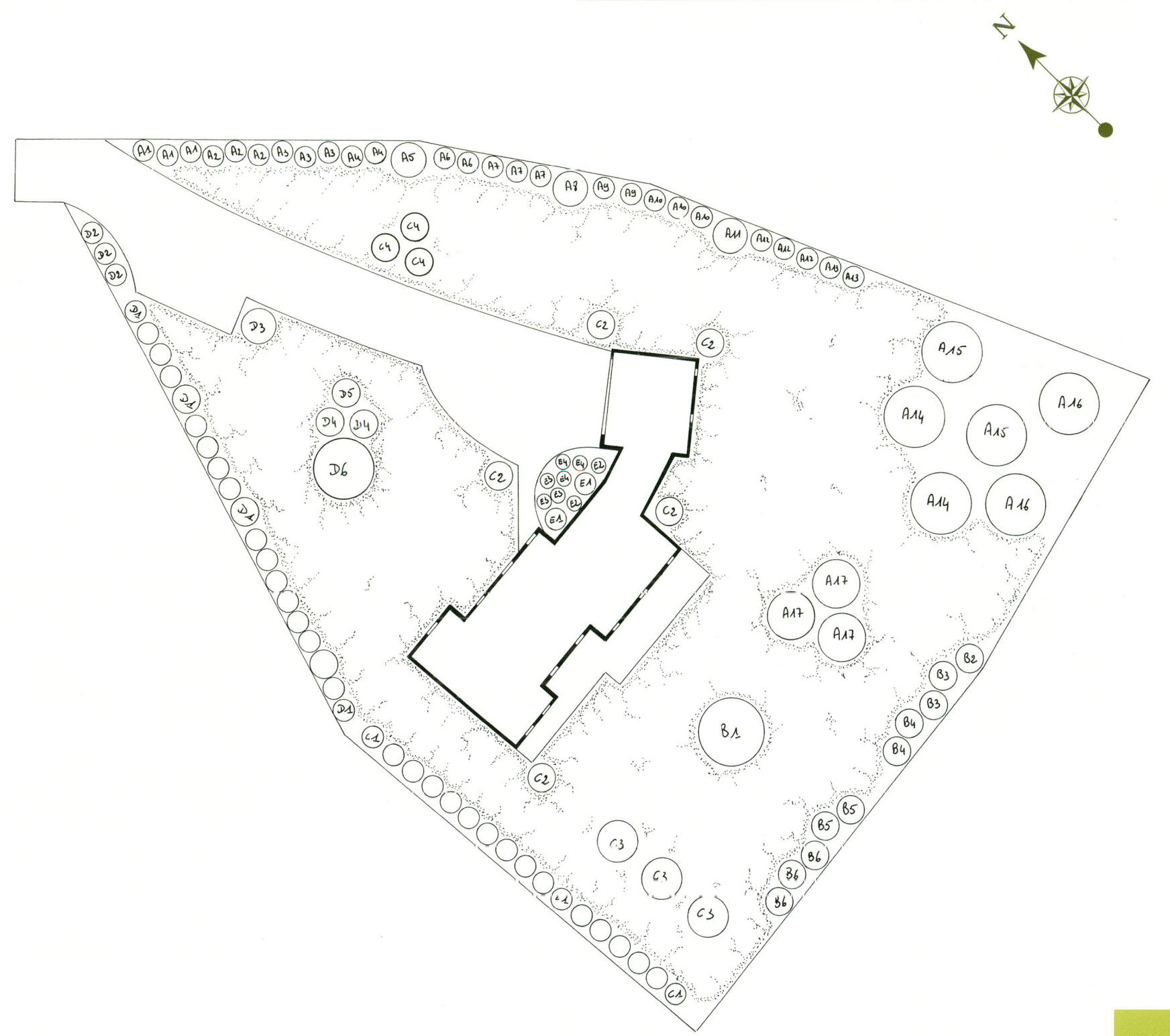

Jardin numéro 19

Superficie environ 3 600 m²

Descriptif d'un jardin à la campagne

Ce grand jardin offre plusieurs lieux de vie bien distincts. Le premier point de mire est la terrasse. Partiellement bordée de lavandes, elle entoure presque complètement la maison. Elle s'ouvre sur plusieurs espaces engazonnés délimités par des murets de pierre et des haies d'arbustes. Le blanc, le rouge et le rose de ces végétaux éclatent au printemps et plus particulièrement en avril. L'arrière du jardin accueille des végétaux variés (tamaris, genêts, forsythias...) devant lesquels trônent deux noyers. Ces grands arbres qui peuvent atteindre 10 à 25 mètres de hauteur à l'âge adulte donnent toute sa majesté à l'espace vert. Il est recommandé de renoncer à leur plantation si le sol est trop pauvre ou calcaire. ■

Étapes de plantation

La réalisation de ce jardin s'effectue en deux étapes, d'octobre à mars.

1ʳᵉ phase
Le pourtour du terrain (zone A) et les arbres en isolés (zones A1, C1, B8, E8 et E4) entre novembre et décembre.

2ᵉ phase
Les différents massifs (zones B, C, D et E) et le massif de lavandes devant la maison (zone F1) d'octobre à mars.

Entretien

La pelouse nécessite au moins une à deux tontes hebdomadaires, deux à trois apports d'engrais et un à deux désherbages par an. Traitez les arbres et arbustes contre les maladies et taillez-les deux à trois fois par an.

Évolution du jardin

Les arbustes comme le cornouiller et le genêt d'Espagne sont les premiers, au bout de 3 à 4 ans à connaître leur taille adulte. D'autres arbustes et conifères tels les cyprès de Lawson 'Pottenii' et 'Delorme' ont besoin d'un peu plus de temps, 7 à 10 ans. Les noyers sont ceux qui font patienter le jardinier le plus longtemps : entre 10 et 15 ans.

Budget prévisionnel

L'investissement initial moyen pour réaliser ce jardin se situe entre 800 et 1 100 euros. Cette somme peut varier suivant la taille des végétaux choisis (notamment pour les arbres et les plantes de haies). L'entretien revient environ à 150 euros par an.

Plan d'aménagement du **Jardin** numéro **19**

Échelle 1/280

Zone climatique numéro 3 :

climat océanique à semi-océanique

(hiver frais à très frais et été frais)

Sol filtrant carbonate et frais

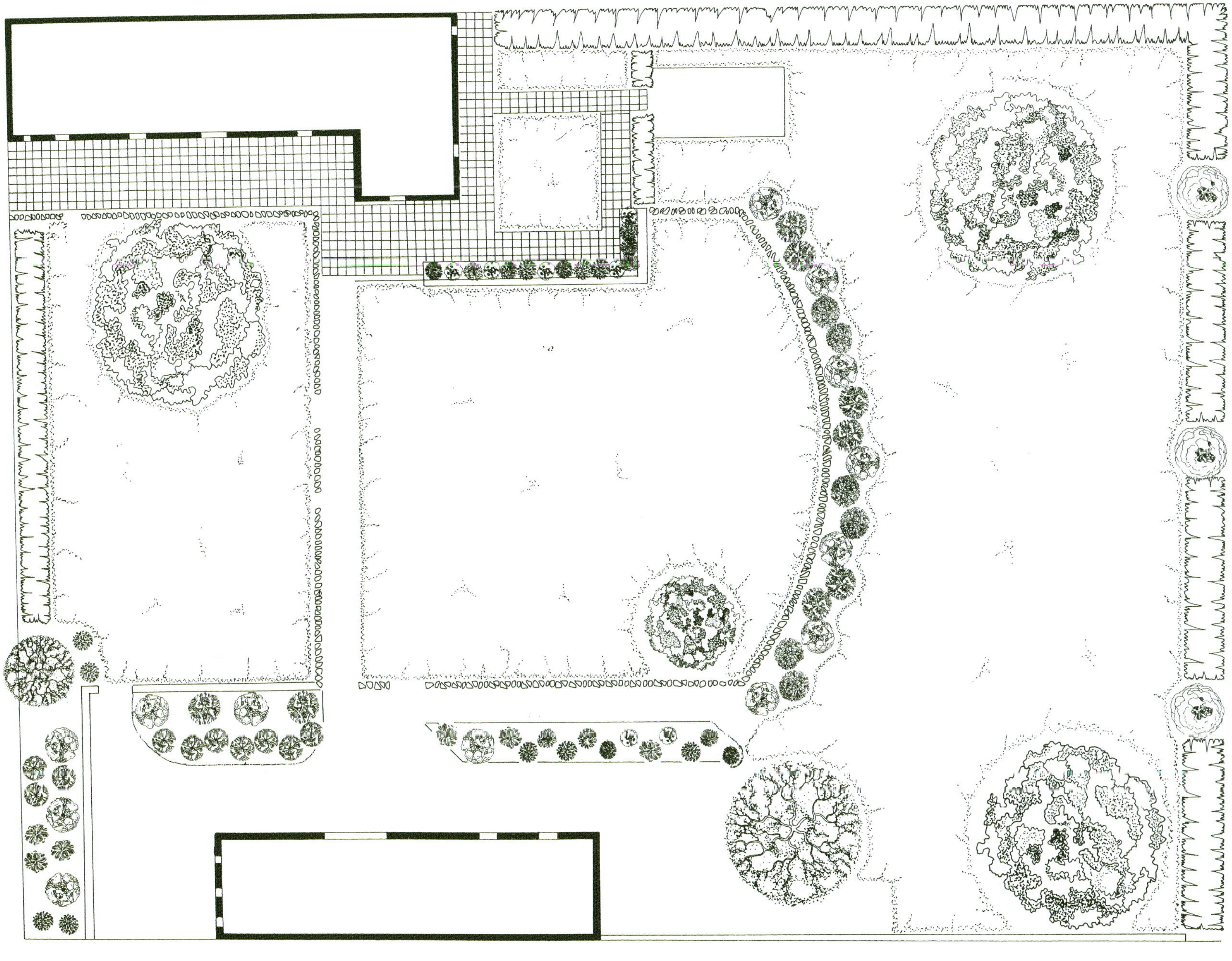

Les végétaux du Jardin numéro 19

A

A1 • 2 noyers noirs d'Amérique
Juglans nigra
Arbre à feuillage caduc
Floraison : printemps

A2 • 3 lauriers-palmes
Prunus laurocerasus 'Caucasica'
Arbuste à feuillage persistant
Floraison : printemps

A3 • 2 lauriers-tins
Viburnum tinus
Arbuste à feuillage persistant
Floraison : printemps

A4 • 1 copalme d'Amérique
Liquidambar styraciflua
Arbre à feuillage caduc

A5 • 3 tamaris
Tamarix pentandra
Arbuste à feuillage caduc
Floraison : été

A6 • 2 cytises
Laburnum anagyroides
Arbuste à feuillage caduc
Floraison : printemps

A7 • 1 copalme d'Amérique
Liquidambar styraciflua
Arbre à feuillage caduc

A8 • 5 genêts d'Espagne
Spartium junceum
Arbuste à feuillage persistant
Floraison : été

A9 • 1 copalme d'Amérique
Liquidambar styraciflua
Arbre à feuillage caduc

A10 • 3 forsythias
Forsythia x intermedia
Arbuste à feuillage caduc
Floraison : printemps

A11 • 19 lauriers-palmes
Prunus laurocerasus 'Caucasica'
Arbuste à feuillage persistant
Floraison : printemps

B

B1 • 3 abélies
Abelia x grandiflora
Arbuste à feuillage persistant
Floraison : été

B2 • 2 lauriers-tins
Viburnum tinus
Arbuste à feuillage persistant
Floraison : printemps

B3 • 3 lilas des Indes
Lagerstroemia indica 'Yang Tsé'
Arbuste à feuillage caduc
Floraison : été

B4 • 3 orangers du Mexique
Choisya ternata
Arbuste à feuillage persistant
Floraison : printemps

B5 • 2 genêts d'Espagne
Spartium junceum
Arbuste à feuillage persistant
Floraison : été

B6 • 3 cornouillers blancs
Cornus alba
Arbuste à feuillage caduc

B7 • 3 pittospores
Pittosporum tobira
Arbuste à feuillage persistant
Floraison : printemps

B8 • 1 cyprès de Lawson
Chamaecyparis lawsoniana 'Pottenii'
Conifère à feuillage persistant

C

C1 • 1 cyprès de Lawson
Chamaecyparis lawsoniana 'Delorme'
Conifère à feuillage persistant

C2 • 3 orangers du Mexique
Choisya ternata
Arbuste à feuillage persistant
Floraison : printemps

C3 • 3 amandiers de Chine
Prunus triloba
Arbuste à feuillage caduc
Floraison : printemps

C4 • 3 groseilliers à fleurs
Ribes sanguineum
Arbuste à feuillage caduc
Floraison : printemps

C5 • 4 spirées
Spiraea thunbergii
Arbuste à feuillage caduc
Floraison : printemps

C6 • 1 weigélia
Weigela 'Bristol Ruby'
Arbuste à feuillage caduc
Floraison : printemps

D

D1 • 4 cyprès de Lawson
Chamaecyparis lawsoniana 'Stardust'
Conifère à feuillage persistant

D2 • 3 genêts hybrides
Cytisus scoparius 'Burkwoodii'
Arbuste à feuillage caduc
Floraison : printemps

D3 • 2 deutzias
Deutzia scabra 'Candidissima'
Arbuste à feuillage caduc
Floraison : printemps

D4 • 2 abélies
Abelia x grandiflora 'Prostrata'
Arbuste à feuillage persistant
Floraison : été

E

E1 • 3 ifs communs
Taxus baccata
Conifère à feuillage persistant

E2 • 5 lauriers-palmes
Prunus laurocerasus 'Otto Luyken'
Arbuste à feuillage persistant
Floraison : printemps

E3 • 5 abélies
Abelia x grandiflora 'Prostrata'
Arbuste à feuillage persistant
Floraison : été

E4 • 1 laurier-sauce
Laurus nobilis
Arbuste à feuillage persistant

E5 • 3 lauriers-tins
Viburnum tinus
Arbuste à feuillage persistant
Floraison : printemps

E6 • 7 orangers du Mexique
Choisya ternata
Arbuste à feuillage persistant
Floraison : printemps

E7 • 3 photinias
Photinia x fraseri 'Red Robin'
Arbuste à feuillage persistant
Floraison : printemps

E8 • 1 arbre à soie
Albizzia julibrissin
Arbre à feuillage caduc
Floraison : été

F

F1 • 21 lavandes
Lavandula angustifolia 'Grosso'
Arbuste à feuillage persistant
Floraison : été

Plan de plantation du **Jardin** numéro 19

Superficie environ 3 600 m² • Échelle 1/380

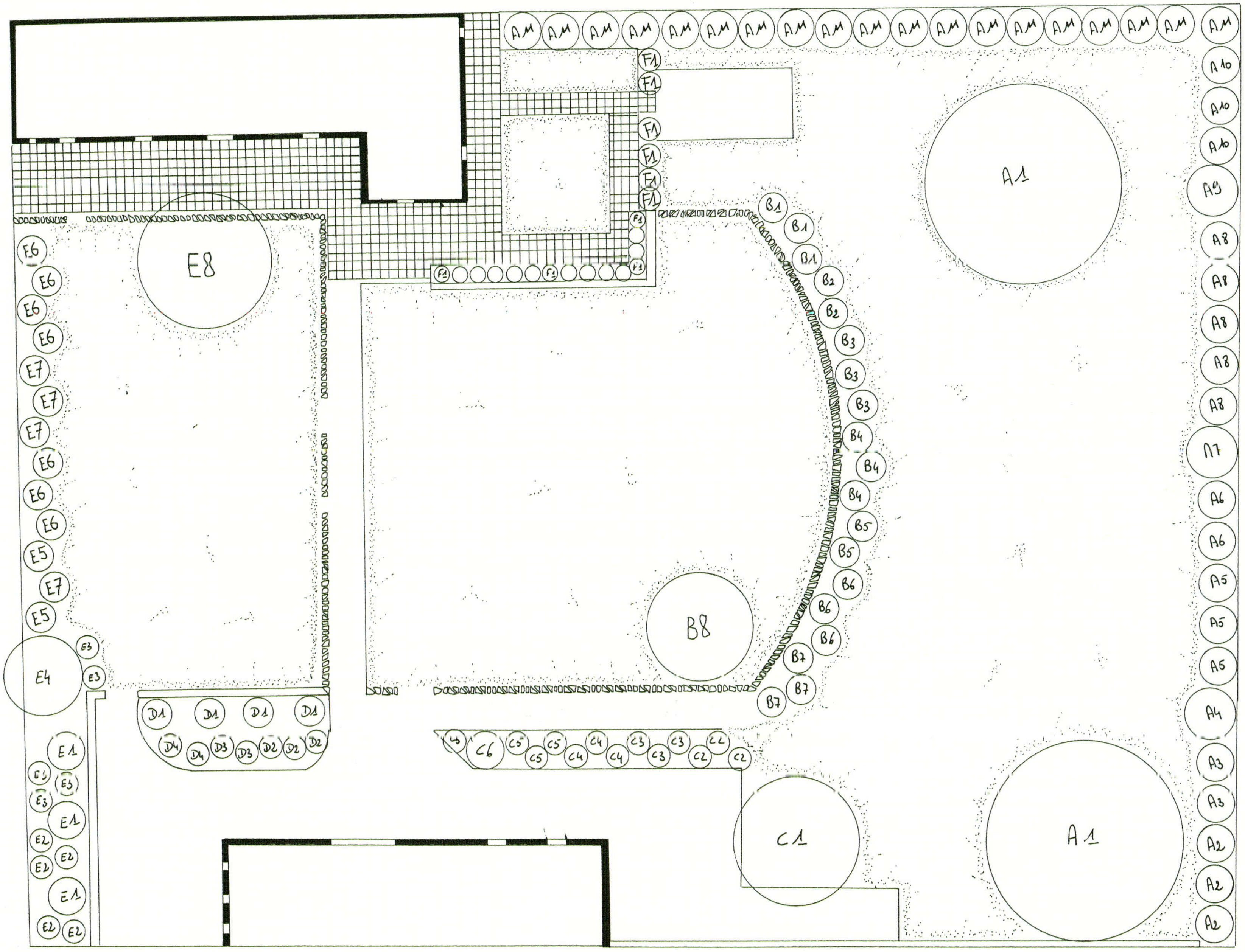

Jardin numéro 20

Superficie environ 3 900 m²

Descriptif d'un jardin de terrasses

Ce jardin est le plus spacieux de tous ceux proposés dans cet ouvrage. Il présente trois centres d'intérêts : les terrasses qui bénéficient chacune d'une exposition différente et favorisent une certaine convivialité, la grande rocaille sinueuse et enfin le potager. La rocaille proposée ici est essentiellement constituée de petits arbustes nécessitant peu de soins. Les jardiniers débutants ne doivent donc pas se laisser impressionner par sa superficie. Le potager demande plus d'attention mais il offre la satisfaction de déguster ses propres légumes au fil des saisons. La superficie du terrain permet de laisser libre cours à l'imagination. Les choix de végétaux offrent une floraison assez longue qui court de mars à octobre, l'apogée se situant plutôt au printemps. Un panaché de blanc, rose et rouge se développent alors. Ce type de jardin compte une quarantaine d'espèces de végétaux dont les trois quarts sont à feuillage persistant. ■

Étapes de plantation

La réalisation de ce jardin s'effectue en deux étapes, de novembre à mars.

1ʳᵉ phase
Le pourtour du terrain (zone A1) et les arbres et conifères en isolés (zones A3 à A6, A10, A11, C5, C6, C8 et C9) de novembre à mars.

2ᵉ phase
La grande rocaille située derrière la maison (zones D et E) et le massif de plantes de terre de bruyère (zones B et C) en novembre.

Entretien

L'entretien de ce jardin requiert beaucoup de temps. Cela s'explique bien sûr par la superficie du terrain. La pelouse doit être tondue une à deux fois par semaine au printemps, et bénéficier de deux à trois apports d'engrais ainsi que d'un à deux désherbages par an. Les cyprès étant assez nombreux, prévoyez le renouvellement de deux à trois sujets chaque année.

Évolution du jardin

Étant donné la grande variété d'espèces choisies ici, l'évolution de ce jardin couvre plusieurs années. Si les plantes de terre de bruyère comme l'hortensia ou l'andromède connaissent une croissance rapide (elles atteignent leur taille adulte en 3 à 4 ans), à l'opposé certains arbres n'atteignent leur taille définitive qu'au bout de quelques décennies, c'est le cas notamment du désespoir des singes.

Budget prévisionnel

L'investissement initial moyen pour réaliser ce jardin se situe entre 1 400 et 1 700 euros. Cette somme peut varier suivant la taille des végétaux choisis (notamment pour les arbres et les plantes de haies). L'entretien revient environ à 150 euros par an.

Plan d'aménagement du **Jardin** numéro 20

Échelle 1/280

Zone climatique numéro 2 :
climat océanique à semi-océanique
(hiver frais à très frais et été frais)

Sol neutre à légèrement acide

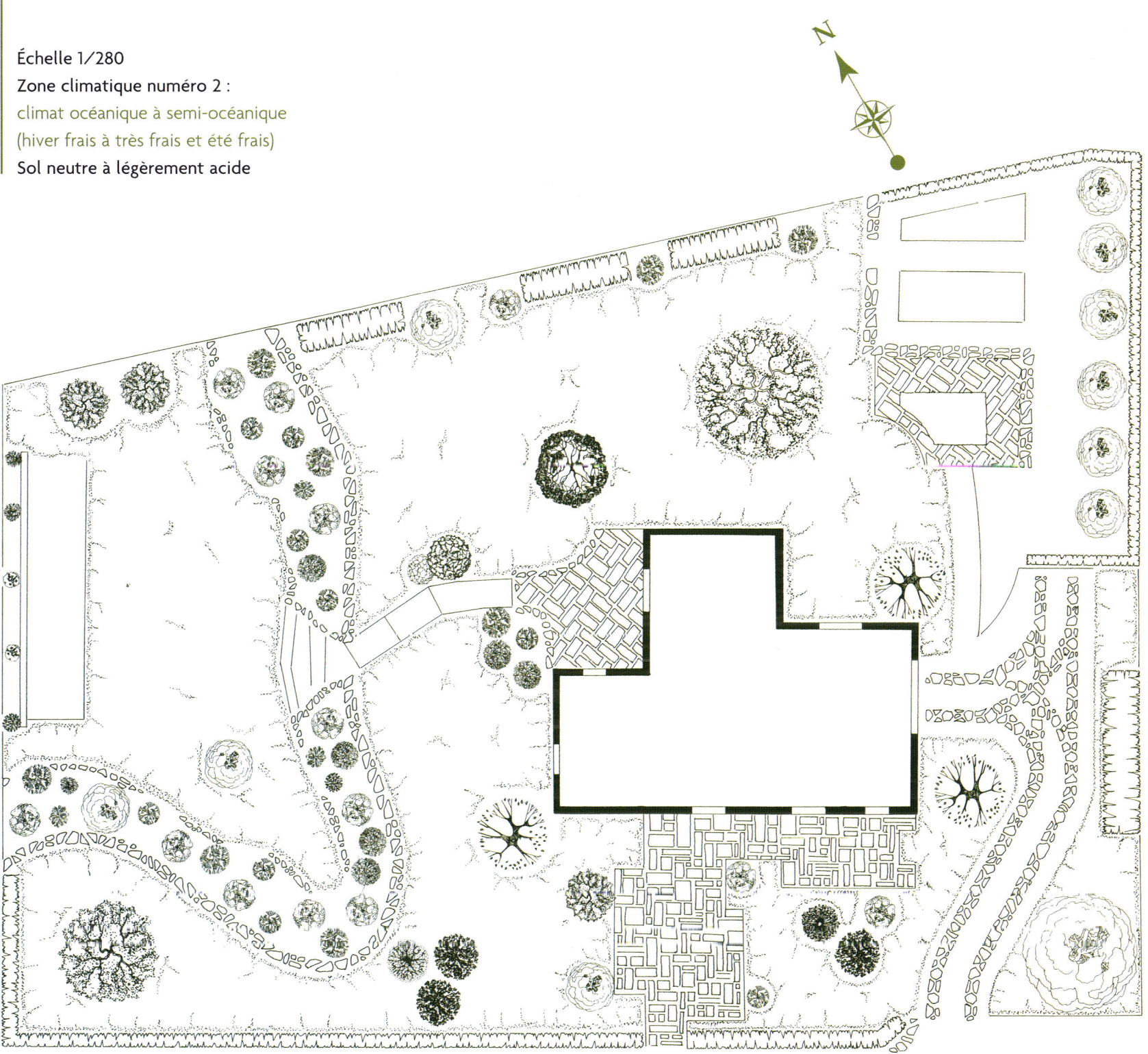

Les végétaux du Jardin numéro 20

A

A1 • 64 cyprès de Leyland
x cupressocyparis leylandii
Conifère à feuillage persistant

A2 • 2 buis communs
Buxus sempervirens
Arbuste à feuillage persistant

A3 • 3 bouleaux blancs d'Europe
Betula pendula
Arbre à feuillage caduc

A4 • 1 mûrier à feuille de platane
Morus alba
Arbre à feuillage caduc

A5 • 1 cyprès d'Italie
Cupressus sempervirens
Conifère à feuillage persistant

A6 • 1 désespoir des singes
Araucaria araucana
Conifère à feuillage persistant

A7 • 4 lauriers-tins
Viburnum tinus
Arbuste à feuillage persistant
Floraison : printemps

A8 • 3 pommiers
Malus x domestica 'Reine des reinettes'
Arbre à feuillage caduc
Floraison : printemps

A9 • 3 pommiers
Malus x domestica 'Golden Delicious'
Arbre à feuillage caduc
Floraison : printemps

A10 • 1 cèdre
Cedrus deodara 'Aurea'
Conifère à feuillage persistant

A11 • 1 magnolia
Magnolia grandiflora
Arbre à feuillage persistant
Floraison : été

B

B1 • 1 rhododendron
Rhododendron 'Black Magic'
Arbuste à feuillage persistant
Floraison : printemps

B2 • 2 azalées caduques
Rhododendron 'Gibraltar'
Arbuste à feuillage caduc
Floraison : printemps

B3 • 2 hortensias
Hydrangea paniculata 'Grandiflora'
Arbuste à feuillage caduc
Floraison : été

B4 • 1 rhododendron
Rhododendron 'Albert Schweitzer'
Arbuste à feuillage persistant
Floraison : printemps

B5 • 2 andromèdes
Pieris 'Forest Flame'
Arbuste à feuillage persistant
Floraison : printemps

B6 • 2 azalées japonaises
Rhododendron 'Rosa King'
Arbuste à feuillage persistant
Floraison : printemps

B7 • 1 rhododendron
Rhododendron 'Brigitte'
Arbuste à feuillage persistant
Floraison : printemps

B8 • 1 laurier-sauce
Laurus nobilis
Arbuste à feuillage persistant

B9 • 3 leptospermums
Leptospermum scoparium 'Winter Cheer'
Arbuste à feuillage persistant
Floraison : printemps

C

C1 • 1 magnolia étoilé
Magnolia stellata
Arbuste à feuillage caduc
Floraison : printemps

C2 • 4 azalées caduques
Rhododendron 'Homebush'
Arbuste à feuillage caduc
Floraison : printemps

C3 • 1 houx commun
Ilex aquifolium 'Alaska'
Arbuste à feuillage persistant
Floraison : printemps

C4 • 1 éléagnus
Elaeagnus pungens 'Maculata'
Arbuste à feuillage persistant
Floraison : automne

C5 • 3 bouleaux blancs d'Europe
Betula pendula
Arbre à feuillage caduc

C6 • 1 pin noir d'Autriche
Pinus nigra
Conifère à feuillage persistant

C7 • 5 glycines
Wisteria sinensis
Arbuste à feuillage caduc
Floraison : printemps

C8 • 1 eucalyptus de Gunn
Eucalyptus gunnii
Arbre à feuillage persistant

C9 • 1 eucalyptus des neiges
Eucalyptus pauciflora ssp. *niphophila*
Arbre à feuillage persistant

D

D1 • 3 véroniques arbustives
Hebe brachysiphon
Arbuste à feuillage persistant
Floraison : été

D2 • 1 céanothe
Ceanothus 'Cascade'
Arbuste à feuillage persistant
Floraison : printemps

D3 • 3 cyprès de Lawson
Chamaecyparis lawsoniana 'Ellwoodii'
Conifère à feuillage persistant

D4 • 5 genêts hybrides
Cytisus scoparius 'Golden Cascade'
Arbuste à feuillage caduc
Floraison : printemps

D5 • 1 oranger du Mexique
Choisya ternata 'Sundance'
Arbuste à feuillage persistant
Floraison : printemps

D6 • 4 lavandes
Lavandula angustifolia 'Grosso'
Arbuste à feuillage persistant
Floraison : été

D7 • 1 laurier-tin
Viburnum tinus
Arbuste à feuillage persistant
Floraison : printemps

D8 • 5 photinias
Photinia x fraseri 'Red Robin'
Arbuste à feuillage persistant
Floraison : printemps

E

E1 • 3 abélies
Abelia x grandiflora
Arbuste à feuillage persistant
Floraison : été

E2 • 3 orangers du Mexique
Choisya ternata
Arbuste à feuillage persistant
Floraison : printemps

E3 • 2 thuyas du Canada
Thuja occidentalis 'Rheingold'
Arbuste à feuillage persistant

E4 • 2 leptospermums
Leptospernum scoparium 'Martini'
Arbuste à feuillage persistant
Floraison : printemps

E5 • 1 cotonéaster
Cotoneaster lacteus
Arbuste à feuillage persistant
Floraison : printemps

Plan de plantation du Jardin numéro 20

Superficie environ 3 900 m² • Échelle 1/280

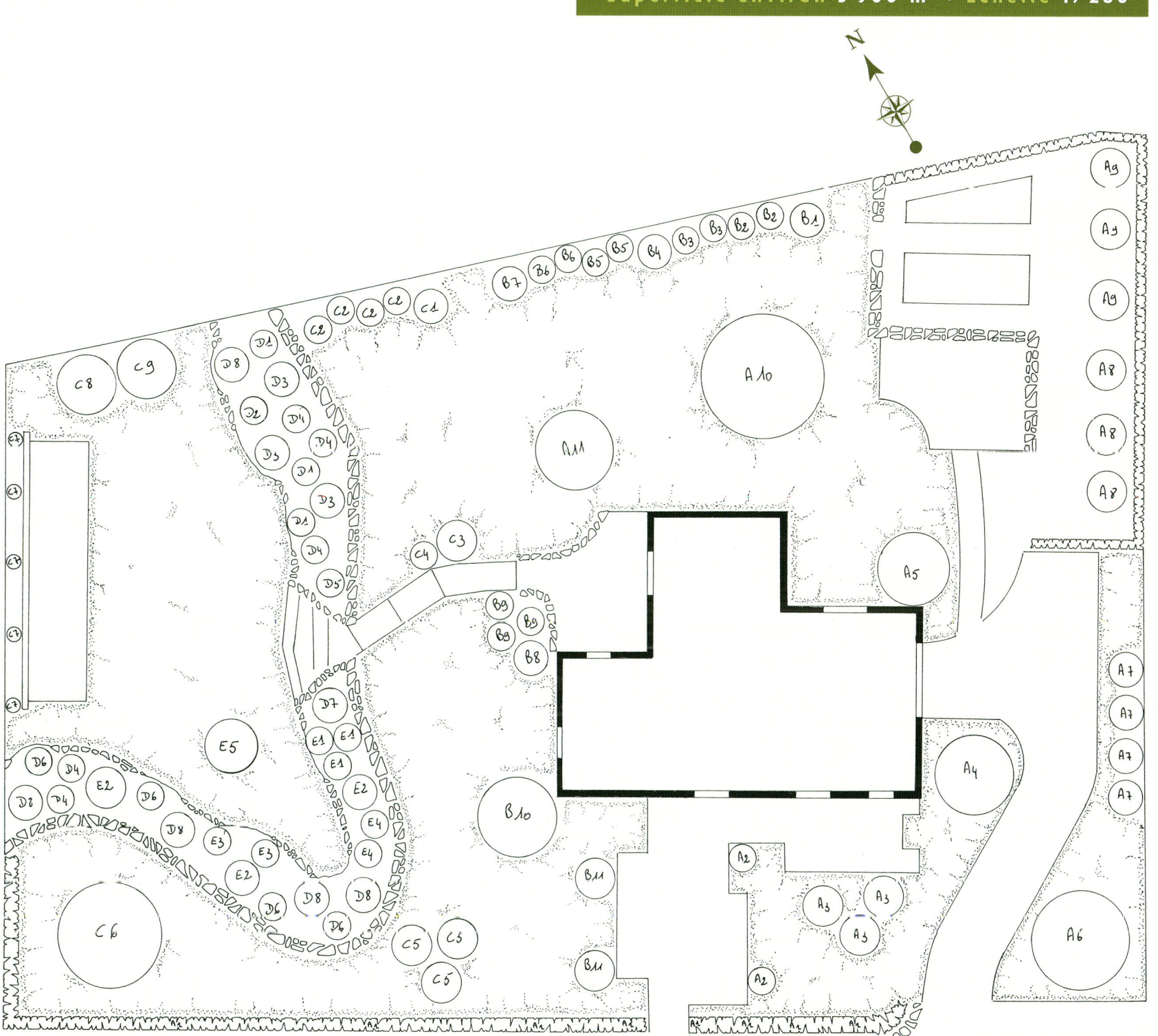

Pour aller plus loin

Créer une rocaille

Superficie environ 220 m²

Descriptif d'une rocaille

Une rocaille constitue toujours un agréable point de mire dans un jardin. Roches et végétaux se marient en effet très bien. La présence d'un point d'eau à proximité de la rocaille ne fait ici qu'accentuer le caractère convivial de ce type d'aménagement. Une rocaille relativement étendue offre en outre la possibilité de créer différents milieux : zones de plein ensoleillement ou ombragées, zones exposées ou non au vent... Les pierres constituant la rocaille présentent l'avantage d'accumuler la chaleur durant la journée pour mieux la restituer au cours de la nuit. L'aménagement d'une rocaille permet également de masquer une pente disgracieuse ou d'agrémenter un monticule de terre qui se trouverait dans un coin du jardin. La période de floraison optimale de cette rocaille se situe en février et mars, le jaune des genêts et des forsythias éclate alors de mille feux. Les végétaux utilisés dans le cadre d'une rocaille sont généralement à feuillage persistant, c'est le cas ici avec trente-quatre espèces à feuillage persistant pour seulement huit à feuillage caduc. ■

Étapes de plantation

La réalisation de cette rocaille s'effectue en deux étapes, de juin à décembre.

1re phase
L'acheminement et la disposition des pierres peut s'effectuer dès l'été.

2e phase
La plantation des arbustes et des conifères de novembre à décembre.

Entretien

Les végétaux plantés dans une rocaille demandent une attention particulière car ils peuvent se montrer sensibles, notamment en fonction de leur exposition.
Le renouvellement de certains d'entre eux est donc à envisager. Outre un apport d'engrais pour les arbustes et un traitement fongicide et insecticide, procédez à un désherbage manuel régulier. Attention au dos !

Évolution de la rocaille

La plupart des conifères de rocaille ont une croissance très lente, 7 à 8 ans leur sont nécessaires pour atteindre leur taille adulte. En revanche, la lavande et certaines fétuques prolifèrent assez rapidement. En l'espace d'environ 2 ans, elles atteignent leur pleine maturité.

Budget prévisionnel

L'investissement initial moyen pour réaliser cette rocaille se situe entre 700 et 900 euros. Cette somme peut varier suivant la taille des végétaux choisis (notamment pour les arbres et les plantes de haies). L'entretien revient environ à 30 euros par an.

Plan d'aménagement d'une rocaille

Échelle 1/100

Zone climatique numéro 3 :
climat océanique à semi-océanique
(hiver frais à très frais et été chaud)

Sol sain et neutre

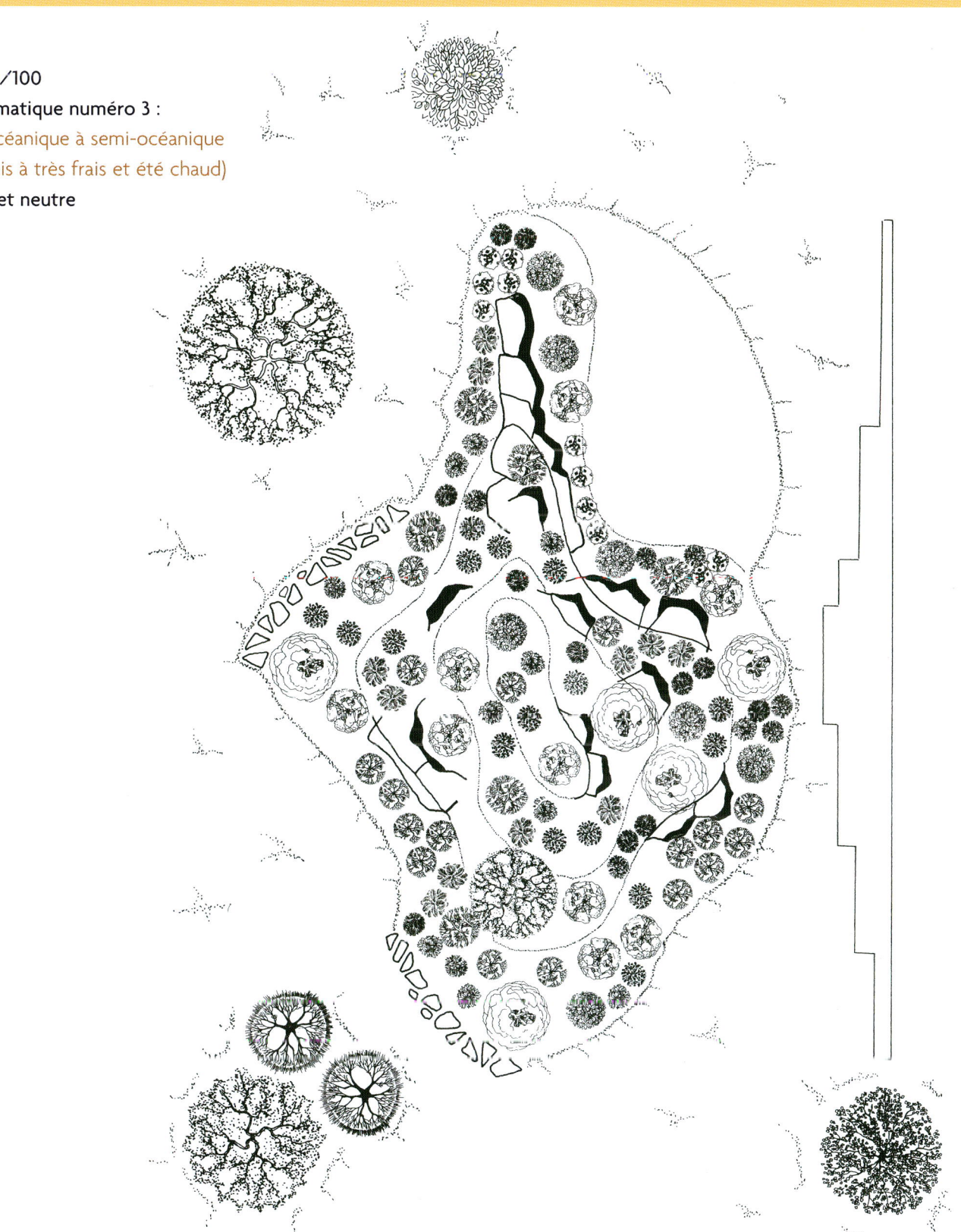

Les végétaux d'une rocaille

A

A1 • **1 cyprès de Lawson**
Chamaecyparis lawsoniana 'Ellwoodii'
Conifère à feuillage persistant

A2 • **1 sapin**
Abies arizonica 'Glauca Compacta'
Conifère à feuillage persistant

A3 • **3 épicéas**
Picea glauca 'Alberta Globe'
Conifère à feuillage persistant

A4 • **1 thuya du Canada**
Thuja occidentalis 'Golden Globe'
Conifère à feuillage persistant

A5 • **5 cyprès de Lawson**
Chamaecyparis lawsoniana 'Nana Gracilis'
Conifère à feuillage persistant

A6 • **3 genévriers**
Juniperus squamata 'Blue Star'
Conifère à feuillage persistant

A7 • **1 cyprès de Lawson**
Chamaecyparis lawsoniana 'Ellwood's Gold'
Conifère à feuillage persistant

A8 • **1 épicéa de Serbie**
Picea omorika 'Nana'
Conifère à feuillage persistant

A9 • **4 cyprès de Lawson**
Chamecyparis lawsoniana 'Ellwood's Pillar'
Conifère à feuillage persistant

B

B1 • **2 céanothes**
Ceanothus thyrsiflorus 'Repens'
Arbuste à feuillage persistant
Floraison : printemps

B2 • **7 sauges arbustives**
Salvia microphylla
Arbuste à feuillage caduc
Floraison : été

B3 • **2 forsythias**
Forsythia 'Mêlée d'Or'
Arbuste à feuillage caduc

B4 • **3 cotonéasters**
Cotoneaster Eichholz
Arbuste à feuillage persistant

B5 • **2 millepertuis**
Hypericum x moserianum 'Tricolor'
Arbuste à feuillage persistant
Floraison : été

B6 • **3 véroniques**
Hebe 'Simon Delaux'
Arbuste à feuillage persistant
Floraison : été

B7 • **2 pivoines arbustives**
Paeonia suffruticosa
Arbuste à feuillage caduc
Floraison : printemps

B8 • **3 millepertuis**
Hypericum calycinum
Arbuste à feuillage persistant
Floraison : été

C

C1 • **6 fusains**
Euonymus fortunei 'Emerald'n'Gold'
Arbuste à feuillage persistant

C2 • **2 orangers du Mexique**
Choisya ternata
Arbuste à feuillage persistant
Floraison : printemps

C3 • **2 abélies**
Abelia x grandiflora 'Prostrata'
Arbuste à feuillage persistant
Floraison : été

C4 • **1 osmanthe**
Osmanthus heterophyllus 'Variegatus'
Arbuste à feuillage persistant

C5 • **2 fétuques**
Festuca glauca
Graminée à feuillage persistant

C6 • **3 fuchsias**
Fuchsia 'Riccartonii'
Arbuste à feuillage caduc
Floraison : été

C7 • **5 fusains**
Euonymus fortunei 'Emerald Gaiety'
Arbuste à feuillage persistant

C8 • **4 genêts**
Genista lydia
Arbuste à feuillage persistant
Floraison : printemps

C9 • **3 bruyères**
Calluna vulgaris 'Carolyn'
Arbuste à feuillage persistant
Floraison : été

D

D1 • **1 phormium**
P. tenax grp. Purpureum
Arbuste à feuillage persistant

D2 • **2 pins nains de montagne**
Pinus mugo
Conifère à feuillage persistant

D3 • **5 graminées**
Pennisetum orientale
Graminée à feuillage persistant

D4 • **6 potentilles**
Potentilla fruticosa 'Elisabeth'
Arbuste à feuillage caduc
Floraison : printemps

D5 • **3 lavandes**
Lavandula angustifolia 'Rosea'
Arbuste à feuillage persistant
Floraison : été

D6 • **2 buis communs**
Buxus sempervirens
Arbuste à feuillage persistant

D7 • **5 spirées**
Spiraea japonica 'Goldflame'
Arbuste à feuillage caduc
Floraison : été

D8 • **3 berbéris**
Berberis stenophylla 'Autumnalis'
Arbuste à feuillage persistant
Floraison : printemps

E

E1 • **5 lavandes**
Lavandula angustifolia 'Grosso'
Arbuste à feuillage persistant
Floraison : été

E2 • **4 véroniques**
Hebe x franciscana 'Blue Gem'
Arbuste à feuillage persistant
Floraison : été

E3 • **1 aubépine**
Crataegus laciniata
Arbre à feuillage caduc
Floraison : été

E4 • **3 abélies**
Abelia x grandiflora
Arbuste à feuillage persistant
Floraison : été

E5 • **1 copalme d'Amérique**
Liquidambar styraciflua
Arbre à feuillage caduc

E6 • **1 cyprès de Lawson**
Chamaecyparis lawsoniana 'Ellwoodii'
Conifère à feuillage persistant

Plan de plantation d'une rocaille

Superficie environ 220 m² • Echelle : 1/100

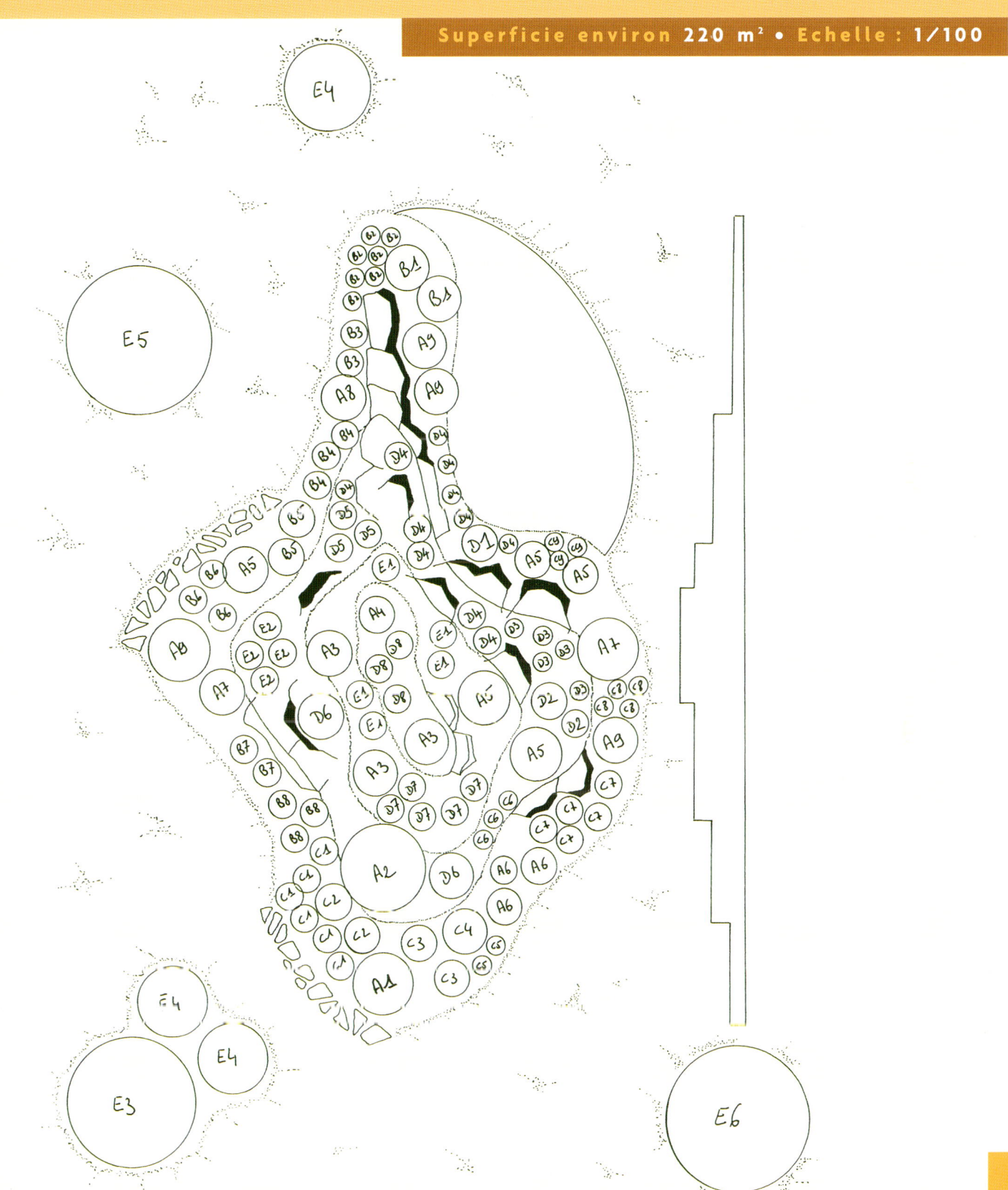

Créer une terrasse

Superficie environ 380 m²

Descriptif d'un coin-terrasse

Une terrasse constitue le lieu de vie par excellence au sein d'un jardin. Elle accueille les repas de la famille, les jeux des enfants, la sieste des plus grands et de nombreuses activités de loisirs. Le plan d'aménagement proposé ici met en valeur la terrasse tout en invitant à la promenade autour de celle-ci. L'escalier conduisant à la terrasse est essentiellement bordé de conifères formant un massif d'un côté et une rocaille de l'autre. L'extrémité opposée de la terrasse s'ouvre sur un massif composé d'arbustes à floraison printanière (photinias, céanothes, orangers du Mexique...). La plantation de très nombreux arbres et arbustes à feuillage persistant (trois quarts contre un quart de végétaux à feuillage caduc) présente l'avantage de ne pas voir la terrasse se recouvrir d'un tapis de feuilles dès les premiers jours de l'automne. ■

Étapes de plantation

La réalisation de ce jardin autour d'une terrasse s'effectue en deux étapes, de novembre à mars

1re phase
Tous les arbres et conifères autour de la terrasse (zones A, B, C et D) en novembre.

2e phase
Les massifs et les haies basses (zones I, J, G et H) et l'arbre aux 40 écus (zone F1) de novembre à mars.

Entretien

La végétation autour de cette terrasse demande peu d'entretien, si ce n'est une taille de temps en temps. Un apport d'engrais et un désherbage des allées et massifs sont à faire deux à trois fois par an. Le traitement des arbres et des arbustes est quant à lui semestriel.

Évolution du coin-terrasse

Parmi les arbustes à feuillage persistant, les conifères comme le cryptomère ou l'épicéa du Colorado atteignent leur taille adulte entre 5 et 6 ans. Les arbustes tels que le fusain ou le céanothe ont une croissance un peu plus rapide, entre 3 et 4 ans.

Budget prévisionnel

L'investissement initial moyen pour réaliser ce coin-terrasse se situe entre 400 et 600 euros. Cette somme peut varier suivant la taille des végétaux choisis (notamment pour les arbres et les plantes de haies). L'entretien revient environ à 50 euros par an.

Plan d'aménagement d'une terrasse

Échelle 1/150

Zone climatique numéro 3 :
climat océanique à semi-océanique
(hiver frais à très frais et été chaud)

Sol sain et neutre

Les végétaux d'une terrasse

A

A1 • **1 thuya d'Orient**
Thuja orientalis 'Pyramidalis aurea'
Conifère à feuillage persistant

A2 • **2 orangers du Mexique**
Choisya ternata
Arbuste à feuillage persistant
Floraison : printemps

A3 • **1 thuya d'Orient**
Thuja orientalis 'Pyramidalis aurea'
Conifère à feuillage persistant

A4 • **1 cyprès de Lawson**
Chamaecyparis lawsoniana 'Ellwoodii'
Conifère à feuillage persistant

A5 • **1 genévrier**
Juniperus conferta 'Blue Pacific'
Conifère à feuillage persistant

A6 • **1 thuya du Canada**
Thuja occidentalis 'Rheingold'
Conifère à feuillage persistant

A7 • **1 if commun**
Taxus baccata 'Fastigiata'
Conifère à feuillage persistant

A8 • **2 fusains**
Euonymus fortunei 'Emerald'n'Gold'
Arbuste à feuillage persistant

A9 • **1 copalme d'Amérique**
Liquidambar styraciflua
Arbre à feuillage caduc

A10 • **1 abélie**
Abelia x grandiflora
Arbuste à feuillage persistant
Floraison : été

B

B1 • **1 cyprès de Lambert**
Cupressus macrocarpa 'Goldcrest'
Conifère à feuillage persistant

B2 • **1 cryptomère du Japon**
Cryptomeria japonica 'Elegans'
Conifère à feuillage persistant

B3 • **1 épicea du Colorado**
Picea pungens 'Globosa'
Conifère à feuillage persistant

B4 • **1 genévrier de Chine**
Juniperus chinensis 'Old Gold'
Conifère à feuillage persistant

B5 • **1 pin nain de montagne**
Pinus mugo
Conifère à feuillage persistant

B6 • **18 fusains**
Euonymus fortunei 'Emerald'n'Gold'
Arbuste à feuillage persistant

C

C1 • **1 cyprès de Lawson**
Chamaecyparis lawsoniana 'Ellwoodii'
Conifère à feuillage persistant

C2 • **1 genévrier de Chine**
Juniperus chinensis 'Mint Julep'
Conifère à feuillage persistant

C3 • **1 oranger du Mexique**
Choisya ternata
Arbuste à feuillage persistant
Floraison : printemps

D

D1 • **1 laurier-tin**
Viburnum tinus
Arbuste à feuillage persistant
Floraison : printemps

D2 • **3 photinias**
Photinia x fraseri 'Red Robin'
Arbuste à feuillage persistant
Floraison : printemps

D3 • **1 seringat**
Philadelphus coronarius
Arbuste à feuillage caduc
Floraison : printemps

D4 • **2 céanothes**
Ceanothus thyrsiflorus 'Repens'
Arbuste à feuillage persistant
Floraison : printemps

D5 • **2 orangers du Mexique**
Choisya ternata
Arbuste à feuillage persistant
Floraison : printemps

D6 • **1 cerisier à fleurs du Japon**
Prunus serrulata 'Kiku Shidare Sakura'
Arbuste à feuillage caduc
Floraison : printemps

E

E1 • **1 hortensia grimpant**
Hydrangea petiolaris
Arbuste à feuillage caduc
Floraison : été

F

F1 • **1 arbre aux 40 écus**
Gingko biloba
Conifère à feuillage caduc

G

G1 • **1 céanothe**
Ceanothus 'Italian Skies'
Arbuste à feuillage persistant
Floraison : printemps

G2 • **2 abélies**
Abelia x grandiflora 'Prostrata'
Arbuste à feuillage persistant
Floraison : été

G3 • **1 mahonia**
Mahonia x media 'Winter Sun'
Arbuste à feuillage persistant
Floraison : printemps

G4 • **2 weigélias**
Weigela 'Bristol Ruby'
Arbuste à feuillage caduc
Floraison : printemps

G5 • **14 lavandes**
Lavandula angustifolia 'Grosso'
Arbuste à feuillage persistant
Floraison : été

H

H1 • **1 cyprès de Lawson**
Chamaecyparis lawsoniana 'Pottenii'
Conifère à feuillage persistant

H2 • **1 cyprès de Lawson**
Chamaecyparis lawsoniana 'Ellwoodii'
Conifère à feuillage persistant

H3 • **1 genévrier**
Juniperus squamata 'Blue Carpet'
Conifère à feuillage persistant

H4 • **1 cyprès de Lawson**
Chamaecyparis lawsoniana 'Stardust'
Conifère à feuillage persistant

H5 • **1 abélie**
Abelia x grandiflora
Arbuste à feuillage persistant
Floraison : été

I

I1 • **1 amandier de Chine**
Prunus triloba
Arbuste à feuillage caduc
Floraison : printemps

I2 • **1 oranger du Mexique**
Choisya 'Aztec Pearl'
Arbuste à feuillage persistant
Floraison : printemps

I3 • **1 photinia**
Photinia x fraseri 'Red Robin'
Arbuste à feuillage persistant
Floraison : printemps

I4 • **1 deutzia**
Deutzia x hybrida 'Perle Rose'
Arbuste à feuillage caduc
Floraison : printemps

I5 • **1 laurier-tin**
Viburnum tinus
Arbuste à feuillage persistant
Floraison : printemps

I6 • **1 cerisier à fleurs**
Prunus cerasifera 'Pissardii'
Arbuste à feuillage caduc
Floraison : printemps

J

J1 • **12 ifs communs**
Taxus baccata
Conifère à feuillage persistant

Plan de plantation d'une terrasse

Superficie environ 380 m² • Echelle : 1/150

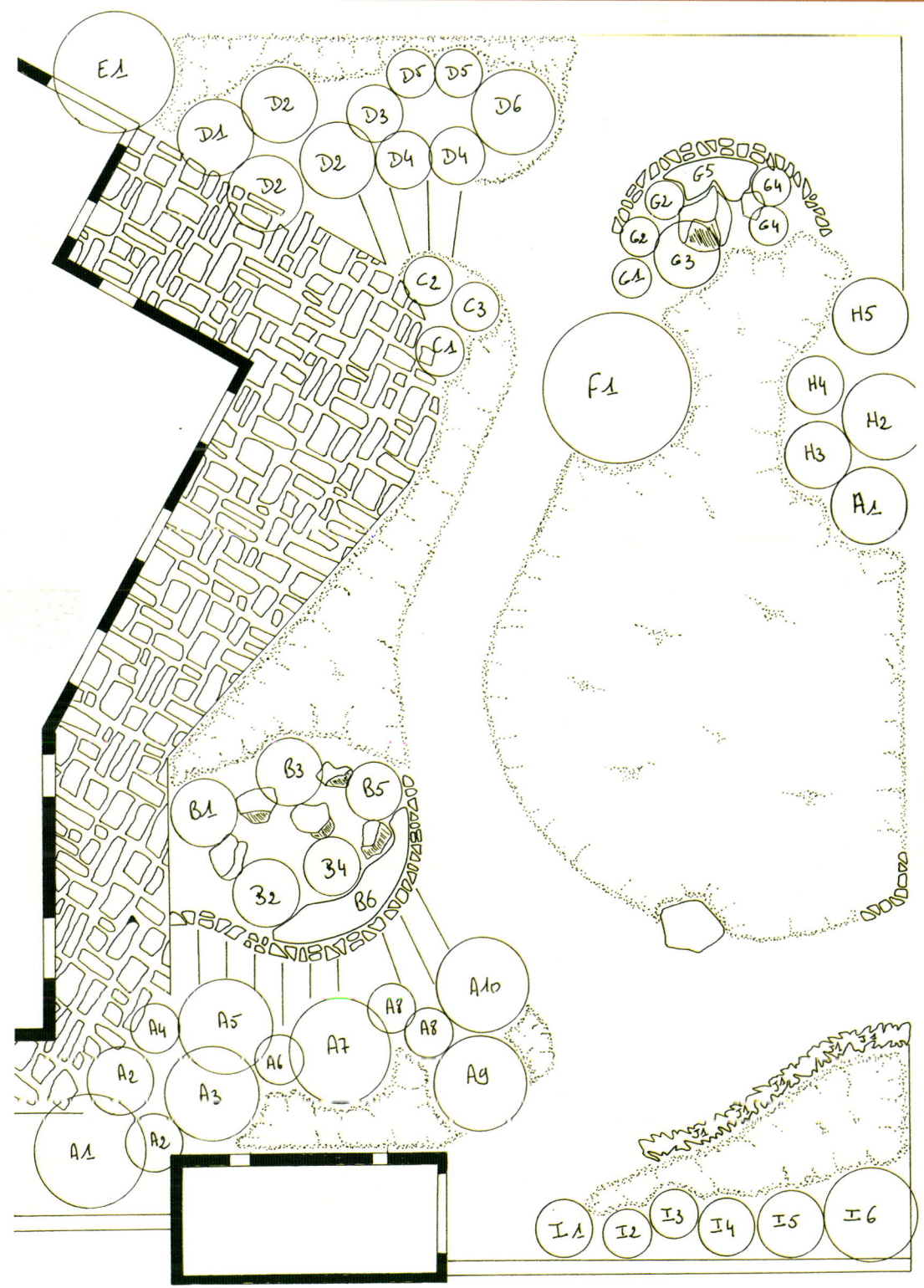

Créer un massif fleuri

Superficie environ 250 m²

Descriptif d'un massif fleuri

La réalisation d'un massif fleuri dans un jardin présente plusieurs avantages. Il permet tout d'abord de modifier les différentes perspectives en ordonnançant les végétaux par taille (les plus grands en toile de fond puis graduellement les plus petits sur le devant). Cela permet au final de donner l'illusion d'un grand jardin. Le massif fleuri participe également à l'embellissement de l'espace vert en créant une note mono- ou polychrome en son cœur. L'objectif principal du jardinier est d'obtenir un effet de masse en multipliant les associations de couleurs des fleurs mais aussi des feuillages. La période de floraison de cette réalisation s'étend des premiers jours du printemps jusqu'à la fin de l'été, avec néanmoins une préférence pour les mois d'avril et de mai. Les couleurs sont alors multiples : rose de l'arbre de Judée, jaune des millepertuis, blanc des orangers du Mexique ou encore bleu des céanothes.

Plantation

La plantation de l'ensemble des végétaux s'effectue en novembre.

Entretien

Ce massif nécessite peu d'entretien. Les arbustes requièrent un apport d'engrais deux à trois fois par an, ainsi que des traitements fongicide et insecticide. Un désherbage est à prévoir les premières années. Il est possible de s'en dispenser ensuite.

Évolution du massif fleuri

L'évolution des végétaux de ce massif fleuri s'échelonne sur plusieurs années. Le millepertuis atteint sa taille adulte au bout de 2 à 3 ans. L'aubépine et ses couleurs flamboyantes ont besoin d'un peu plus de temps pour arriver à leur complet développement, de 7 à 8 ans en moyenne.

Budget prévisionnel

L'investissement initial moyen pour réaliser ce massif fleuri se situe entre 300 et 400 euros. Cette somme peut varier suivant la taille des végétaux choisis (notamment pour les arbres et les plantes de haies). L'entretien revient environ à 30 euros par an.

Plan d'aménagement d'**un massif fleuri**

Échelle 1/150

Zone climatique n° 3 :

climat océanique à semi-océanique

(hiver frais à très frais et été chaud)

Sol sain et neutre

Les végétaux d'un massif fleuri

A

A1 • **1 berbéris**
Berberis x *stenophylla*
Arbuste à feuillage persistant
Floraison : printemps

A2 • **1 viorne**
Viburnum rhytidophyllum
Arbuste à feuillage persistant
Floraison : printemps

A3 • **1 cytise**
Laburnum x *watereri* 'Vossii'
Arbuste à feuillage caduc
Floraison : printemps

A4 • **1 arbre de Judée**
Cercis siliquastrum
Arbuste à feuillage caduc
Floraison : printemps

A5 • **1 amélanchier du Canada**
Amelanchier canadensis
Arbuste à feuillage caduc
Floraison : printemps

A6 • **1 laurier-tin**
Viburnum tinus
Arbuste à feuillage persistant
Floraison : printemps

A7 • **3 orangers du Mexique**
Choisya ternata
Arbuste à feuillage persistant
Floraison : printemps

A8 • **1 aubépine**
Crataegus laciniata
Arbre à feuillage caduc
Floraison : été

A9 • **2 lilas**
Syringa 'Josée'
Arbuste à feuillage caduc
Floraison : été

A10 • **1 céanothe**
Ceanothus 'Cascade'
Arbuste à feuillage persistant
Floraison : printemps

A11 • **2 fusains**
Euonymus fortunei 'Emerald'n'Gold'
Arbuste à feuillage persistant

A12 • **2 éléagnus**
Elaeagnus x *ebbingei* 'Limelight'
Arbuste à feuillage persistant
Floraison : automne

A13 • **3 corètes du Japon**
Kerria japonica 'Pleniflora'
Arbuste à feuillage caduc
Floraison : printemps

A14 • **3 céanothes**
Ceanothus thyrsiflorus 'Repens'
Arbuste à feuillage persistant
Floraison : printemps

A15 • **3 forsythias**
Forsythia x *intermedia*
Arbuste à feuillage caduc
Floraison : printemps

A16 • **1 cerisier à fleurs du Japon**
Prunus serrulata 'Kiku Shidare Sakura'
Arbuste à feuillage caduc
Floraison : printemps

A17 • **1 laurier-palme**
Prunus laurocerasus 'Otto Luyken'
Arbuste à feuillage persistant
Floraison : printemps

A18 • **3 lavandes papillons**
Lavandula stoechas ssp. *pedunculata*
Arbuste à feuillage persistant
Floraison : été

A19 • **2 millepertuis**
Hypericum calycinum
Arbuste à feuillage persistant
Floraison : été

A20 • **5 deutzias**
Deutzia gracilis 'Nikko'
Arbuste à feuillage caduc
Floraison : printemps

A21 • **3 berbéris**
Berberis 'Parkjuweel'
Arbuste à feuillage persistant

A22 • **3 viornes obiers**
Viburnum opulus 'Compactum'
Arbuste à feuillage caduc
Floraison : printemps

A23 • **3 potentilles**
Potentilla fruticosa 'Goldstar'
Arbuste à feuillage caduc
Floraison : printemps

A24 • **3 potentilles**
Potentilla fruticosa 'Red Ace'
Arbuste à feuillage caduc
Floraison : printemps

Viorne, *Viburnum rhytidophyllum*

Plan de plantation d'**un massif fleuri**

Superficie environ 250 m² • Echelle : 1/150

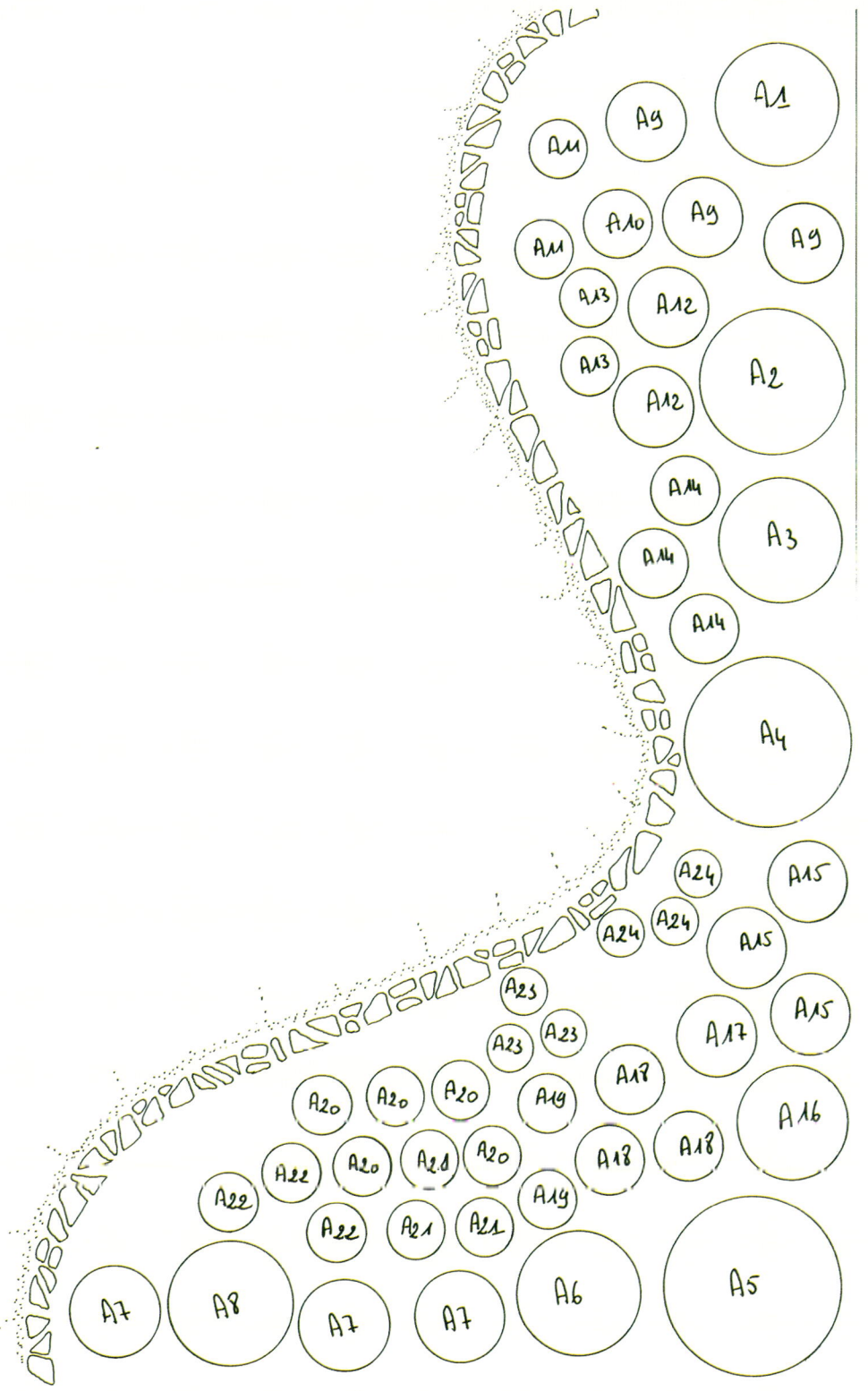

Autour d'une piscine

Superficie environ 380 m²

Descriptif d'un coin-piscine

La grande piscine rectangulaire constitue bien évidemment l'attrait principal de ce jardin. Cet espace de détente et de jeu est ici entouré de plusieurs murets bordés ou non de massifs d'arbustes. Cet aménagement permet de créer des zones d'ombre et de plein ensoleillement, toutes abritées du vent. Il favorise également une certaine intimité par rapport au voisinage. Au printemps et plus particulièrement au mois d'avril, le blanc des orangers du Mexique et des lauriers-tins éclate autour du bassin. Le rose des abélies apporte quant à lui de la fraîcheur au mois de juillet. Ce jardin fait la part belle aux arbustes à feuillage persistant. Vous n'aurez pas ainsi la mauvaise surprise de retrouver dès les premiers jours de l'automne un tapis de feuilles flottant à la surface de votre piscine. ■

Étapes de plantation

La réalisation de ce coin-piscine s'effectue en deux étapes, de novembre à mars.

1re phase
Les conifères en isolés (zones A1, A11, B2 et C1) en novembre.

2e phase
Les massifs autour de la piscine (zones A2 à A10, A12, B1 et B3 à B6) de novembre à mars.

Entretien

L'entretien de ce jardin requiert peu de temps : une à deux tontes hebdomadaires de la pelouse au printemps, deux à trois apports d'engrais et un à deux désherbages par an.

Évolution du coin-piscine

L'évolution des arbustes sélectionnés dans le cadre de cet aménagement est relativement homogène et rapide. Ce jardin devrait connaître son plein épanouissement au terme de 3 à 5 ans.

Budget prévisionnel

L'investissement initial moyen pour réaliser ce coin-piscine se situe entre 300 et 400 euros. Cette somme peut varier suivant la taille des végétaux choisis (notamment pour les arbres et les plantes de haies). L'entretien coûte environ 50 euros par an.

Plan d'aménagement **autour d'une piscine**

Échelle 1/150

Zone climatique n° 3 :

climat océanique à semi-océanique
(hiver frais à très frais et été chaud)

Sol sain et neutre

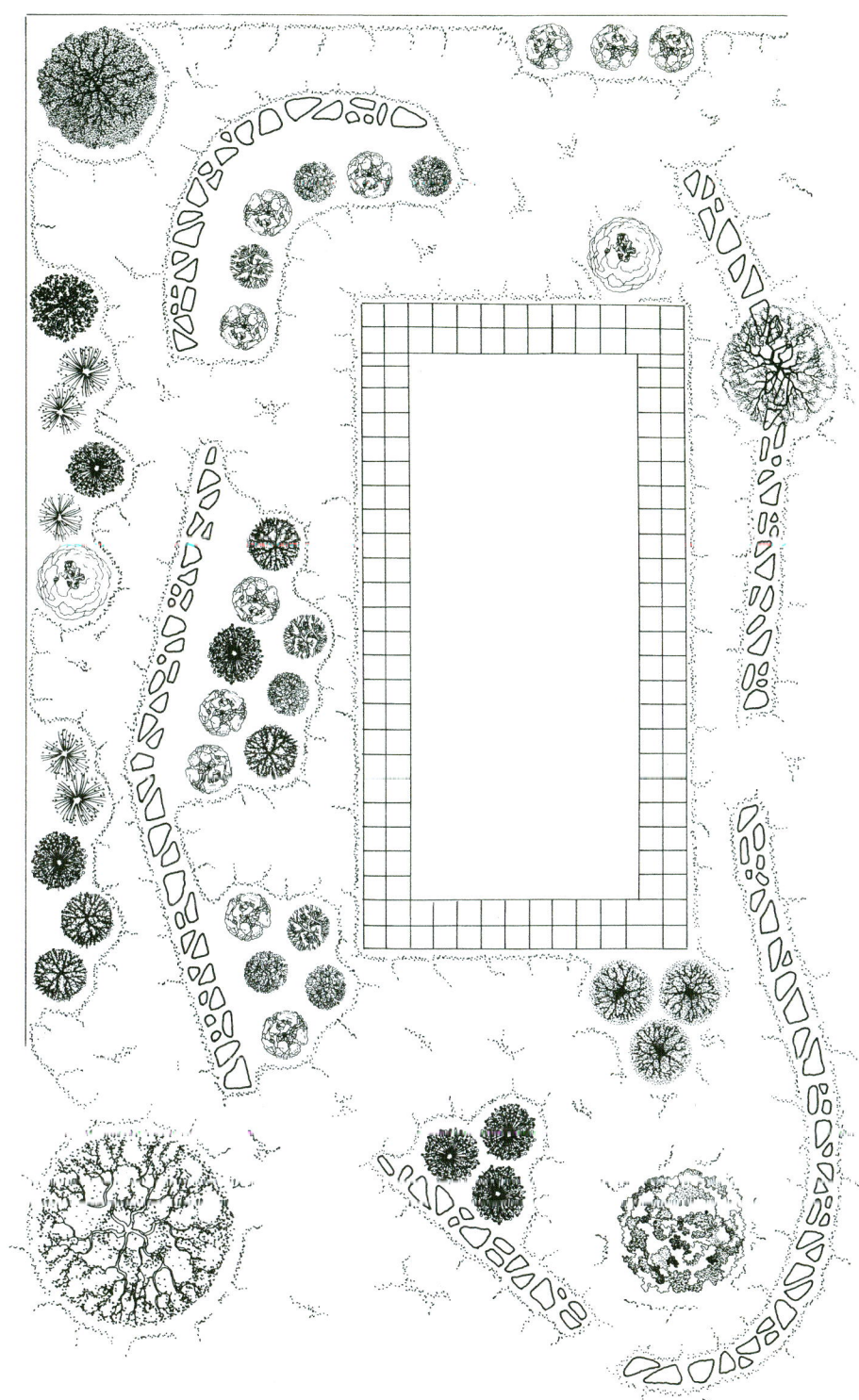

Les végétaux autour d'une piscine

Laurier-tin, *Viburnum tinus*

A

A1 • **1 cyprès de Lawson**
Chamaecyparis lawsoniana 'Ellwoodii'
Conifère à feuillage persistant

A2 • **3 buis commun**
Buxus sempervirens
Arbuste à feuillage persistant

A3 • **1 laurier-tin**
Viburnum tinus
Arbuste à feuillage persistant
Floraison : printemps

A4 • **2 orangers du Mexique**
Choisya ternata
Arbuste à feuillage persistant
Floraison : printemps

A5 • **3 éléagnus**
Elaeagnus x *ebbingei* 'Limelight'
Arbuste à feuillage persistant
Floraison : automne

A6 • **2 millepertuis**
Hypericum x *moserianum* 'Tricolor'
Arbuste à feuillage persistant
Floraison : été

A7 • **3 céanothes**
Ceanothus arboreus 'Trewithen Blue'
Arbuste à feuillage persistant
Floraison : été

A8 • **2 lauriers-tins**
Viburnum tinus
Arbuste à feuillage persistant
Floraison : printemps

A9 • **3 fusains**
Euonymus fortunei 'Emerald'n'Gold'
Arbuste à feuillage persistant

A10 • **6 cotonéasters**
Cotoneaster lacteus
Arbuste à feuillage persistant
Floraison : printemps

A11 • **1 cryptomère du Japon**
Cryptomeria japonica 'Elegans'
Conifère à feuillage persistant

A12 • **1 photinia**
Photinia x *fraseri* 'Red Robin'
Arbuste à feuillage persistant
Floraison : printemps

B

B1 • **3 orangers du Mexique**
Choisya ternata
Arbuste à feuillage persistant
Floraison : printemps

B2 • **1 thuya du Canada**
Thuja occidentalis 'Smaragd'
Conifère à feuillage persistant

B3 • **3 éléagnus**
Ealeagnus x *ebbingei* 'Limelight'
Arbuste à feuillage persistant
Floraison : automne

B4 • **3 céanothes**
Ceanothus 'Autumnal Blue'
Arbuste à feuillage persistant
Floraison : été

B5 • **2 orangers du Mexique**
Choisya ternata
Arbuste à feuillage persistant
Floraison : printemps

B6 • **3 abélies**
Abelia x *grandiflora*
Arbuste à feuillage persistant
Floraison : été

C

C1 • **1 désespoir des singes**
Araucaria araucana
Conifère à feuillage persistant

Plan de plantation **autour d'une piscine**

Superficie environ 380 m² • Echelle : 1/150

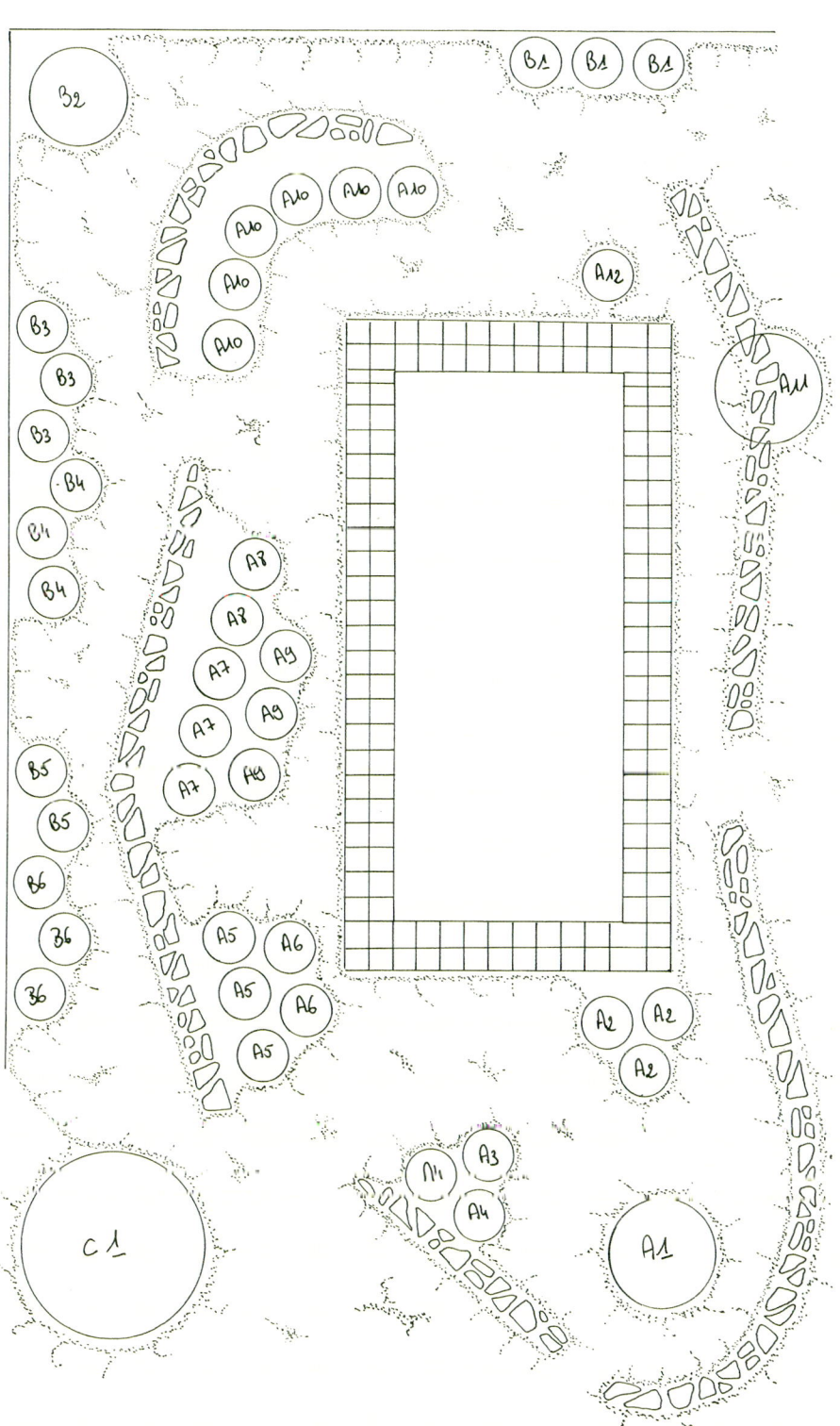

Créer un potager

Superficie environ 400 m²

Descriptif d'un potager

Ce type d'aménagement comprend une partie potagère mais également des zones engazonnées qui permettent de faire «respirer» l'espace dédié à la culture. L'architecture de ce potager donne un côté esthétique à cet espace qui se veut d'ordinaire essentiellement fonctionnel. Veillez à ce que votre potager soit exposé au soleil, la croissance de vos légumes n'en sera que plus rapide. Ce jardin propose une belle variété de légumes qui régalera toute la famille. Les arbres fruitiers ne sont pas oubliés, on compte notamment quatorze pommiers et quatre poiriers. Les plantes aromatiques (thym, menthe, estragon) sont également au rendez-vous. La haie de chèvrefeuilles qui borde une partie du potager apporte couleurs au lieu et permet surtout de protéger les plants des vents trop forts. ■

Étapes de plantation

La réalisation de ce potager s'effectue en deux temps.

1ʳᵉ phase
Les arbres fruitiers et les conifères (zones A1 à A4, B1 à B4, K, L et M) en novembre.

2ᵉ phase
Les plants potagers (zones A5 à A8 et B5 à B8, C, E, F, G, H, I et J) d'avril à juin, l'année suivante.

Entretien

Un potager nécessite un entretien très régulier. Il est difficile d'évaluer le nombre d'heures à lui consacrer! En ce qui concerne les différents traitements, il est préférable de favoriser l'utilisation de produits biologiques.

Évolution du potager

Les végétaux connaissent ici des courbes évolutives bien différentes. Si l'ensemble des plans du potager ont un cycle de végétation sur un an, certaines plantes aromatiques, comme le thym ou la menthe, atteignent leur plein développement au bout de 2 ans. À l'autre extrémité, au terme de 7 à 8 ans, on retrouve notamment les arbres fruitiers.

Budget prévisionnel

L'investissement initial moyen pour réaliser ce potager se situe entre 500 et 700 euros. Le coût d'entretien annuel est très variable.

Plan d'aménagement d'un potager

Échelle 1/125

Zone climatique n° 3 :
climat océanique à semi-océanique
(hiver frais à très frais et été chaud)

Sol sain filtrant

Les végétaux d'un potager

A

A1 • 1 pommier
Malus domestica 'Reine des reinettes'
Arbre à feuillage caduc
Floraison : printemps

A2 • 1 pommier
Malus domestica 'Cox Orange'
Arbre à feuillage caduc
Floraison : printemps

A3 • 1 pommier
Malus domestica 'Idared'
Arbre à feuillage caduc
Floraison : printemps

A4 • 1 pommier
Malus domestica 'Reinette Clochard'
Arbre à feuillage caduc
Floraison : printemps

A5 • 8 plants d'estragon et de basilic
Artemisia dranunculus et *Ocimum basilicum*

A6 • 5 lavandes
Lavandula angustifolia
Arbuste à feuillage persistant

A7 • 5 plants de thym d'hiver
Thymus
Plante aromatique à feuillage persistant

A8 • 5 plants de menthe variés

B

B1 • 1 poirier
Pyrus communis 'Williams'
Arbre à feuillage caduc
Floraison : printemps

B2 • 1 poirier
Pyrus communis 'Beurré Hardy'
Arbre à feuillage caduc
Floraison : printemps

B3 • 1 poirier
Pyrus communis 'Conférence'
Arbre à feuillage caduc
Floraison : printemps

B4 • 1 poirier
Pyrus communis 'Doyenné du Comice'
Arbre à feuillage caduc
Floraison : printemps

B5 • 8 plants de poireaux
Allium porrum 'Bleu de Solaize'

B6 • 48 plants de salades variées

B7 • 6 plants de fenouil
Foeniculum vulgare var. *dulce*

B8 • 5 plants de tomates
Lycopersicon esculentum 'Montfavet'

C

C • 7 plants de cardon
Cynara cardunculus

E

E • 12 plants de betterave
Beta vulgaris var. *rapacea*

F

F • 48 plants de salades et chicorées variées

G

G • 12 plants de bettes rouge et blanche
Beta vulgaris var. *cicla*

H

H • 10 plants de rhubarbe
Rheum rhaponticum

I

I • 6 plants de choux-fleurs
Brassica oleracea var. *sbotrytis*

J

J • 13 plants de choux de Bruxelles
Brassica oleracea var. *gemmifera*

K

K1 • 4 pommiers
Malus domestica 'Reine des reinettes'
Arbre à feuillage caduc
Floraison : printemps

K2 • 2 pommiers
Malus domestica 'Elstar'
Arbre à feuillage caduc
Floraison : printemps

K3 • 2 pommiers
Malus domestica 'Granny Smith'
Arbre à feuillage caduc
Floraison : printemps

K4 • 2 pommiers
Malus domestica 'Melrose'
Arbre à feuillage caduc
Floraison : printemps

L

L1 • 1 cyprès de Lawson
Chamaecyparis lawsoniana 'Elwood's Gold'
Conifère à feuillage persistant

L2 • 1 cyprès de Lawson
Chamaecyparis lawsoniana 'Nana Gracilis'
Conifère à feuillage persistant

L3 • 1 cyprès de Lawson
Chamaecyparis lawsoniana 'Ellwoodii'
Conifère à feuillage persistant

L4 • 1 thuya du Canada
Thuja occidentalis 'Rheingold'
Conifère à feuillage persistant

L5 • 1 cyprès de Lawson
Chamaecyparis lawsoniana 'Ellwood's Pillar'
Conifère à feuillage persistant

L6 • 5 lavandes-papillons
Lavandula stoechas
Arbuste à feuillage persistant
Floraison : été

L7 • 1 laurier-sauce
Laurus nobilis
Arbuste à feuillage persistant

L8 • 1 buis commun
Buxus sempervirens
Arbuste à feuillage persistant

M

M1 • 10 chèvrefeuilles en haie
Lonicera nitida
Arbuste à feuillage persistant

M2 • 10 ifs
Taxus baccata
Conifère à feuillage persistant

Plan d'aménagement d'un potager

Superficie environ 400 m² • Echelle : 1/125

Dessiner son plan de jardin

Dessiner son plan de jardin

Avant toute chose votre futur jardin doit vous plaire. N'ayez pas pour autant la folie des grandeurs. Sa conception et son entretien ne doivent en effet pas monopoliser tout votre temps libre ni engloutir vos économies. N'oubliez pas non plus de respecter votre voisinage existant ou à venir. Nous vous proposons de procéder de la façon suivante.

Dessinez tout d'abord un plan sur une feuille en positionnant :
- les limites du terrain ;
- la maison ;
- les arbres déjà plantés ;
- les allées existantes.

Déterminez ensuite :
- les zones à privilégier (vue sur une vallée par exemple) ;
- les zones qu'il est préférable de masquer par un écran de verdure (murs disgracieux...).

Essayez de dégager deux à trois points forts (terrasse, allée, massif, potager...) tout en recherchant un certain équilibre entre ces différents éléments.

Veillez à ne pas multiplier les végétaux, à respecter l'harmonie des perspectives en mettant en valeur les étendues de verdure et les différents massifs et à échelonner les aménagements dans le temps.

Vous voilà fin prêt à dessiner votre plan sur papier millimétré en utilisant une échelle simple du type 1/100e (un centimètre sur le plan correspond à un mètre sur le terrain).

À vous de jouer !

Plan d'aménagement

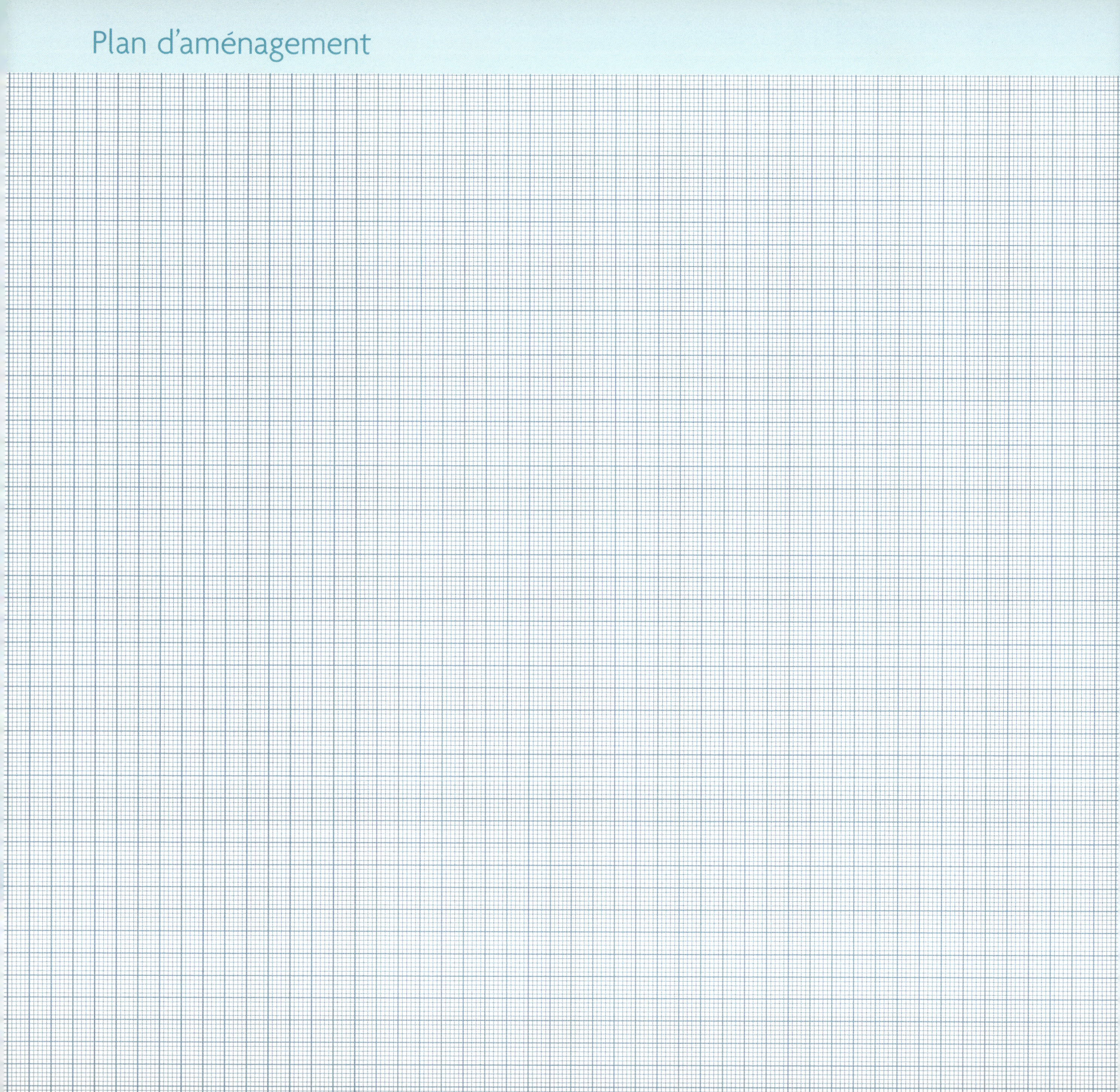

Plan de plantation

Index

A

Abelia 42, 82, 86
Abelia x grandiflora 14, 15, 17, 23, 42, 54, 58, 74, 82, 86, 98, 102, 110, 114, 118, 124, 128, 136
Abélie 14, 15, 17, 23, 42, 54, 58, 74, 82, 86, 98, 102, 110, 114, 118, 124, 128, 136
Abies alba 25
Abies arizonica 124
Abies concolor 19, 22
Abies grandis 15, 17
Abies nordmanniana 21, 22
Abies pinsapo 22, 24, 78
Abricotier 17, 21
Acacia dealbata 15, 24, 54
Acer campestre 14, 16, 18, 19, 22, 24, 70, 90
Acer negundo 14, 16, 19, 23, 24
Acer platanoides 21, 24
Acer pseudoplatanus 14, 16, 19, 21, 22
Acer saccharinum 14, 23
Aesculus hippocastaneum 20, 21
Aesculus indica 15, 16, 18, 22, 82
Aesculus x carnea 16, 18, 20, 22, 24, 90
Ailanthus altissima 14, 22, 23
Albizzia julibrissin 14, 17, 23, 42, 46, 54, 74, 98, 102, 106, 114
Alisier 15
Alisier blanc 21, 24
Allium porrum 140
Alnus cordata 14, 23
Alnus glutinosa 14, 15, 17, 19, 21, 23, 24, 94
Alnus incana 21, 24
Althéa 15, 17, 20, 21, 23, 62, 74, 78, 86
Altriplex halimus 24
Amandier 23
Amandier de Chine 15, 17, 21, 58, 78, 82, 86, 114, 128
Amélanchier 21
Amelanchier 21
Amélanchier d'Amérique 78
Amélanchier des bois 24
Amélanchier du Canada 14, 20, 62, 98, 102, 132
Amelanchier canadensis 14, 20, 62, 98, 102, 132
Amelanchier laevis 78
Amelanchier ovalis 24
Andromède 82, 118
Andromède du Japon 15, 17, 82
Araucaria araucana 14, 16, 18, 118, 136
Arbousier 14, 21, 23, 50, 66
Arbre aux fraises 23
Arbre de Judée 14, 15, 17, 21, 23, 54, 58, 66, 132
Arbre aux papillons 14, 17, 20, 21, 54, 62, 78, 86, 98, 102
Arbre à perruques 14, 17, 19, 23, 70
Arbre aux 40 écus 17, 20, 21, 23, 62, 74, 86, 98, 106, 128
Arbre à soie 14, 17, 23, 42, 46, 54, 74, 98, 102, 106, 114
Arbutus unedo 14, 21, 23, 50, 66
Argousier 14, 15, 17, 21, 86
Artemisia dranunculus 140
Aubépine 124, 132
Aucuba du Japon 15, 17, 82
Aucuba japonica 15, 17, 82
Aulne blanc 21, 24
Aulne de Corse 23
Aulne à feuille de cœur 14
Aulne glutineux 14, 15, 17, 19, 21, 23, 24, 94
Azalée 15, 17, 82
Azalée caduque 82, 110, 118
Azalée japonaise 110, 118

B

Baccharis halimifolia 24
Baguenaudier 15, 21, 23
Bambou 70
Basilic 140
Berberis 17, 23, 74, 132
Berbéris 14, 16, 17, 20, 23, 54, 58, 62, 66, 74, 82, 90, 124, 132
Berberis darwinii 14, 16, 20, 54, 58, 66
Berberis julianae 16, 62
Berbéris pourpre 17, 19, 20, 21, 23, 24, 46, 78, 94, 106
Berbéris sténophylla 16, 42, 82, 90, 124, 132
Berberis thunbergii 17, 19, 20, 21, 23, 24, 46, 62, 78, 94, 106
Berberis x stenophylla 16, 42, 82, 90, 124, 132
Beta vulgaris var. *cicla* 140
Beta vulgaris var. *rapacea* 140
Bette rouge et blanche 140
Betterave 140
Betula nigra 16
Betula pendula 14, 16, 17, 19, 21, 24, 70, 74, 90, 94, 102, 118
Betula pubescens 19
Bouleau blanc d'Europe 14, 16, 17, 19, 21, 24, 70, 74, 90, 94, 102, 118
Bouleau des marais 16, 19
Bourdaine 20
Brassica oleracea var. *gemmifera* 140
Brassica oleracea var. *sbotrytis* 140
Bruyère 82, 124
Bruyère commune 16, 82
Buddleja 54, 102
Buddleja alternifolia 20, 62
Buddleja davidii 14, 17, 21, 23, 78, 86, 98, 102
Buis commun 14, 16, 17, 19, 23, 70, 90, 118, 124, 136, 140
Buxus sempervirens 14, 16, 17, 19, 23, 70, 90, 118, 124, 136, 140

C

Calluna vulgaris 16, 82, 124
Camélia 14, 16, 17, 23, 82, 110
Camellia 16, 82, 110
Camellia japonica 14, 17, 23
Cardon 140
Carpinus betulus 19, 20
Caryoptéris 14, 102
Caryopteris x clandonensis 14, 102
Cassissier 16, 18, 21, 25
Castanea sativa 16, 18, 19, 23
Catalpa bignonioides 14, 17, 23, 110
Catalpa commun 14, 17, 23, 110
Céanothe 14, 16, 18, 20, 21, 23, 62, 66, 74, 78, 86, 102, 118, 124, 128, 132, 136
Ceanothus 14, 16, 18, 20, 21, 23, 62, 66, 74, 78, 102, 118, 128, 132, 136
Ceanothus arboreus 66, 86, 136
Ceanothus thyrsiflorus 124, 128, 132
Cèdre 110, 118
Cèdre de l'Atlas 18, 21, 23, 110
Cèdre du Liban 18, 21, 23
Cedrus atlantica 18, 21, 23, 110
Cedrus deodara 110, 118
Cedrus libani 18, 21, 23
Celtis australis 20
Cercis siliquastrum 14, 15, 17, 21, 23, 54, 58, 66, 132
Cerisier à fleurs 14, 16, 18, 19, 20, 21, 23, 24, 50, 54, 58, 62, 90, 94, 106, 110, 128
Cerisier à fleurs du Japon 106, 128, 132
Chaenomeles 110
Chaenomeles speciosa 14, 18, 20, 22, 50, 58, 74, 90
Chamaecyparis lawsoniana 14, 16, 18, 20, 22, 23, 46, 50, 62, 66, 74, 82, 90, 98, 114, 118, 124, 128, 136, 140
Chamecyparis nootkatensis 16
Charme commun 19, 20
Charme houblon 14, 18, 23
Châtaignier 16, 18, 19, 23
Chêne 19
Chêne chevelu 14, 20, 22, 23
Chêne écarlate 14
Chêne des marais 14, 20
Chêne pédonculé 14, 16, 20
Chêne rouge d'Amérique 14, 20
Chêne sessile 20
Chêne vert 14, 18, 23
Chèvrefeuille 86
Chèvrefeuille en haie 14, 18, 24, 58, 94, 140
Chicorée 140
Choisya 128
Choisya ternata 15, 17, 18, 20, 24, 42, 46, 54, 58, 66, 70, 74, 82, 86, 98, 102, 106, 110, 114, 118, 124, 128, 132, 136
Chou de Bruxelles 140
Chou-fleur 140
Cognassier 18
Cognassier du Japon 14, 18, 20, 22, 50, 58, 74, 90, 110
Colutea arborescens 15, 21, 23
Copalme d'Amérique 14, 16, 18, 19, 22, 23, 46, 50, 66, 70, 74, 86, 98, 102, 114, 124, 128
Corête du Japon 14, 16, 18, 19, 22, 24, 46, 58, 74, 78, 82, 86, 94, 102, 132
Cormier 18, 22, 23
Cornouiller 22
Cornouiller blanc 14, 16, 18, 19, 20, 23, 24, 50, 54, 70, 78, 82, 90, 94, 98, 114
Cornouiller à fleurs 14, 16, 22, 23
Cornouiller mâle 19, 62, 78
Cornouiller sanguin 23, 24, 46, 94
Cornus 22
Cornus alba 14, 16, 18, 19, 20, 23, 24, 50, 54, 70, 78, 82, 90, 94, 98, 114
Cornus alternifolia 16
Cornus florida 14, 22, 23
Cornus mas 19, 62, 78
Cornus sanguinea 23, 24, 46, 94
Coronilla emerus 22, 50
Coronille 22, 50
Corylus avellana 14, 16, 18, 19, 21, 22, 24, 25, 46, 50, 62, 90, 94
Corylus colorna 15, 24
Corylus maxima 15, 17, 62, 78, 90
Cotinus coggygria 14, 17, 19, 23, 70
Cotonéaster 14, 16, 18, 19, 58, 70, 74, 82, 86, 90, 102, 106, 110, 118, 124, 136
Cotoneaster Eichholz 124
Cotoneaster franchetti 86, 90
Cotoneaster horizontalis 16, 19, 58
Cotoneaster lacteus 14, 18, 70, 74, 82, 86, 90, 102, 106, 110, 118, 136
Coudrier 14, 18, 19, 24
Crataegus laciniata 124, 132
Cryptomère du Japon 14, 16, 18, 19, 22, 23, 54, 106, 128, 136
Cryptomeria japonica 14, 16, 18, 19, 22, 23, 54, 106, 128, 136
Cupressocyparis leylandii 94, 106, 110, 118
Cupressus arizonica 18, 22, 23
Cupressus macrocarpa 16, 23, 128
Cupressus sempervirens 14, 16, 18, 22, 23, 82, 86, 110, 118
Cydonia 18
Cynara cardunculus 140
Cyprès de l'Arizona 18, 22, 23
Cyprès chauve 16, 22, 23
Cyprès d'Italie 14, 16, 18, 22, 23, 82, 86, 110, 118
Cyprès de Lambert 16, 23, 128
Cyprès de Lawson 14, 16, 18, 20, 22, 23, 46, 50, 62, 66, 74, 82, 90, 98, 114, 118, 124, 128, 136, 140
Cyprès de Leyland 14, 16, 18, 19, 20, 22, 23, 24, 74, 94, 106, 110, 118
Cyprès de Nootka 16, 19
Cytise 16, 18, 19, 20, 22, 50, 58, 62, 66, 70, 74, 90, 110, 114, 132
Cytisus purgans 24

Index

Cytisus scoparius 14, 74, 102, 114, 118
Cytisus x praecox 16, 18, 20, 21, 58, 62, 82

D

Désespoir des singes 14, 16, 18, 118, 136
Deutzia 18, 19, 21, 22, 23, 24, 42, 46, 50, 86, 94, 110, 114, 128, 132
Deutzia gracilis 86, 132
Deutzia scabra 18, 19, 21, 22, 23, 24, 42, 46, 50, 94, 110, 114
Deutzia x hybrida 128
Deutzia x rosea 86
Douglas 16, 19

E

Elaeagnus angustifolia 18, 24, 54
Elaeagnus x ebbingei 14, 16, 18, 19, 42, 54, 58, 66, 70, 74, 82, 86, 98, 102, 106, 110, 132, 136
Elaeagnus pungens 70, 118
Elaeagnus umbellata 23
Éléagnus 14, 16, 18, 19, 23, 42, 54, 58, 66, 70, 74, 82, 86, 98, 102, 106, 110, 118, 132, 136
Épicéa 124
Épicéa bleu du Colorado 21, 62
Épicéa du Colorado 16, 128
Épicéa commun 21, 24, 62
Épicéa de Serbie 124
Épicéa de Sitka 14
Érable argenté 14, 23
Érable champêtre 14, 16, 18, 19, 22, 24, 70, 90
Érable à feuille de frêne 14, 16
Érable négundo 19, 23, 24
Érable plane 21, 24
Érable sycomore 14, 16, 19, 21, 22
Erica x darleyensis 82
Escallonia 14, 18, 23, 42, 54, 66, 74, 86, 110
Escallonia 14, 18, 23, 42, 54, 66, 74, 86, 110
Estragon 140
Eucalyptus de Gunn 14, 118
Eucalyptus gunnii 14, 118
Eucalyptus des neiges 16, 118
Eucalyptus pauciflora x niphophila 16, 118
Euonymus europaeus 16, 22, 62, 78

Euonymus fortunei 21, 22, 46, 50, 124, 128, 132, 136
Euonymus japonicus 14, 16, 23, 82

F

Fagus sylvatica 16, 21, 25
Faux vernis du Japon 14, 22, 23
Fenouil 140
Festuca 124
Fétuque 124
Févier d'Amérique 18, 22, 23, 78, 106
Ficus carica 14, 23
Figuier 14, 23
Foeniculum vulgare var. dulce 140
Forsythia 14, 16, 18, 19, 21, 22, 23, 24, 42, 46, 50, 54, 62, 74, 78, 82, 94, 98, 102, 106, 110, 114, 124, 132
Forsythia 14, 16, 18, 21, 22, 23, 24, 42, 106 ,124, 106
Forsythia x intermedia 19, 46, 50, 54, 62, 74, 78, 82, 94, 98, 102, 106, 110, 114, 132
Fraxinus americana 18, 23
Fraxinus angustifolia 18
Fraxinus excelsior 14, 16, 19, 21, 22, 24, 50
Fraxinus ornus 14, 23, 54
Fraxinus oxyphylla 18
Frêne d'Amérique 23
Frêne blanc 18
Frêne commun 14, 16, 18, 19, 21, 22, 24, 50
Frêne à fleurs 14, 23, 54
Frêne oxyphylle 18
Fuchsia 124
Fuchsia 124
Fusain 21, 22, 46, 50, 124, 128, 132, 136
Fusain d'Europe 16, 22, 62, 78
Fusain du Japon 14, 16, 23, 82

G

Genêt 16, 20, 21, 58, 82, 124
Genêt à balai 16
Genêt d'Espagne 18, 22, 23, 90, 98, 110, 114
Genêt à fleurs 14, 18, 24
Genêt hybride 62, 102, 114, 118
Genévrier 21, 46, 78, 102, 124, 128

Genévrier de Chine 16, 18, 22, 62, 128
Genévrier commun 14, 16, 22, 62, 78, 102
Genévrier doré 74
Genévrier de Virginie 14, 16, 22, 23, 78
Genista lydia 124
Gingko biloba 17, 20, 21, 23, 62, 74, 86, 98, 106, 128
Gleditsia triacanthos 18, 22, 23, 78, 106
Glycine 16, 118
Graminée 124
Grenadier 22, 23, 78
Grisard 24
Groseillier 16, 18, 21, 25, 86
Groseillier des Alpes 20, 22, 46, 50
Groseillier à fleurs 14, 22, 23, 25, 46, 50, 54, 58, 62, 74, 78, 90, 94, 110, 114
Groseillier à maquereau 16

H

Hamamélis 18, 86
Hamamelis mollis 86
Hamamelis x intermedia 18
Hebe 17, 124
Hebe brachysiphon 118
Hebe x franciscana 124
Hêtre austral 14
Hêtre commun 16, 21, 25
Hêtre oblique 14
Hibiscus syriacus 15, 17, 20, 21, 23, 62, 74, 78, 86
Hippophae rhamnoides 14, 15, 17, 21, 86
Hortensia 16, 18, 90, 118
Hortensia grimpant 128
Houx commun 14, 16, 18, 20, 21, 22, 25, 50, 66, 82, 118
Hydrangea macrophylla 16, 18, 90
Hydrangea paniculata 118
Hydrangea petiolaris 128
Hypericum 58
Hypericum calycinum 102, 124, 132
Hypericum patulum 15, 18, 42, 74, 86
Hypericum x moserianum 124, 136

I

If 18, 20, 21, 42, 74, 140

If commun 14, 16, 22, 58, 70, 78, 82, 102, 114, 128
Ilex aquifolium 14, 16, 18, 20, 21, 22, 25, 50, 66, 82, 118

J

Juglans 20, 21, 22
Juglans nigra 15, 17, 18, 114
Juniperus chinensis 16, 18, 22, 62, 74, 128
Juniperus communis 14, 16, 22, 62, 78, 102
Juniperus conferta 128
Juniperus scopulorum 102
Juniperus squamata 21, 46, 78, 124, 128
Juniperus virginiana 14, 16, 22, 23, 78

K

Kerria japonica 14, 16, 18, 19, 22, 24, 46, 58, 74, 78, 82, 86, 94, 102, 132
Koelreuteria paniculata 15, 19, 20, 24, 70, 106

L

Laburnum anagyroides 16, 18, 19, 20, 22, 50, 62, 66, 70, 90, 110, 114
Laburnum x watereri 58, 74, 110, 132
Lagerstroemia indica 15, 18, 24, 66, 110, 114
Larix decidua 15, 16, 25
Larix kaempferi 16
Laurier-palme 14, 16, 18, 20, 21, 23, 62, 70, 74, 102, 106, 114, 132
Laurier du Portugal 14, 18, 23, 46, 54, 58, 66, 86, 98, 106
Laurier-rose 54
Laurier-sauce 14, 16, 18, 24, 114, 118, 140
Laurier-tin 15, 16, 18, 20, 22, 24, 42, 46, 58, 66, 70, 74, 78, 82, 86, 90, 98, 102, 106, 110, 114, 118, 128, 132, 136
Laurus nobilis 14, 16, 18, 24, 114, 118, 140

Lavande 16, 18, 74, 86, 90, 114, 118, 124, 128, 140
Lavande papillon 18, 42, 132, 140
Lavandula angustifolia 16, 18, 74, 86, 90, 114, 118, 124, 128, 140
Lavandula stoechas 18, 42, 140
Lavandula stoechas x pedunculata 132
Lavandula x intermedia 90
Lavatera 18, 42
Lavatère 18, 42
Leptospermum 16, 118
Leptospermum 16
Leptospermum scoparium 118
Ligustrum japonicum 15, 19, 24, 90, 98
Ligustrum ovalifolium 17, 19, 23, 50
Ligustrum vulgare 23
Lilas 20, 22, 25, 50, 74, 132
Lilas commun 16, 18, 21, 24, 94
Lilas des Indes 15, 18, 24, 66, 110, 114
Liquidambar styraciflua 14, 16, 18, 19, 22, 23, 46, 50, 66, 70, 74, 86, 98, 102, 114, 124, 128
Liriodendron tulipifera 17, 19, 20, 23, 24
Lonicera nitida 14, 18, 24, 58, 86, 94, 140
Lycopersicon esculentum 140

M

Magnolia 15, 16, 22, 24, 54, 82, 118
Magnolia 82
Magnolia étoilé 82, 118
Magnolia grandiflora 15, 22, 24, 118
Magnolia de Soulange 15, 16, 18, 82
Magnolia stellata 82, 118
Magnolia x soulangeana 15, 16, 18, 24, 54, 82
Mahonia 15, 16, 18, 21, 22, 24, 25, 54, 62, 66, 74, 86, 94, 110, 128
Mahonia aquifolium 18, 21, 22, 24, 25, 62, 66, 86, 110
Mahonia x media 15, 16, 54, 74, 94, 128
Malus domestica 140
Malus floribunda 20, 70
Malus x domestica 86, 90, 102, 110, 118
Marronnier commun 20, 21
Marronnier d'Inde 15, 16, 18, 22, 82

Index

Marronnier rouge 16, 18, 20, 22, 24, 90
Mélèze d'Europe 15, 16, 25
Mélèze du Japon 16
Menthe 140
Merisier 17, 18, 20
Merisier à grappes 21, 25
Mespilus germinaca 15
Métaséquoia 17
Metasequoia glyptostoboides 17
Micocoulier de Provence 20
Millepertuis 15, 18, 42, 58, 74, 86, 102, 124, 132, 136
Mimosa d'hiver 15, 17, 24, 54
Morus alba 15, 17, 18, 22, 24, 66, 78, 86, 90, 98, 118
Morus nigra 18, 24
Mûrier blanc 15
Mûrier à feuille de platane 15, 17, 18, 22, 24, 66, 78, 86, 90, 98, 118
Mûrier noir 18, 24
Myrte 16, 24
Myrtus communis 24

N

Néflier 15
Neprun cathartique 25
Nerium oleander 24, 54
Noisetier 16, 18, 21, 22, 25, 46, 50, 62, 90, 94
Noisetier de Byzance 15, 24
Noisetier de Lombardie 15, 17, 62, 78, 90
Nothofagus 14
Nothofagus obliqua 14
Noyer 20, 21, 22
Noyer commun 15, 17
Noyer noir d'Amérique 17, 18, 114

O

Ocimum basilicum 140
Olea europaea 24
Olivier 24
Olivier de Bohême 18, 24, 54
Oranger du Mexique 15, 17, 18, 20, 24, 42, 46, 54, 58, 66, 70, 74, 82, 86, 98, 102, 106, 110, 114, 118, 124, 128, 132, 136
Osmanthe 15, 20, 22, 124
Osmanthus heterophyllus 15, 20, 22, 124
Ostrya carpinifolia 14, 18, 23

P

P. tenax grp. *Purpureum* 124
Paeonia suffruticosa 19, 86, 124
Paulownia 15, 18
Paulownia tomentosa 15, 18
Pennisetum orientale 124
Pérovskia 15, 18, 22, 42, 50, 102
Perovskia atriplicifolia 15, 18, 22, 42, 50, 102
Peuplier baumier 15
Peuplier blanc 20, 21, 24
Peuplier blanc de Hollande 15, 17, 22, 25
Peuplier d'Italie 17, 20
Peuplier noir d'Italie 15, 18, 21, 24
Peuplier tremble 15, 20, 21, 25
Philadelphus 62, 70, 74
Philadelphus coronarius 15, 17, 19, 20, 22, 24, 42, 50, 54, 62, 82, 110, 128
Phormium 124
Photinia 15, 17, 19, 20, 22, 42, 46, 50, 58, 66, 70, 74, 78, 82, 102, 114, 118, 128, 136
Photinia x fraseri 15, 17, 19, 20, 22, 42, 46, 50, 58, 66, 70, 74, 78, 82, 102, 114, 118, 128, 136
Phyllostachys japonica 70
Physocarpus 22, 78
Physocarpus opulifolius 22, 78
Picea abies 21, 24, 62
Picea glauca 124
Picea omorika 124
Picea pungens 16, 62, 128
Picea scabra 21
Picea silchensis 14
Pieris 82, 118
Pieris japonica 15, 17, 82
Pin 50
Pin d'Alep 24
Pin des Cévennes 110
Pin de Corse 15
Pin de Monterey 15, 19
Pin maritime 15, 19, 24
Pin nain de montagne 17, 19, 82, 128
Pin noir d'Autriche 17, 19, 20, 21, 22, 25, 70, 78, 106, 118
Pin noir de Corse 17, 20
Pin noir du Japon 15
Pin parasol 17, 24, 54, 82
Pin pleureur de l'Himalaya 19, 22

Pin sylvestre 19, 21, 22, 25, 58
Pin Weymouth 15, 17, 20, 25
Pin nain de montagne 90, 124
Pinus griffithii 19
Pinus halepensis 24
Pinus mugo 17, 19, 82, 90, 124, 128
Pinus nigra 17, 19, 20, 21, 22, 25, 70, 78, 106, 118
Pinus nigra corsicana 15
Pinus nigra x laricio 110
Pinus pinaster 15, 19, 24
Pinus pinea 17, 24, 54, 82
Pinus radiata 15, 19
Pinus strobus 15, 17, 20, 25
Pinus sylvestris 19, 21, 22, 25, 50, 58
Pinus thumbergi 15
Pinus wallichiana 22
Pittospore 15, 19, 24, 54, 66, 74, 114
Pittosporum tobira 15, 19, 24, 54, 66, 74, 114
Pivoine arbustive 19, 86, 124
Platamus acerifolia 15
Platane à feuilles d'érable 15, 17, 19, 20, 22, 24
Platanus x hispanica 20, 22, 24
Platanus x acerifolia 17, 19
Poireau 140
Poirier 86, 90, 140
Pommier 86, 90, 102, 110, 118, 140
Pommier à fleurs 20, 70
Populus alba 15, 17, 20, 21, 22, 24, 25
Populus irichocarpa 15
Populus nigra 15, 17, 18, 20, 21, 24
Populus tremula 15, 20, 21, 25
Populus x canescens 24
Potentilla fruticosa 19, 46, 86, 90, 124, 132
Potentille 19, 46, 86, 90, 124, 132
Pourpier de mer 24
Prumus armeniaca 17, 21
Prunellier 15, 19, 22, 24, 25, 54
Prunier 90
Prunier myrobolan 17, 19, 20, 21, 22, 24, 25
Prunus avium 17, 18, 20
Prunus cerasifera 14, 16, 17, 18, 19, 20, 21, 22, 23, 24, 25, 50, 54, 58, 62, 90, 94, 106, 110, 128
Prunus domestica 90
Prunus dulcis 23
Prunus laurocerasus 14, 16, 18, 20, 21, 23, 62, 70, 74, 102, 106, 114, 132

Prunus lusitanica 14, 18, 23, 46, 54, 58, 66, 86, 98, 106
Prunus padus 21, 25
Prunus serrulata 18, 24, 94, 106, 128, 132
Prunus spinosa 15, 19, 22, 24, 25, 54
Prunus triloba 15, 17, 21, 58, 78, 82, 86, 114, 128
Pseudostuga menziesii 16, 19
Punica granatum 22, 23, 78
Pyrus communis 86, 90, 140

Q

Quercus 19
Quercus borealis 14
Quercus cerris 14, 20, 22, 23
Quercus coccinea 14
Quercus ilex 14, 18, 23
Quercus palustris 14, 20
Quercus petraea 20
Quercus robur 14, 16, 20
Quercus rubra 20

R

Rhamnus cathartica 25
Rhamnus frangula 20
Rheum rhaponticum 140
Rhododendron 15, 17, 82, 19, 21, 25, 82, 110, 118
Rhododendron 15, 17, 19, 21, 25, 82, 110, 118
Rhubarbe 140
Rhus typhina 17, 19, 20
Ribes 18, 21, 25
Ribes alpinum 20, 22, 46, 50
Ribes nigra 16
Ribes sanguineum 14, 16, 22, 23, 25, 46, 50, 54, 50, 58, 62, 74, 78, 86, 90, 94, 110, 114
Ribes uva crispa 16
Robinia pseudoacacia 15, 20, 21, 22, 24, 25, 50, 62, 94
Robinier faux acacia 15, 20, 21, 22, 24, 25, 50, 62, 94
Romarin 74
Rosa 25, 74, 86, 90, 102, 106
Rosa rugosa 15, 19, 22, 78
Rosier buisson 74, 90
Rosier haie 78
Rosier paysager 102
Rosier pleureur 86, 106

Rosier rugueux 15, 19, 22, 25
Rosmarinus officinalis 74

S

Salade 140
Salix 21
Salix alba 15, 17, 19, 20, 22, 70, 74
Salix babylonica 15, 17, 21
Salix caprea 17, 20, 22, 25, 82, 94
Salix matsudana 15, 21
Salix repens 15
Salvia microphylla 15, 22, 50, 102, 124
Salvia microphylla 22, 50
Sambucus nigra 15, 17, 20, 21, 62
Sambucus racemosa 21, 25
Sapin 124
Sapin argenté 25
Sapin d'Espagne 22, 24, 78
Sapin de l'Oregon 19, 22
Sapin de Nordmann 21, 22
Sapin de Vancouver 15, 17
Sarothamnus scoparius 16
Sauge 15, 102
Sauge arbustive 22, 50, 124
Saule 21
Saule blanc 15, 17, 19, 20, 22, 70, 74
Saule Marsault 17, 20, 22, 25, 82, 94
Saule pleureur 15, 17, 21
Saule des sables 15
Saule tortueux 15, 21
Savonnier 15, 19, 20, 24, 70, 106
Séneçon en arbre 24
Séquoia 17, 20
Séquoia géant 15
Sequoia sempervirens 17, 20
Sequoiadendron giganieum 15
Seringat 15, 17, 19, 20, 22, 24, 42, 50, 54, 62, 70, 74, 82, 110, 128
Sophora du Japon 15, 19, 24
Sophora japonica 15, 19, 24
Sorbier 20
Sorbier des oiseaux 17, 19, 21, 22, 25, 50, 90
Sorbus 15, 20
Sorbus aria 21, 24
Sorbus aucuparia 17, 19, 21, 22, 25, 50, 90
Sorbus domestica 18, 22, 23
Spartium junceum 18, 22, 23, 90, 98, 110, 114

Index

Spiraea japonica 15, 19, 20, 21, 22, 24, 42, 50, 58, 62, 86, 124
Spiraea thunbergii 114
Spiraea x *billardii* 17, 70, 102
Spiraea x *vanhouttei* 54, 90
Spirée 15, 17, 19, 20, 21, 22, 24, 42, 50, 54, 58, 62, 70, 86, 90, 102, 114, 124
Sumac 17, 19, 20
Sureau 62
Sureau à grappes 21, 25
Sureau noir 15, 17, 20, 21
Symphoricarpos albus 21
Symphoricarpos x *chenaultii* 17, 19, 46
Symphorine 17, 19, 21, 46
Syringa 22, 25, 50, 132
Syringa vulgaris 16, 18, 20, 21, 24, 74, 94

T

Tamaris 15, 19, 24, 114
Tamaris de printemps 19, 46
Tamarix africana 19, 46
Tamarix pentandra 15, 19, 24, 114
Taxodium distichum 16, 22, 23
Taxus baccata 14, 16, 18, 20, 21, 22, 42, 58, 70, 78, 82, 102, 114, 128, 140
Taxus x *media* 74
Thuja occidentalis 17, 19, 20, 21, 22, 50, 58, 62, 70, 90, 118, 124, 128, 136, 140
Thuja orientalis 128
Thuja plicata 17, 19, 20, 21
Thuya du Canada 17, 19, 20, 21, 22, 50, 58, 62, 70, 90, 118, 124, 128, 136, 140
Thuya géant 17, 19, 20, 21
Thuya d'Orient 128
Thym d'hiver 140
Thymus 140
Tilia cordata 17, 20, 21
Tilia platyphyllos 19, 20, 23, 24, 25
Tilia tomentosa 17, 19, 20, 23, 24
Tilleul argenté 17, 19, 20, 23, 24
Tilleul à grandes feuilles 19, 20, 23, 24, 25
Tilleul à petites feuilles 17, 20, 21
Tomate 140
Troène commun 15
Troène de Californie 17, 19, 23, 50
Troène d'Europe 23
Troène du Japon 15, 19, 24, 90, 98
Tsuga 17
Tsuga heterophylla 17
Tulipier 19, 20, 23, 24
Tulipier de Virginie 17

V

Véronique 17, 124
Véronique arbustive 118
Viburnum opulus 15, 17, 46, 50, 82, 106, 132
Viburnum plicatum 74
Viburnum rhytidophyllum 17, 19, 20, 21, 23, 50, 62, 66, 78, 90, 106, 110, 132
Viburnum tinus 15, 16, 18, 20, 22, 24, 42, 46, 58, 66, 70, 74, 78, 82, 86, 90, 98, 102, 106, 110, 114, 118, 128, 132, 136
Viburnum x *bodnantense* 86
Viorne 17, 19, 20, 21, 23, 50, 62, 66, 74, 78, 86, 90, 106, 110, 132
Viorne boule-de-neige 15, 17, 46, 50, 82, 106
Viorne obiers 132

W

Weigela 50, 70, 74, 78, 110, 114, 128
Weigela florida 17, 19, 20, 23, 50, 58
Weigélia 17, 19, 20, 23, 50, 58, 70, 74, 78, 110, 114, 128
Wisteria sinensis 16, 118

X

x *cupressocyparis* 'Leylandii' 14, 16, 18, 19, 20, 22, 23, 24, 74, 94, 106, 110, 118

Y

Yucca 20, 70
Yucca filamentosa 20, 70

Crédits photographiques

Couverture : iconographie Rustica ; p. 7 : Rustica ; p. 31 : Rustica (hg) ; p. 32 : Rustica ; p. 33 : Rustica ; p. 38 : Rustica ; pp. 40 et 42 : F. Marre/Rustica ; pp. 44 et 46 : D. Vicente/Rustica ; p. 48 : J. Lebret/Rustica ; pp. 52 et 54 : D. Roger/DEF ; pp. 56 et 58 : J. Lebret/Rustica ; p. 60 : P. Asseray/Rustica ; pp. 64 et 66 : Rustica ; pp. 68 et 70 : Rustica ; p. 72 : J. Lebret/Rustica ; pp. 76 et 78 : C. Hochet/Rustica ; p. 80 : P. Asseray/Rustica ; p. 84 : F. Boucourt ; p. 88 : Rustica ; pp. 92 et 94 : C. Hochet/Rustica ; pp. 96 et 98 : D. Vincente/Rustica ; p. 100 : P. Asseray/Rustica ; pp. 104 et 106 : P. Asseray/Rustica ; p. 108 : C. Hochet/Rustica ; p. 112 : F. Marre/Rustica ; p. 116 : P. Asseray/Rustica ; pp. 122 et 143 (d) : I. Devaux/Rustica ; p. 126 : Brenckle/Rustica ; pp. 130, 132 et 143 (g) : Rustica ; p. 136 : Rustica ; p. 138 et 143 (c) : C. Hochet/Rustica.

L'ensemble des vignettes figurant sur les plans d'aménagement sont extraites du catalogue Mecanorma.

Remerciements

■ L'auteur et l'éditeur remercient très chaleureusement la société Mecanorma qui les a autorisés à utiliser ses vignettes d'architecture de jardin pour leur ouvrage.

■ L'auteur remercie pour les conseils techniques et le choix des végétaux Annie Goutière des pépinières Desmartis qui s'est toujours montrée enthousiaste à l'égard de son projet.

Il remercie également Raynald Dupanier, ancien directeur des Jardins d'Auxances, à Migné-Auxances (Vienne), et bien sûr les Éditions Rustica et plus particulièrement Fabienne Chesnais, ainsi que Christelle Mérino de Dédicace.

Réalisation Nord Compo à Villeneuve-d'Ascq
Suivi éditorial Dédicace à Villeneuve-d'Ascq

Imprimé en Italie par Stige -Turin